公安学研究丛书

改革与建设：
我国社区警务理论与应用之基础研究

王彩元　曹春艳　著

WUHAN UNIVERSITY PRESS
武汉大学出版社

图书在版编目(CIP)数据

改革与建设:我国社区警务理论与应用之基础研究/王彩元,曹春艳著.—武汉:武汉大学出版社,2017.9
公安学研究丛书
ISBN 978-7-307-19686-5

Ⅰ.改⋯ Ⅱ.①王⋯ ②曹⋯ Ⅲ.社区—治安管理—研究—中国
Ⅳ.D631.41

中国版本图书馆 CIP 数据核字(2017)第 227253 号

责任编辑:田红恩 责任校对:汪欣怡 版式设计:马 佳

出版发行:**武汉大学出版社** (430072 武昌 珞珈山)
(电子邮件:cbs22@ whu. edu. cn 网址:www. wdp. com. cn)
印刷:虎彩印艺股份有限公司
开本:720×1000 1/16 印张:17.5 字数:250 千字 插页:2
版次:2017 年 9 月第 1 版 2017 年 9 月第 1 次印刷
ISBN 978-7-307-19686-5 定价:45.00 元

作者简介

　　王彩元，湖南警察学院治安系主任、教授，二级警监，湖南省公安系统优秀教师，湖南省青年骨干教师。兼任教育部高等学校公安学类专业教学指导委员会委员，湖南省公安厅、公安部和湖南省人民政府业务咨询评审专家，中西部地区公安政法院校治安学术研讨会副理事长兼秘书长，湖南省公安理论与公共安全研究基地专家等。先后主持省部级及以下科研、教研课题8项，参与6项，公开出版专著3部（与他人合著1部），发表论文近50篇，主编出版专业教材15本（部），其中主编的《群体性治安事件紧急处置要领》获2010年全国公安机关优秀教材奖。

　　曹春艳，湖南警察学院治安系治安学基础理论教研室主任、副教授，一级警督。主要从事社区警务、治安学的教学与研究，先后主持省部级及以下科研课题2项，参与教研、科研课题12项，获省级及以下教学成果奖三项，公开发表学术论文20多篇，出版专著（与他人合著）1部，副主编专业教材4部（本）。

前　言

　　西方的社区警务于 20 世纪 90 年代初期进入中国后，引起了极为广泛的关注并获得了政府、警察机关、警务及学术研究人员越来越广泛的认同，已成为了当代中国不可逆转的警务战略选择。然而，在中国实施社区警务 20 多年后，却遇到了前所未有的挑战或困境，"社区警务向何处去"以及"如何深化我国社区警务改革与建设"的问题已经摆在了政府、警察机关、警务及学术研究人员面前。

　　世界各国实施社区警务虽然"基本思想一致"又适合各自国家的情况，显现出各自特点，并丰富了社区警务的内容、形式和模式，促进了世界社区警务的发展，但因社会背景、警务背景、思想基础、逻辑思辨、历史进程等方面不同而在社区警务的概念、理论基础、理论内容、理论价值、组织体制、管理模式、运行机制以及工作内容和形式等方面具有较大的差异性，这种差异性在我国如果不加以区分必然会导致"水土不服"。

　　本书以彰显我国社区警务的特色和优势为基础，以推进我国社区警务的改革与建设为出发点和落脚点，紧密结合我国的社区警务改革与建设中涉及的基础理论与应用进行研究。其主要内容包括：

　　第一，对中西方社区警务的社会背景、警务背景、思想基础、逻辑思辨、历史进程、社区警务的概念、理论基础、理论内容、理论价值、组织体制、管理模式、运行机制以及工作内容和形式等进行了较为全面的比较研究，分析了我国社区警务改革与建设的现实诉求以及我国警务道路的"理论自信"、"道路自信"必然选择，提出了新时期我国社区警务改革与建设的缘由，以及社区警务改革与建设的基本思路。

第二，分析了我国社区警务的理论基础，提出了我国社区警务的改革与建设必须以社会治理创新理论、基层民主理论和社会资本理论等当代社会发展和社区管理(或社区治理)理论为指导，并以社会治安综合治理理论作为自己的理论。这是我国社区警务与西方社区警务在理论上最大的区别。

第三，分析了我国社区警务的运行模式与机制，提出了我国社区警务的运行必须改变"警力的配置方式"、"社区警务的工作内容与方式"、"社区民警的作用与角色"自闭性三要素的警务模式，建立一种融入并与社区建设(或社区治理)相"匹配"的"主导型"、"自治型"、"综合型"三种社区警务模式，并本着"导向性"、"整合性"、"动态性"原则，积极构建"全员社区警务的主导机制"、"全过程社区警务的整合机制"和"全方位社区警务的保障机制"。

第四，分析了我国社区警务各主体的职责及绩效考评存在的问题，提出了我国社区警务必须科学的界定和厘清社区警务各主体包括社区居(村)委会、社区民警、驻区单位的保卫组织、治安保卫委员会、其他治安辅助力量以及公民个人和家庭等内部运行机制主体，和街道、基层综治委(或街道综治委)、基层司法所(或街道司法科)、公安派出所以及城乡建设、人事、财政等部门和单位等外部运行机制主体的结构、权限与趋势，明确和完善社区警务各主体的责任，科学考评社区警务各主体的工作绩效，从而有利于社区警务决策部门制定更加合理的警务对策。

本书的特点或创新点在于：一是视角新。将社区警务真正融入社区建设(或社区治理)中考虑或研究，彻底改变了长期以来只从"警察实施的行为"的角度来认识和分析社区警务的思维。二是基础性。只从社区警务的基础理论与基础应用来谈社区警务的改革与建设，主要是解决社区警务改革与建设中的理念、指导思想、理论基础、自身理论建设、运行模式与机制以及职责等基础性问题。

本书撰写分工如下：第一、二、三、四、五章由湖南警察学院王彩元教授撰写，第六章由湖南警察学院曹春艳副教授撰写。

在本书写作过程中，我们查阅了海量的社区警务论文及相关研究成果，参阅、引用了大量的文献资料，并得到了湖南警察学院各级领导、校学术委员会、科研处等部门以及武汉大学出版社等单位的热情支持和帮助。在此，谨向他们致以崇高的敬意和诚挚的感谢。

王彩元
2017 年 5 月 13 日于湖南警察学院

目　　录

第一章　西方社区警务建设的概说与分析

"社区"与"社区警务"毕竟是从西方引进的概念，西方社区与社区警务发展的历史比我们长，有着较多的实践经验。因而，研究西方社区与社区警务发展的历史，从理论上搞清社区与社区警务的概念、社区与社区警务发展的内涵，总结西方的经验，并探讨其发展造成的社会后果，对于当前中国社区与社区警务的发展是非常必要的。因此，研究我国社区警务改革与建设，有必要对西方的社区与社区警务作一定的了解和梳理。

第一节　西方社区的形成与社区警务的内涵解读

一、西方社区的形成

(一)西方社区的含义

社区是构成社会的细胞，也是社会学中一个重要的基本概念。社区最初由西方学者发明创造，源于拉丁语，意思是"共同的东西"和"亲密伙伴的关系"。作为社会学的专门术语"社区"这个概念最早源于德国社会学家滕尼斯出版于 1887 年的 Gemeinschaft and Gesellschaft 一书。该书后来由美国学者查尔斯·罗密斯翻译成英文，书名为 Community and Society。① 滕尼斯认为社区是因为有着

_____

① Community and Society 一般译为"公社与社会"，德文为 Gemeinschaft and Gesellschaft，Gemeinschaft 在英语中普遍用 commumty 代替，因此，也有译为"社区与社会"、"共同体与社会"的。

"联合的意志"（unity of will），所以是一个联系更紧密的社会单元，是在自然情感一致的基础上的、联系紧密的、排他的社会联系或共同生活方式，这种社会联系或共同生活方式产生关系亲密、守望相助、富有人情味的生活共同体。当时这一概念并不突出"地域性"内涵。滕尼斯本人非常欣赏这种社会共同生活形态，但他同时看到，这种形态在社会迈向工业化、城市化的进程中正在为那种由"选择的意志"所导致的、建立在外在的利益合理的基础上的、以契约和交换与计算为形式的社会联系或共同生活形态即"Gesellschaft"所取代。①

当"Gemeinschaft"被翻译成"Community"以后，其意义和滕尼斯的原意就有了一定的差别。英文 community 的词意有几种解释：①由同住一地区或一国的人所构成的社会；②团体，社团，如华人社团，妇女社团；③公众；④国家间的共同体，如欧洲共同体（European Communities）；⑤共有、共享、共同责任；⑥共同性、同一性、一致，如利益的一致（community of interests）；⑦社交活动、群居状态。社区的，也可作形容词，如同社会的，公众的，团体的，如社区活动中心（community house），社区教堂（a community church），指各教派的联合教堂。②

因此，滕尼斯有关社区的概念提出后，社会学家们对这个概念加以修正和发展，例如，美国学者帕克认为，社区是"占据一块被或多或少明确地限定了的地域上的人群汇集"③。菲力浦·塞尔兹尼克认为，所有的社区都是用契约联系在一起的，社区中的人具有共同的信念和命运，具有个人的同一性、归属感以及支持其行为和关系的结构；其成员参与和相互利益接触的途径越多，社区的经验就越丰富；社区是一种综合性的组织，在这里有一种共同的、多样性的生活"。④ 爱德华和琼斯把社区定义为，"有一群人，居住在

① ［德］滕尼斯：《共向体与社会》，商务印书馆 1999 年版，第 53 页。
② 陆谷孙：《英汉大词典》，上海译文出版社 1989 年版，第 633 页。
③ 成武、孙萍：《社区管理学》，高等教育出版社 2006 年版，第 3 页。
④ Philip Selznick, In Search of Community.

一定的地方，在组织他们的社会生活时行使一定程度的自治；他们组织社会生活时以地方为基础来满足他们各方面的生活需要"。①罗斯的社区定义更为扩展，既包括地理概念也包括功能，他所说的社区包括一群人，他们享有共同的利益或功能，如福利、农业、教育、宗教，这些利益并不包括住在社区地域内的每一个人，只包括那些在公共事物中有着特殊利益和功能的人。同时，怀特认为，社区一词一方面有一种情感上的力量，另一方面它还是一种对于地方的发生在身边的和熟悉的社会环境的归属感。②

然而，西方社区定义都是较为概念化和简单的，社区本身是个更为复杂的事物，影响其发展的因素是多方面的。西方学者有大量这方面的研究，塞尔兹尼克把影响社区发展的因素归纳为以下几方面：第一，历史根源，即社区的特性在很大程度上反映的是习惯、语言和法律生活等的特性；第二，同一性，即共同的历史和命运产生社区感、忠诚和虔敬；第三，相互依存，即社区必须建立并维持在相互依存和互惠的基础上；第四，多数原则，即社区吸取了许多"中间团体"，如家庭、教堂和各种集体成员等；第五，自治，即衡量社区价值的一个重要标准是看它是否有助于培养个人的独立性以及责任心；第六，参与，即个人的自主只有通过社会参与才能实现；第七，各种因素的集结，即以上所谈到的所有因素都需要有机构、规范、信念和实践来支持，而要维持公共生活的基础就必须充分展示上述因素的相互关系。③

从"Gemeinschaft"到"Community"再到"社区"的转换表明了人们对"社区"含义理解的变化过程，而追溯回顾这个变化过程则启示我们至少应该从两个方面来理解社区的本质属性：一是地域性，

---

① Community Organizing: Canadian Experiences, p. 5.

② Ross M. With B. Lappin, Community Organization: Principle and Practice, New York, 1967, in ibid. p. 6.

③ 姜芃：《社区在西方：历史、理论与现状》，载《史学理论研究》2000年第 1 期。

即具有一定边界(通常以居民能经常地进行直接互动从而能相互熟识为限)的时空坐落;二是社会性,即人们在共同生活中存在和形成的功能上的、组织上的、心理情感上的联系。社区是存在于具有一定边界的地域中的、其成员有着各种稳定的社会和心理的联系的人类生活共同体。

尽管自滕尼斯把"社区"这一概念引入社会学后100多年过去了,人们对社区的理解始终不尽相同,且对社区概念的解释有140多种。在这些定义中,有的是从地理区划(自然的与人文的)去界定社区;有的是从社会群体、过程的角度去界定社区;有的是从社会系统、社会功能的角度去界定社区;也有的则是从价值观、生活方式的角度去界定社区;还有人从归属感、认同感及社区参与的角度来界定社区。但是,无论从何种角度去界定社区和理解社区的构成要素①,社区的基本构成要素应包括:地域性,公共联系纽带,持续的、亲密的首属关系,归属感及一套社区成员公认的行为规范和秩序。②

首先,社区是一个规模较小的地域性居住单位,也就是人们通常所说的邻里社区。每一个居住在城市的人,都拥有自己居住与生活的熟悉、关系紧密、情感认同、心有所属的邻里社区。这种情感是人们在社区的小天地里彼此经常接触,逐渐生发出来的。邻里社区的人们彼此了解、相互影响、相互扶助,使他们形成心理上、情

---

① 有学者分析关于社区的构成,存在着多种观点:"三要素"认为社区由物质要素、社会要素、心理要素构成;"四要素"认为社区由地域、人口、文化、归属感构成;"五要素"认为社区由地域、人口、区位、结构、社会心理构成;"七要素"认为社区由人口、地域、经济、社区的专业分工和相互依赖关系、共同的文化和制度、居民的凝聚力和归属感、社区服务的公共设施构成。参见苗艳梅:《关于社区及社区类型的研究述评》,载《湖北广播电视大学学报》2000年第2期。也有学者认为社区由社区人群、一定的地域、社区的文化维系力、社区管理组织、社区的生产和生活设施构成。参见:杨瑞清、王淑荣:《社区警务》,中国人民公安大学出版社2015年版,第2~4页。

② 李培林、李强、马戎:《社会学与中国社会》,社会科学文献出版社2008年版,第135~136页。

感上的依恋和亲密的互动关系。

其次，社区是具有一定时间持续性和地域性连带的社会组织单位。从城市来讲，社区是构成城市社会的具有地域性连带的社会组织单位，并隐含着时间持续性。一个社区的形成，并不仅仅意味着一组建筑群的落成，更重要的是看居住其间的居民是否形成了紧密的互动关系，是否形成了正式、非正式组织以及对小区生活的自主程度和参与程度。

再次，社区意味着一种结构、一种意识和一种秩序。社区意味着一种结构，从大的方面来说，它从某种角度揭示了城市社会的内部结构，如单位大院、大型多功能生活小区；社区是一种共向意识，是指人们基于某种理念去创建社区的过程。比如新型多功能社区是基于一种市场理念，以服务居民、满足居民需求为前提，以"以人为本"为口号，更多地吸引住户。而四合院文化，则更多地基于邻里互助、等级有序的家族文化和管理理念。社区是一种秩序，意味着社区在一段时间内形成了自己独特的行为规范、公共道德准则、互动模式和处理问题的方式。它要求每个成员必须有意识地克制自我，服从规范和秩序，以合法的形式解决问题、保护自身权益。这也是判断一个小区是否为成熟社区的重要标志。

最后，社区是一套完整的组织网络系统。一个社区必然有表达居民共同需要、共同利益的社会组织。社会组织是维系社区成员、安排和推动社区生活的重要手段。社区组织可以是政治、经济、文化与福利等在政府注册管理的正式机构，也可以是家庭、邻里等以血缘、地缘为纽带所连接的初级组织，还可以是一些松散型的社会团体，如各种各样的兴趣爱好团体等。在西方国家，社区是自治性质的共同体，社区的非正式组织发育较成熟，在推进社区发展、实现社区目标中发挥着重要作用。

（二）西方社区建设的兴起与发展

社区建设最先出现于欧美，可追溯到18—19世纪的福利救助活动和各种慈善活动，也包括各种民间自发的社区援助行为。早期的社区福利和社区救助主要出现在英国、法国、德国等欧洲国家。

英国的《济贫法》开启了社会救助的先河①，德国汉堡的福利制度开启了以社会救助为目标的社区建设②。

19世纪中后期，英、美等发达资本主义国家开始介入国家福利制度，先后成立了慈善组织以及各种类型的社会福利设施与机构，并在推进福利计划时大量引进社区组织的原则和工作方法。1869年，英国出现了第一个协调社区、救助穷人的慈善组织——英国慈善组织协会。而后，这一协会形式被介绍到美国，现在美国各地的家庭服务所就是由当时这些慈善组织协会发展而来的。到20世纪初，在英、法、美等欧美国家，面临当时种种社会问题而束手无策的国家，由教会及一些慈善组织、基金会发起并出现了一场更具广泛性的社区"睦邻运动"③和"社区福利中心"运动，无疑给当时的世界各国开启了一条可行之路，因而在短期内迅速传遍欧洲大部分国家，东南亚及日本等国也竞相效仿。

20世纪20—30年代，随着欧美发达国家城市化的推动，因中产阶级迁往郊区，城内失修的学校、破烂的公共住房、基本医疗缺乏以及大多靠政府福利生活的居民，出现了犯罪率高，且环境污染、住房匮乏、交通拥挤等问题以及潜在的社会不稳定因素。为了使城市社区的结构不致离析，社区功能不致减失，许多社会学家及社会工作人员开始把复兴社区意识、推动社区建设，如美国30年代著名的防止青少年犯罪的"芝加哥计划"、为市民参与提供服务的"辛纳西社区组织实验计划"等，以发展社区内部机制，完善的社区机制和良好的社区设施来解决解决社区的上述问题。

---

① 英国于1601年正式颁行世界上第一部《济贫法》。《济贫法》规定：以社区为单位，对无亲属照顾的贫民实行有条件的救济。《济贫法》初步建立了社会救济制度与救济工作方法，对以后世界各国社会救济法规的建立产生了重要影响。

② 1788年，德国实行汉堡福利制度，鼓励社区成员参加本社区社会福利工作，以此倡导社区内部成员自我服务、志愿服务。

③ 社区睦邻运动，就是让社会工作者广泛、深入地参与社区生活，充分调动和利用社区内各种社会资源，组织和教育居民改善环境，培养居民自助与互助的精神。

但是，社区建设的进一步或实质性推广和发展，则是第二次世界大战以后。其发展共经历了以下四个阶段：

第一个阶段："二战"后到 20 世纪 50 年代，全面发动社区建设

"二战"后，西方许多发达国家普遍面临着城市失业、贫困、社会秩序恶化、经济发展缓慢等一系列社会经济问题。许多国家的政府以及联合国都认识到，为了改善人民的生活条件，提高生活质量，不能单纯靠国家制定各种政策，在很大程度上要靠从基层做起，即由公众参与，提出自己的需要并切实加以解决。这是一种自下而上的管理体制，这种体制就是社区。这一点是"二战"以后在管理方面变化的一个重要标志。因此，1948 年，联合国提出了"以社区为基础的社会发展"，告诫居民依靠政府不是主要的，而是要加强社区居民的自助力量。1951 年，联合国经济社会理事会通过390D 号决议案，倡议开展"社区发展运动"，以通过开发各种社区资源、发展社区自助力量、建立"社区福利中心"特别是要推进发展中国家的经济和社会发展。1955 年，联合国在《通过社区发展推进社会进步》的文件中说："可以暂时把社区发展定义为旨在通过整个社区的积极参与和全面依靠社区的首创精神，来为社区建立一种经济条件和社会进步的一种过程。"①社区发展的目的是动员和教育社区居民积极参与社区和国家建设，充分发挥其创造性，与政府一起大力改变贫穷落后状况，以促进经济的增长和社会的全面进步。第二次世界大战以后，在联合国的推动下，社区建设开始成为一项世界性的运动。

第二个阶段：20 世纪 60—70 年代，社区建设进一步推广

可以说 20 世纪 50—60 年代是社区发展繁荣的重要时期，社区建设在世界各地得到进一步推广。第二次世界大战后，不仅亚洲、非洲以及中南美洲国家都面临艰巨的国家重建工作，而且即使作为发达国家的美国也面临恢复国内居民生活的需要，但都囿于政府资

---

① United Nations, Social Progress Through Community Development, 1955, ibid. p. 17.

源的不足，这些国家都采取动员地方居民实施社区发展计划。如美国在一些城市成立了社会发展部，并成立社区组织委员会，大力推行城市社区建设，项目主要包括社会福利、医疗卫生、治疗和预防犯罪等。针对非洲一些殖民地国家发展社区的实际情况，1966 年，在英国剑桥召开了一次非洲行政官员会议，重新对"社区发展"作出定义，即社区发展"是通过整个社区的积极参与和首创精神，旨在提高整个社区生活质量的运动"。① 这样，社区发展成为世界范围内的区域社会发展策略和模式，并出现了美国、加拿大、英国等国家城市社区发展的模式，呈现出了多主体、多层次、多功能的发展格局。在 20 世纪 60—70 年代，不仅社区发展已经成为世界范围内的区域社会发展策略和模式，而且社区建设被理解为是解决各种社会矛盾和应对各种社会问题的出发点，并成为实现社会管理和社会控制的最有效的手段。

第三个阶段：20 世纪 80 年代，社区的社会整合

自从 20 世纪 70 年代以来，随着交通和通信信息的现代化，地球变成了一个村落，西方国家认为传统社区衰落并消亡了。80 年代，人们逐步认识到贫困不是简单的某一个因素的结果，而是一系列问题导致的，需要在社区层面上进行全面的解决和协调，特别需要通过穷人本身的参与，以达到改善社区环境，培育有真正生命力的社区。社会学家重新意识到工业社会给现代都市带来的危机，呼吁要复兴社区、强化社区功能，推动公民广泛参与，促进社会整合，并将社区规划、社区照顾、社区参与等原本相互分离的活动融合在一起，呈现出社区整合发展的趋势，以解决工业化带来的一系列城市社会中的新问题，西方的社区建设在这种背景下又得以推广。与此同时，社区整合发展模式出现了变化，即从早期的政府、社区作为社区发展的主要力量到政府、社区、非政府组织、公众、志愿者、私人部门等多元力量参与的发展模式，并体现在社区各成分的规模和联系的范围在逐渐扩大、社会成分的差异、各组织单位

① Central Office of Information, Community Development 1966, London: COI, ibid. p. 16.

之间的依赖性越来越强，在社区发展方面出现了多组织协作，在社区发展的协作区域上突破了地理与行政管辖限制等。

第四个阶段：20 世纪 90 年代至今，政府与社会的互动

20 世纪 90 年代，在西方学术界特别是政治学、行政学、管理学领域，治理理论成为学者们关注的焦点之一，以治理为研究对象的著述大量涌现，如治理理论的创始人之一的美国学者詹姆斯·N. 罗西瑙(James·N·Rosenau)的《没有政府的治理》、英国学者格里·斯托克(Gerry Stoker)的《作为理论的治理：五个论点》以及 1995 年全球治理委员会的《我们的全球伙伴关系》等。治理理论者们发现，在社会资源的配置中既有市场的失效，也有国家的失效，而且政府并不完全垄断一切合法的权力，承担维持秩序、调节经济和协调社会发展职能的，既有政府组织，也有社会组织等其他的治理主体。它们一起构成了国家的和国际的某种政治、经济和社会调节形式；这些主体相互依存，以共同的价值观为指导，以达成共同立场为目标进行协商和谈判，通过合作的形式来解决各个层次上的冲突问题。① 因此，西方学者提出治理概念，主张"善治"，倡导培育新公共行政主体，以协同治理对付市场或国家协调的失败，实现政府与社会良性互动与合作，更好地适应现代社会的发展，顺应社会的潮流和民众的需求。这一时期，各国政府认识到社区是一种廉价有效的社会服务方式，所以把社区真正看成是合伙人，在社会上也全面提倡社区的重要性。即社区建设过程中建构起来的社区不仅仅只是一个地域社会生活共同体，同样也是一个自上而下建构起来的实施城市基层行政管理和社会控制的国家治理单元。社区成为国家用以贯彻决策实施过程、实行社会改革、实现社会控制和社会整合的基本手段和基本单位。当代著名的社会学家、英国新工党的思想领袖和"第三条道路"的主要倡导者安东尼·吉登斯(Anthony Giddens)认为，"社区这一主题是新型政治的根本所在"，面对诸如"社区素质衰落、贫富差距继续扩大"等日益严重的社会问题，

_____

① 俞可平：《全球化：全球治理》，社会科学文献出版社 2003 年版，第 9~10 页。

只有社区建设才能解决。"社区建设不但意味着重新找回已经失去的地方团结形式，它还是一种促进街道、城镇和更大范围的地方区域的社会和物质复苏的可行办法。"他还认为，社区建设必须"重视支持网络、自助以及社会资本的培育"，"根据情况的不同，政府有时需要比较深入地干预公民社会事务，有时又必须从公民社会中退出来"。① 可以说，依托基层社会的崛起，通过政府的分权和授权，在基层社区中构造政府、市场和社会共同作用的现代治理格局，已经成为一种全球化的趋势，也是所有国家城市发展的共同目标。

二、西方社区警务的内涵解读

虽然社区在人类社会中早已存在，但社区警务却是西方现代社会才产生的概念。社区警务的产生既是 20 世纪六七十年代西方发达国家社会政治经济发展的产物，也是西方警务改革与时俱进、在深刻反思第三次警务改革基础上的辩证否定、不断演化的必然结果，旨在更好地适应治安形势变化发展和满足公众公共安全期待的需求。

导致西方社区警务产生的因素有很多，匹克和格兰瑟认为主要有：警察打击犯罪的狭窄使命；我们社会的文化多元性增加和强化了对警察违反少数民族权利的重视；巡逻警车中警察的派遣和警察与社区投入的管理；我们社会中暴力犯罪的增长；经济不景气以及有关警察"少花钱多办事"的理念；对高技术设备依赖的增长，而不是与公众广泛接触；强调组织改革，包括去政府化和更多的警察自由裁量权；希望更多人性化和个性化的政府服务；警察通过犯罪预防、警队警务、警察与社区关系，充分深入社区的意因快速发展。② 随着第三次警务革命、警务技术的现代化，警务工作的效率

---

① 邱梦华等：《城市社区治理》，清华大学出版社 2013 年版，第 15 页。

② ［美］Kenneth J. Peak Ronald W. Glensor 著，刘宏斌等译：《社区警务战略与实践（第 5 版）》，中国人民公安大学出版社 2011 年版，第 21～22 页。

和打击犯罪能力的大幅提升，警民关系出现隔阂及僵化。面对20世纪六七十年代的发达国家中出现的社会秩序混乱、社会民主运动以及警务工作面临的困境，社区警务战略应运而生。①

（一）西方国家对社区警务含义的不同理解

对社区警务含义和认为，西方国家并未形成统一的见解。据我国学者张兆端教授的可梳理，英语国家中对社区警务含义的理解就有10多种之多。② 下面仅仅介绍几个著名的观点：

英国内政部研究规划司关于《社区警察》的课题研究报告认为，虽然警方于70年代就开始推行社区警务计划，但很难给社区警务下一个确切的定义，"比较一致的认识是，社区警务即恢复英国传统警务原则，即警察工作必须获得公众的认可和支持的原则。评论家当时强调，社区警务是以减少犯罪为目的，由警察与公众共同承担控制犯罪的责任的做法。根据这个观点，警察需对自己充当的角色进行重新评估，并充分认识到警察本身不可能单独地做到控制犯罪。毫无疑问，社区警务的最终目的是减少犯罪，但实现这一目的的前提是，警民关系必须建立在健康的基础之上，从而创造一个警民合作的气候。因此，改善警民关系可以说是社区警务的关键目标"。③

英国社区警务的旗手、德文郡警察局长约翰·安德逊曾形象地把社区警务比作一棵大树："树干是警察机关，树枝、树叶、果实是警察机关的各个部门与警种。树下的土壤是社区。警察这棵大树的根扎在教堂、学校、工厂、企业之中。"其社区警务树所体现的基本关系是：警务的成效依赖社会或社区；社会或社区是打击与抑制犯罪的主体，是警察建设的主要源泉；所有警察的工作，包括巡

---

① 刘宏斌、黄凌娟：《国外社区警务》，中国人民公安大学出版社2013年版，第2页。

② 张兆端：《社区警务论：社会治安综合治理的社会化理论与实践》，中国人民公安大学出版社2003年版，第38～42页。

③ 缴济东译：《社区警察——英国内政部研究规划司课题研究报告》，载《世界警察参考资料》1995年第3期。

逻、刑事侦查、交通管理，都离不开社区。①

英国莱斯特大学的麦克金认为，社区警务的形成是以社区为警察工作的导向。社区警务的本质是理性化——即在警务现代化之后按照时间、地点的具体情况，灵活地、理性地决定警务工作②。

美国的塞缪尔·沃克指出："社区警务源于六七十年代的警务'研究革命'"，"它含有一种提供基本的警察服务的新战略。社区警务改变了传统的被动反应服务的做法，强调警官参与改进社区生活质量的长期战略计划。社区警务也被称作问题导向警务"。③

美国休斯敦警察局认为，社区导向警务是存在于警方和社区之间的一种相互作用的过程，旨在共同发现和解决问题，实际上，其本质就是警方对社区认识的改变，社区警务在警方和社区之间建立了一种联盟，目的是通过双方的共同努力，创造更美好的邻里生活。④

澳大利亚昆士兰警察局局长 N. R. 纽纳姆说："社区警务的新发展就是以密切关注社区问题、努力改善社区生活质量为宗旨，努力消除扰乱社会治安的不安定因素，减少犯罪。"⑤

（二）我国学者对西方社区警务的解读

我国最早关注并研究西方社区警务的学者王大伟，在译介欧美社区警务的概念后，认为社区警务的基本理论是：产生犯罪的根源在社会，抑制犯罪的根本力量也在社会。它的基本方法是：警察与社会建立密切联系，通过双方的努力，再造社会和谐。它的工作范

---

① 山川：《安德逊谈"社区警务树"》，载《现代世界警察》1996 年第 1 期。

② 王大伟：《英美警察科学》，中国人民公安大学出版社 1995 年版，第 297~298 页。

③ ［美］塞缪尔·沃克：《美国的社区警务》，载《世界警察参考资料》1995 年第 4 期。

④ 徐乃刚：《警务工作的新战略——社区警务》，载《国外警学研究集粹》，中国人民公安大学出版社 1999 年版，第 381 页。

⑤ ［澳］安德鲁·希勒：《澳大利亚社区警务的新发展》，载《世界警察参考资料》1992 年第 12 期。

围是：以地区自治为主导，以社会为基本单位。它的工作目的不单纯地指向犯罪，而是整个社会广义的安定与安宁。因此，社区警务不能理解为一定区域内的警察工作，不能理解为在某一特定人群内所进行的警察工作，更不能理解为一种由公众参与的预防犯罪的方法。社区警务不是一种方法，不是一种警务方式，而是一种理念，一种警察哲学。①

我国学者张昭端在综合分析了国外社区警务的概念、思想基础、历史渊源和现实背景之后认为，西方的社区警务作为一种警务研究思潮和警务改革探索方式，其要旨大致包括以下几个方面：一是社区警务是对强调依靠民众预防犯罪的传统警务原则的恢复和发展。其目标是减少社区犯罪，增强公众安全感，提高社区居民生活质量。二是社区警务是以地区自治为主导，以社区为基本单位。三是社区警务是在政府和警方指导下，充分依靠社区力量，利用社区资源，强化社区功能，以调查、发现和解决社区问题为导向，共同营造良好的社区治安秩序。四是社区警务要求警察与社区居民之间建立密切的伙伴关系，要求全社会共同承担义务，动员全体民众参与减少和控制当前的犯罪问题。社区警察要充分发挥自身的专业职能作用，履行发动、组织、教育、指导群众预防犯罪的责任和义务。而同时，社区居民也必须增强自治意识，自觉担负起维护自身所处社区治安秩序的义务。②

综上所述，结合西方社区警务的发展历程，笔者认为，西方的社区警务是为了减少社区犯罪，增强公众安全感，提高社区居民生活质量，以破窗理论、无增长改善论和现代警务管理理论为理论，在政府和警方指导下，以社区自治为主导，以调查、发现和解决社区问题为导向，通过警察与社区之间相互合作，共同营造良好的社区治安秩序的警务活动。它是一种警务方法和措施，更是一种警务

---

①　王大伟：《英美警察科学》，中国人民公安大学出版社 1995 年版，第297~298 页。

②　张昭端：《中外社区警务的思想基础、历史渊源和现实背景》，载《江苏公安专科学校学报》2002 年第 4 期。

战略与理念。

第二节　西方社区警务的产生与发展

一、西方社区警务的产生

自从现代警察诞生以来，西方社区警务产生之前，根据不同时期占统治地位的警务战略的不同，西方国家共经历了三次具有重大历史意义的警务变革。

第一次警务革命，以 1829 年伦敦大都市警察的建立为标志，并成为现代警察发展的里程碑。18 世纪以来，英国工业化和城市化带来了社会经济的发展，但同时也产生了巨大的两极分化与严重的阶级对立，犯罪增长、治安秩序混乱，面对严峻形势和挑战，1829 年英国内政大臣罗伯特·比尔提出并经议会通过了《伦敦大都市警察法》，制定了新警察的"十二条原则"，系统地阐述了其警务思想，创建了现代职业制服警察。其警务思想和所创建的现代职业制服警察强调以预防犯罪为主，重视协调警察与公众的关系，注意公众的反应和评价，强化警察的服务职能。伦敦大都市警察机构的建立成为现代警察与古代警察的"分水岭"，被誉为第一次警务革命。

第二次警务革命，以美国的警察专业化建设为标志，通过改革，全面提高警察的专业水平。19 世纪末 20 世纪初，世界上大多数国家的警察都处于初创阶段(训练时间不足、水平低下，整体素质较差，直接影响工作效率，腐化现象普遍等)，美国率先开展了警察专业运动，成立具有完全独立意义上的专业化队伍。其核心就是要通过专业化建设摆脱地方政治对警察的控制，使警察真正成为一支现代意义上的独立的、高效率的专业化队伍。第二次警务是新警察独立与成熟的标志。

第三次警务革命，以欧美各国警务现代化为标志。20 世纪 30 至 70 年代，欧美等西方主要发达国家逐步完成了警察的现代化，包括交通装备现代化，车巡体制现代化，指挥通信现代化，信息交流、查询与储存等手段现代化，侦查设备和技术手段现代化等，各国的警察编制、警察预算均有巨大的增长。第三次警务革命立足于使警察成为"打击犯罪的战士"。但是，增加警力带来了若干消极后果，在警力不断增加的同时，犯罪率却处于上升较快的状态。警力与犯罪同步增长，这是人们始料未及的，从而引发了第四次警务革命。

第四次警务革命，深刻反思在第三次警务改革基础上的辩证否定，以西方社区警务的产生为标志。进入 20 世纪 60 年代以后，随着西方国家社会矛盾的加剧，社会治安形势日益严峻，社会失范行为剧增，犯罪呈猛烈增长的趋势。面对如此严峻的犯罪形势，欧美国家警察曾试图着力解决这一严重问题，但没有成功。在现实斗争中，反映出警察在有效打击和控制犯罪方面的力不从心和无能为力；社会公众也表现出对警察控制犯罪增长能力的怀疑和对警察信任感的动摇；警察和公众的距离不断拉大，关系日益疏远。西方警务现代化所带来的一系列弊端日益暴露出来，并且呈现出不可克服的危机。

欧美国家的警务部门在痛苦地感到犯罪有增无减和警务现代化产生的弊端之后，经过深刻反思和认真地研究、探索，逐渐找到了问题的症结所在，主要表现在以下几个方面：其一，追求警察与人口的高比值、大幅度地增加警察人数与减少犯罪之间没有内在联系，而犯罪与各种消极的社会环境或因素却存在密切联系，如思想愚昧、文化落后、贫富悬殊、长期失业、人口密度、家庭变故等。其二，警察巡逻和快速反应警务风格存在明显的局限性，它们对预防控制犯罪和警察抓获现行犯之间并无必然联系，而且使警察联系公众的时间和机会大为减少，增加了居民对警察的陌生感。其三，警察打击犯罪的能力是有限的，而且仅仅依靠警察力量来实现控制犯罪的目标是不可能的。因此，预防和控制犯罪是全社会的责任。其四，不能仅依赖快速反应，被动地打击犯罪，而应该主动地预防犯罪。因此，被动反应型警务战略已明显不适应形势的发展，积极探索预防为主的先发型警务战略成为警务部门的必然选择。其五，警察与公众关系的重要性。①

第四次警务革命标志——社区警务兴起于 20 世纪六七十年代的美国，英国全面推行高潮。社区警务提出并建立了新的现代警察哲学和警察思维的理论，诸如无增长改善论、社区警务、再造社会凝聚力、实现社会的和谐发展等都是其理论范畴。在警务实践中，强调以全社会的力量预防和控制犯罪为工作重点，具体以推行社区警务为主要内容，通过建立科学的社区警务的运行机制，使警务工作立足社区，依靠社区，重视并努力实现与社区其他部门的相互理解和相互合作，协调发展与社区群众的伙伴式关系，共同承担社区治安防范的责任和义务，实现有效预防和控制犯罪的目的。

二、西方社区警务的发展

社区警务是世界当代警务的主要范式，已获得世界各国和社会公众的广泛接受并蓬勃发展。以美国引领的世界社区警务运动大致经历了三个时期：改革与实验、传播与扩散、制度化。

第一个时期：20 世纪 70 年代末至 80 年代中期，改革与实验。

20 世纪六七十年代，美国的社会风气颓废，治安问题严峻，犯罪率直线上升，城市市民普遍没有安全感，对警察的信任度和期望值也降到了历史的最低点。面对这种形势和问题，1979 年，赫尔曼·歌德斯汀（Herman Goldstein）首次提出了"问题导向警务"（Problem Oriented Policing）的概念。② 他认为，由于现代化的通信系统使警察变成了被动反应的角色，所以警察难以制订出长远的计划。③ 从 1982 年开始，美国各地相继进行了多项社区警务实验并取得了较大的成功。

---

① 杨瑞清、王淑荣：《社区警务》，中国人民公安大学出版社 2015 年版，第 16 页。

② 关于赫尔曼·歌德斯汀（Herman Goldstein）首次提出了"问题导向警务"概念的时间，有学者认为是 1971 年。参见刘兴华：《社区警务教程》，中国人民公安大学出版社 2009 年版，第 42 页。

③ 魏亮：《天津市社区警务——基于社区建设的城市治安综合治理探索与研究》，天津大学 2005 年硕士学位论文，第 21 页。

其中，比较典型的实验有堪萨斯市的社区警务实验（提高警察与人沟通的技巧，减少警察因执行公务产生的纠纷事件）、纽约警方的社区警务实验（通过改变传统应急警务模式，让警察走出巡逻车实施步巡，融入社区，发现问题及时与社区沟通、协调，共同研究解决邻里纠纷，消除犯罪隐患）、纽波特市警方开展的"以问题为导向的社区警务实验"（通过改善环境设计或设施，包括楼房建筑设计与质量、道路交通环境设计以及照明设施等，减少犯罪侵害案件的发生）和巴尔的摩市警方开展的"以市民为导向的社区警务实验"（警察在强化巡逻以减少居民对犯罪恐惧感的基础上，深入居民家中调查走访，了解居民产生犯罪恐惧感的原因，设计出预防犯罪的新对策）等。上述实验，不仅成就了塞缪尔·沃克的美国社区警务的 6 个基本原则[1]，而且为赫尔曼·歌德斯汀自己的《问题导向警务》（1990）一书奠定了基础，并形成了"S. A. R. A"解决问题的程序。[2]

与此同时，西方社区警务的理论或理论依据也开始出现，如除已有的西方国家重要哲学思想之一的"社会契约论"（The Social Contract）和美国心理学家马斯洛的"社会需求理论"（Maslow's Hierarchy of Needs）外，1976 年英国警务改革的积极倡导者约翰·安德逊提出了新的警察哲学"无增长改善论"（Improve Without Growing），1982 年美国政治学家詹姆斯·威尔森（James Q. Wilson）与犯罪学家乔治·凯林（George L. Kelling）还提出了著名的

---

① 塞缪尔·沃克将美国社区警务的基本原则概括为 6 个方面：淡化快速反应的重要性；淡化打击犯罪的重要性；把注意力集中到社区一级的无序现象上；与作为警务参与者的市民建立密切联系；与负责社区问题的有关政府部门建立密切联系；重新认识警察在解决问题和组织社区方面的角色与作用。参见塞缪尔·沃克：《美国的社区警务》，载《世界警察参考资料》1995 年第 4 期。

② "S. A. R. A"程序具体包括"审视（确认问题）、分析（问题解决程序的核心）、反应（详细陈述量身定制的策略）以及评估（评价所有效果）"。参见刘宏斌、黄凌娟：《国外社区警务》，中国人民公安大学出版社 2013 年版，第 30~34 页。

"破窗理论"(Broken Windows Theory)以及始于撒切尔夫人执政时期的英国所推行的轰轰烈烈的"新公共管理"运动,被称之为"撒切尔主义"或"新公共管理理论"(New Public Management)。此时,由美国学者列维特(Levitt)在 1973 年首先提出"第三部门"的概念已成为"治理理论"(Governance Theory)的起源,随后该理论逐渐被美国学术界接受和频繁使用,并逐步发展得较为成熟。

虽然上述有些理论当时并没有在社区警务中直接体现,但它们所内含的一系列思想,无疑构成了社区警务开展的文化和思想基础,这也是社区警务在西方国家被普遍认可和接受的重要原因。

因此,这一时期的标志是,赫尔曼·歌德斯汀"问题导向警务"的提出、美国各地相继进行了多项社区警务实验以及威尔逊和凯琳的破窗理论等一系列理论的出现。只不过这个时期的社区警务经常被称为"实验"、"试验场"、"示范项目",并仅仅局限于大城市,采用的警务方式也过于狭窄(如徒步巡逻、解决问题措施和社区警务室等)。这些小范围的试验为社区警务的深入开展和广泛推广提供了大量的改革思路。

第二个时期:20 世纪 80 年代中后期末至 90 年代中期,传播与扩散。

这一时期,主要体现在通过警察亚文化快速传播社区警务的概念和思想,并使社区警务战略迅速成为现实。

"社会契约论""社会需求理论""无增长改善论""破窗理论""新公共管理理论""治理理论"已经成为一种警察亚文化在警察机构中流行和传播,并成为各国实施社区警务的重要理论支撑。这一时期欧美各国出版了一批有关社区警务的著作,其中最著名的有歌德斯汀的《问题导向警务》等。

与此同时,世界各国纷纷借鉴美国成功的社区警务实验并大力推行,使社区警务战略迅速成为欧美各国的现实。特别是美国,社区警务已经占据美国警务战略的支配地位。据相关资料显示并证明,1985 年,美国有 300 多个警察机构采纳了社区警务形式,而到 1994 年扩大到了 8000 多个。这一时期的社区警务实践主要限制在大中城市,但警务方式已经超越了第一个时期,包含了更多的社区和生活质量问题。此时的社区警务战略在改善警察与社区关系的同时，也瞄准了毒品滥用和犯罪恐惧。通过使用恰当的研究方法将更多的重点放在了评估社区警务的效果上。①

第三个时期：20 世纪 90 年代中期至今，制度化与科技运用。

这一时期的主要标志是社区警务或社区警务内容的法律制度化，以及网络技术应用于社区警务工作。

20 世纪 90 年代中期以来，社区警务在世界各国特别是欧美各国得到广泛应用，并被纳入国家法律司法体系，社区警务成为抑制犯罪、提高公民社会生活质量的重要工具②。如美国通过了《1994 年暴力犯罪控制与执法法案》，并依该法在美国司法部创设了以社区为导向警务服务办公室(COPS)，在全国增加社区警官，创设 31 个地区社区警务研究所，开展警务培训等；1998 年 9 月南非内阁批准《安全和保障的白皮书》增补了社区警务论坛的功能，规范了社区警务的发展，创造了社区警务发展的基础性平台；2004 年英国政府颁布了《建设社区，打击犯罪——21 世纪更好的警察机构》白皮书，向公众作出了 10 项承诺，其中包括推行社区警务，设立社区警务基金，建立社区警务队等。

同时，网络技术的运用助推了社区警务的发展。随着网络技术应用于社区警务工作，开展了社区警务网络化实践。2006 年美国洛杉矶警察局委托专业公司设计开发出了专门用于社区警务工作的套装软件——电子警务(e Policing) 套装软件。该套装软件主要由两个工具软件组成，即犯罪地图和信息共享工具软件。犯罪地图工具软件是以谷歌(Google) 卫星地图为基础平台，集成各类犯罪数据，以图示方式按区域实时描述各类犯罪活动情况的软件。信息共享工具软件主要通过提供免费注册申请，以电子邮件等网络工具向

---

① ［美］Kenneth J. Peak Ronald W. Glensor：《社区警务战略与实践》，刘宏斌等著译，中国人民公安大学出版社 2011 年版，第 22 页。

② 国外最早将社区警务纳入法制轨道的是英国《警察与犯罪证据法》(1984)。该法第 116 条规定，每个社区都要成立"警察与社区咨询委员会"。参见朱启禄、王大伟：《西方社区警务与中国的社会治安综合治理之比较》，载《中国人民公安大学学报》1995 年第 5 期。

注册用户发布有关犯罪信息、犯罪预防警示等各类信息，鼓励注册用户反馈各类信息和意见的软件。该套软件一经投入使用，就受到了美国警方和公众广泛的关注，加强了警方与社区成员进行有效交流，并受到世界发达国家的广泛应用。它不仅使当地居民更好地了解警方的工作，而且调动了居民的主动性，参与并协助警方共同打击犯罪活动，共同建设安全社区。

三、西方社区警务的主要内容

根据西方国家社区警务理论与实践的内在要求，其工作内容主要包括以下五个部分：①

1. 社区预防犯罪

社区预防犯罪是西方国家社区警务的首要任务，是最重要的工作内容。警方通过制定有组织、有计划、有针对性的预防犯罪方略，从而实现震慑和预防犯罪之目的。

20世纪70年代发展起来的"邻里联防"计划就是一种基本的预防犯罪形式。社区邻里联防一般是应当地居民的要求而由警方发起，并由社区警察具体组织实施。警方负责划分邻里联防的区域范围，召集有关会议，帮助社区居民代表及邻里联防负责人，分发各种预防犯罪的小册子等宣传品。"邻里联防"计划的具体要求和主要内容包括以下四个方面：一是物体标志（Operation Identification）；二是犯罪报告（Crime Reporting）；三是家庭安全（Home Security）；四是个人安全（Personal Safety）。除此之外，一些社区还在街道、路口、马路两旁和居民楼墙上等醒目位置设置或张贴邻里联防的标志图案，以震慑犯罪。

2. 改革警务巡逻方式，密切警民关系

20世纪70年代以来，西方警学界在深刻反思的基础上对机动车巡逻的综合警务效能提出了质疑。现代化巡逻车的普遍使用，通信设备的极大改善，无疑大幅度地提升了警察的高度机动性和快速

---

① 杨瑞清、王淑荣：《社区警务》，中国人民公安大学出版社2015年版，第25~27页。

反应能力，但同时也形成了新的弊端——警察与公众之间的隔阂。为了改变被动反应型的警务模式，有效提高巡逻的效能，英国、美国等西方国家尝试改革巡逻勤务方式，普遍重视并建立步行巡逻制度。例如，美国、澳大利亚等国家逐步恢复了步行巡逻，使警察走出巡逻车，深入社区，有较多的时间和机会接触社区居民，了解掌握有关情况，在解决社区矛盾纠纷、消除犯罪隐患和诱发因素等方面发挥了更大的作用；日本、新加坡等国家则不盲从以欧美国家为代表的机动车巡逻为主导的世界性趋势，大力发展城乡警岗制度。这些星罗棋布的警察岗亭，不仅能够及时发现并制止社区的犯罪活动，而且增加了警察与公众见面的机会，有效改善了警察与公众的关系。岗亭警察走访管区内的居民，询问有关问题，听取对警察工作的意见和建议，指导开展安全防范。

总之，西方各国警方通过改革警务巡逻方式，最大限度地增加警察与社区公众接触的机会，从而实现改善警民关系之目的。

3. 提供社会服务，改善警察形象

理论研究结果和实践都充分证明，公众要求警方协助解决的各种问题，大多与执法活动和犯罪无关。然而，如果警方不帮助公众解决他们迫切关心的问题，就不能赢得公众的支持。此外，公众反映的问题可能与违法犯罪有密切的关系，警方在帮助解决这些问题的过程中，就有可能发现犯罪的线索或存在的犯罪隐患，从而预防犯罪的发生。因此，推行社区警务就是要纠正警察中存在的不愿做"社会工作"的倾向，强化社区警察的"社会工作者"角色意识，加强与社区团体与公众的联系，扩大社会服务，提升服务质量，改善警察形象，使社区居民主动配合警察的工作。

4. 建立社区反馈机制

建立社区反馈机制，丰富信息源头是社区警务工作的重要组成部分，它使得警方可以直接从社区获得丰富的信息资源。例如，澳大利亚警方大力发展社区邻里联防网络，并在社区设立联络官，联络官一般通过各种社区团体的联络委员会进行工作。每月召开一次社区邻里联防会议，当地警察部门派人参加，警方与社区的各种社会团体、居民开诚布公地共同讨论犯罪、警察工作和安全防范等问题。通过这种方式及与社区居民接触的其他机会，警方往往能够从社区获取有价值的重要信息。

5. 多渠道开发社会资源，组织吸收社会力量参与社区警务工作

以英国、美国等为代表的西方国家在推行社区警务战略的过程中，主要是通过组织社区居民成立社区警务辅助力量，在社区警察的直接指导和督促下，义务参与社区警务工作，共同预防犯罪。美国和英国都建立了较为成熟的辅助警察制度，组织社区公众共同预防犯罪。

第三节　西方社区警务的理论与内在价值

一、西方社区警务的理论基础

西方社区警务的开展，除了传统警务存在的问题和弊病这一现实基础外，还有一系列的理论依据或基础作为支撑，尽管目前西方社会对社区警务的理论依据或基础仍存有争议，我国学者也存有歧义，如有学者认为是"社会契约论"，[①] 有学者认为是"社会需要理论"，[②] 有部分学者认为是"社会契约论"和"破窗理论"，[③] 也有部分学者认为是"社会契约论""破窗理论""社会需要理论"和"刑事司法体系的结婚蛋糕"理论[④]或者是"社会契约论""破窗理论""新

---

① 张昭端：《中外社区警务的思想基础、历史渊源和现实背景》，载《江苏公安专科学校学报》2002 年第 4 期；熊一新、王太元：《最新社区警务工作指南》，群众出版社 2003 年版，第 16 页。

② 李健和：《关于社区警务几个问题的思考》，载《中国人民公安大学学报》2002 年第 1 期。

③ 杨瑞清、王淑荣：《社区警务》，中国人民公安大学出版社 2015 年版，第 21~22 页。

④ 刘兴华：《社区警务教程》，中国人民公安大学出版社 2009 年版，第 24~29 页。

公共管理理论""治理理论"和"刑事司法体系的结婚蛋糕"理论①
等。但根据西方社区警务的实践与实践过程中应用的理论及其实施
过程中的大背景来看，笔者认为西方社区警务理论基础或依据，主
要包括：社会契约论(The Social Contract)、新公共管理理论(New
public Management)、治理理论(Governance Theory)和多中心理论
(Polycentrity Theory)。

(一)社会契约论

社会契约论(The Social Contract)在西方哲学史上占有重要地
位，对西方近现代历史产生了巨大的影响。社会契约论的思想在西
方源远流长，社会契约论思想初步形成于古希腊时期，并从霍布斯
开始，经过洛克的发展，到卢梭形成了完善的体系。目前已成为西
方国家重要的哲学思想，它构成了近现代国家政治理论的基础。

霍布斯认为，在国家出现之前，人类处于"自然状态"在这种
状态中，每个人都是平等的，每个人都毫不留情地为确保他们的安
全而无所不为。② 即每个人始终与他人处于战争状态。霍布斯认为
是人的两种情感使然，一是欲望，二是厌恶。他主张为了寻求和
平，人们就有必要在他们之间共同达成一项契约，"把大家所有的
权力和力量付托给某一个人或一个能通过多数意志把大家的意志化
为一个意志的多人组成的集体"，"像这样统一在一个人格之中的
一群人就称为国家，在拉丁文中称为城邦"。③ 因而霍布斯在政治
制度上虽然强调个人安全，但主张的乃是一种"开明专制"的政体，
其契约型国家民主程度较低，在一定程度上带有专制主义色彩。

与霍布斯强调自然状态相比，洛克所描述的自然状态是轻松
的、和平的。他认为，人类必须通过订立契约的方式，同其他人协
议联合成为一个共同体，以谋求他们彼此间舒适、安全和和平的生

---

① 陈君武、张奋成等：《社区警务专题研究》，中国人民公安大学出版
社2014年版，第24~33页。

② [美]S.E.斯通普夫、J.菲泽：《西方哲学史：从苏格拉底到萨特及
其后》，匡宏、邓晓芒等译，世界图书出版公司2009年版，第195页。

③ [英]霍布斯：《利维坦》，商务印书馆1985年版，第132页。

活，以便安稳地享受他们的财产并且有更大的保障来防止共同体以外任何人的侵犯。① 洛克的理想是君主立宪制，属于民主政体的类型：人权具有不可剥夺性，不经同意，任何人都不能"被迫屈从于他人的政治权力"。洛克的社会契约思想与霍布斯最大的区别在于国家成立后由谁来执掌，洛克将这一重要任务交给了立法机关，即多数人的手中，从而避免了国家的专制，实现了现代意义上的民主制国家的建构。为了对政府权力形成制约，洛克把权力分为三种即立法权、行政权和对外权，确保了国家权力的相互独立，避免了权力之间的相互干预，但遗憾的是，洛克在自己的分权理论中，仅仅强调了立法权与行政权的分离，而对司法权这一重要分支并未论及，直到后来的孟德斯鸠"三权分立"的理论才得以成形与发展。

与霍布斯不同，卢梭认为人性并非一贯是"善"或"恶"，而是在自然状态中，人性是"善"的，人的本能的怜悯心、相爱心起着现代法律、风俗和道德的作用②，到国家建立以后，人性便变成了"恶"，因为"一种在社会中产生的非自然情感使得他们都想更充分地成就自己而超过一切他人"③。卢梭认为，人类还存在一组矛盾，便是人生而具有的独立性和人类生活的群居性之间的矛盾，而解决这一矛盾的核心是"公意"，即"每个成员把他自己连同他的一切权利都完全交给社会全体"④。卢梭认为"公意"就是主权者的意志，而"主权者"又是由特定社会的全体成员共同组成的，每个人事实上都是法律的制定者，遵循主权者的法律，事实上就是服从他们自己。卢梭的社会契约思想是契约论发展的高潮，其对社会实践产生了巨大的影响，尤其是对法国大革命政治理论的产生和法兰西共和国的宪政制度产生了深远的影响。

---

① ［英］洛克：《政府论（下篇）》，商务印书馆 1964 年版，第 59 页。

② ［法］卢梭：《论人类不平等的起源和基础》，商务印书馆 1962 年版，第 103 页。

③ ［美］S. E. 斯通普夫、J. 菲泽：《西方哲学史：从苏格拉底到萨特及其后》，匡宏、邓晓芒等译，世界图书出版公司 2009 年版，第 260 页。

④ ［美］S. E.. 斯通普夫、J. 菲泽：《西方哲学史：从苏格拉底到萨特及其后》，匡宏、邓晓芒等译，世界图书出版公司 2009 年版，第 261 页。

综上所述，社会契约论的基本精神是，社会公众共同订立契约，把自然权利交给国家，由国家代替他们行驶这种权利。政府如果忠实于并且完全实现了它对公民的义务，公民就应该自觉地遵守契约所规定的行为规范。

由于社会契约理论源于人们对自身"自然权利"的维护，超越了部落、群体、宗教和种族的界线，特别是它避开了阶级这一特定的范畴，有利于西方各国在不同政治和不同文化传统的多元社会环境里，开辟各具特色的警察工作，从而赢得了较为广泛的认同和支持，并凸显了这一理论的警务价值。正因为如此，英国著名的社区警务改革家、旗手约翰·阿德森提出，社会契约论是西方国家社区警务发展战略的重要理论基础，并科学地运用这一理论指导社区警务改革。

社区警务中包含的契约思想主要有：社区与国家之间的契约；公民与社区之间的契约；公民与警察之间的契约；公民与社区自治组织之间的契约；警察与社区自治组织之间的契约等。

（二）新公共管理理论

在 20 世纪 70 年代之前，西方各国行政管理普遍采用马克斯·韦伯的科层理论和威尔逊的"政治—行政"二分理论。到了 20 世纪 70 年代，由于石油危机，各国财政赤字严重，福利国家面临巨大压力，同时经济全球化、信息技术革命的发展等造成了西方国家行政管理的危机，原来政府管理效率低下、机构臃肿、职能泛化等特点在新形势下已成为整个国家发展的障碍，因此，西方国家从 70 年代开始掀起了一股行政管理改革的浪潮。20 世纪八九十年代，西方大多数发达国家的公共部门都有一个显著的变化，这种变化的最显著的特征是从传统公共行政向新公共管理转变。① 关于这种转变，有许多名称："管理主义""新公共管理""以市场为基础的公共

---

① "The International Encyclopedia of Public Policy and Administration" Calorado：Westview Press. A Division of Hayer Collins Publishers. Inc. 1998. p. 1489.

行政""后官僚主义范式"或者"企业家政府"等①。一般说来，西方行政学界较多地使用"新公共管理"（New Public Management）。尽管西方发达国家政府管理领域的转变名称不一，但都具有一个相同或相似的基本取向，即都以采用私人部门管理的理论、方法及技术，引入市场竞争机制，提高公共管理水平及公共服务质量为特征的"新公共管理理论"为指导。新公共管理理论日益成为当代西方政府改革的指导理论。这些理论包括：公共选择理论、自组织理论和公共物品理论。

公共选择理论产生于20世纪40年代末，并于五六十年代形成了公共选择理论（Theory of Public Choice）的基本原理和理论框架，60年代末以来，其学术影响迅速扩大。英国经济学家邓肯·布莱克被尊为"公共选择理论之父"，美国著名经济学家詹姆斯·布坎南（James M. Buchana）被公认为是公共选择理论的领袖人物。公共选择理论的宗旨是要把市场制度中的人类行为与政治制度中的政府行为纳入同一分析的轨道，即经济人模式，从而修正传统经济学把政治制度置于经济分析之外的理论缺陷。公共选择理论的基本观点是市场经济中的"政府失灵"，主张"小政府"，引入市场机制，以打破政府在公共服务领域的垄断地位。

自组织理论是20世纪70年代西方国家出现的一种系统理论。自组织理论将组织分为他组织和自组织两类：如果一个系统靠外部指令而形成组织，就是他组织；如果不存在外部指令，系统按照相互默契的某种规则，各尽其责而又协调地自动地形成有序结构，就是自组织。自组织现象普遍存在于自然界和人类社会中。自组织理论主要研究复杂自组织系统的形成和发展机制问题，即在一定条件下，系统是如何自动地由无序走向有序，由低级有序走向高级有序的。科学的、具有一般意义的自组织理论，一般包括：比利时物理

① 新公共管理运动最先开始于撒切尔夫人执政时期的英国。撒切尔夫人于1979年上台执政，从她到梅杰政府，英国保守党执政长达17年之久，保守党在英国推行了轰轰烈烈的"新公共管理"运动，而指导这一改革的思想又往往被称为"撒切尔主义"。

化学家普里高津(Liya Prigogine)的耗散结构理论，德国科学家 M.
艾肯(Manfred Eigen)的协同学，联邦德国斯图加特大学教授、著名
物理学家哈肯(Hermann Haken)超循环理论和法国数学家勒内·托
姆(René Thom)的突变论等。①

　　公共物品理论研究始于 20 世纪 50 年代的萨缪尔森
(Samuelson)，他认为公共物品是指每个人对某种产品的消费不会
导致其他人对该产品消费的减少。在此基础上，经布坎南(James
M. Buchana)、马斯格雷夫(Richard Abel Musgrave)等人的进一步研
究和完善，逐步形成了公共物品的两大特性，即消费的非竞争性与
非排他性。公共物品理论基本内容是：不同种类的物品和服务可以
通过两个特征——排他性和消费性来进行整理和分类，分类的结果
确定了政府和社会(非政府组织)在物品和服务提供中所扮演的角
色。一般而言，纯公共物品(服务)由政府提供，纯私人物品(服
务)则由社会和市场提供，而准公共物品(俱乐部物品和公共池塘
资源物品)既不能完全由政府提供，也不能完全依靠社会和市场提
供，而应该通过政府和市场、社会的竞争、合作来提供。

　　警察机关作为政府的职能部门，不可避免地受到新公共管理运
动的冲击，社区警务运动在理念和战略上要符合新公共管理所倡导
的一些价值，新公共管理运动的开展也就成了社区警务运动的理论
基础，具体而言，新公共管理运动对于社区警务运动的影响，主要
表现在以下几个方面：一是警务运作的市场化，即充分利用市场机
制为社区警务分担一些内容，将大大减轻警务部门的压力，提高警
务活动的效率。二是警务实施的社会化，即将能够由社区公众完成
的事项交由社区完成，既实现分工又实现合作，既满足社区自主发

---

　　①　自组织理论的基本内核可以理解为，耗散结构理论揭示出系统自组
织演化所需的条件；协同学指出系统自组织演化的内在动力；超循环理论揭
示系统自组织演化的形式；而突变论则找到了系统自组织演化的途径。或者
说，系统自组织演化可以简单的概括为：在开放、非平衡、非线性条件下，
系统内部各子系统之间既竞争又合作，产生出协同效应，出现序变量，序参
量反过来又支配系统内各个子系统的竞争与协同，从而使系统在经历了多次
突变和渐变中通过循环、交叉并关联于超循环链圈之中，从无序走向有序。

展和治理的空间，又保持警察与社区之间的密切来往，加强警民关系建设。三是警务工作的服务化，即从"掌舵人"到"划桨人"的转变，扩大服务职能，服务于社区公众。四是通过上述"三化"，使社区警务工作"系统自组织演化"，从无序走向有序。

(三)治理理论

治理理论(Governance Theory)首先出现在 20 世纪 80 年代的"地方治理"与"公司治理"之中。随着全球化进程的加深和公共决策的复杂化、动态化，1989 年世界银行在概括当时非洲的情形时，首次使用了"治理危机"(Crisis in Governance)一词，此后"治理"便广泛地被用于政治发展研究中，成为社会管理的重要的理念和价值追求。20 世纪 90 年代以来，西方学者(以政治学家和政治社会学家居多)，对治理作出了许多新的界定。1995 年全球治理委员会在一份题为《我们的全球之家》(Our Global Neighborhood，又译为《天涯若比邻》)的报告中界定治理为：各种公共的或私人的个人和机构管理其共同事务的诸多方式的总和，是使相互冲突或不同的利益得以调和并且采取联合行动的持续过程。① 治理理论的核心观点是合作与协商，强调政治国家与公民、政府与非政府、公共机构与私人机构之间的合作，既包括强制合作，也包括自愿合作。治理的目的是在各种不同的制度关系中运用权力去引导、控制和规范公民的各种活动，最大限度增进公共利益。治理的重要规则是参与、公开、透明、回应、公平、责任、正当性和合法性等。

治理理论为我们理解国家与社会的关系提供了一个新的视角。虽然学者对治理的特征概括并不完全相同，但治理主体的多元性，尤其是非政府组织的参与是其最显著的特征之一。

治理理论对社区警务也产生了影响，治理理论所强调的公私部门之间、政府部门和非政府部门之间的协调合作，对维护社会治安中的警民之间、警察与社区自治组织之间相互合作、共同治理具有重要启示意义，对于警民关系的改善具有重要的促进作用。

---

① 俞可平：《治理与善治》，社会科学文献出版社 2000 年版，第 33 页。

(四)多中心理论

"多中心"(Polycentricity)理论可以看成是治理理论的一种发展方向,是治理理论的进化与升华结果。在初期,"多中心"①只是博兰尼描述他所发现社会秩序的特征的一个词汇,而美国学者 E. 奥斯特洛姆则对"多中心"进行了进一步的阐述和发展,"多中心"理论逐步成为一种思维方式和理论框架,成为公共事务的治理模式之一。他通过对局部公共事务治理的组织机制以及公共经济生产与消费属性的多年实证研究,提出通过社群组织自发秩序形成的多中心自主治理结构、以多中心为基础的新的"多层级政府安排"(具有权力分散和交迭管辖的特征)、多中心公共论坛以及多样化的制度与公共政策安排,可以在最大程度上实现对集体行动中机会主义的遏制以及公共利益的持续发展。

多中心理论指出,随着社会的不断发展进步,民众对于政府的期望越来越高,也越来越趋于多元化,而传统的以政府为中心的"单中心供给"思路在庞大的需求面前是缺乏效率和回应性的,因此,以支持"权力分散、管理交叠和政府市场社会多元共治"为特征的多中心理论就成为符合民众需求,提高服务质量和效率的理想模式。因此,多中心理论对社会治理的最大贡献在于其主要思想是相对于一元或者单中心权威秩序而言,成功地打破了以往以政府为唯一主体的治理模式,启发并构建了一个政府、市场、社会的三维框架,主张公共事务自主治理,提出"权力分散、管理交叠和政府市场社会多元共治"为特征的"多中心理论",以改变传统的以政府为中心的"单中心供给"思路。

多中心理论对社区警务的意义在于,社区警务的主体是复合主体,包括政府、警察、企业、非营利组织、公民社会、国际组织、

---

① "多中心"概念,最早是由迈克尔·博兰尼 1951 年在《自由的逻辑》(The Logic of Liberty)一书中提出来的。"多中心性"在博兰尼的文章中是"负重(六边形)框架上各顶点的相互移动",这样的相互适应移动状态即形成了"多中心秩序"(polycentric order),将若干要素排列为多中心的任务就叫多中心任务(polycentric task)。

社会组织等，社区警务的结构是网络型的，实施方式应当是"合作—竞争—合作"，通过合作与竞争，实现公民公共安全利益最大化和公民多样化的需求。

二、社区警务理论

社区警务理论是指社区警务自身具有的理论，是社区警务本身的一个重要组成部分，如果说社区警务的理论基础是社区警务产生与发展的基础，那么社区警务理论则是社区警务赖以产生和发展的内核，如果说社区警务的理论基础是外在的，那么社区警务理论则社区警务本身的、内在的，是社区警务实施过程中的主线和共同"语言"。

综观西方社区警务的形成与发展，社区警务本身形成了如下理论：

(一)破窗理论

破窗理论(Broken Windows Theory)是 20 世纪 80 年代美国哈佛大学的两位学者威尔逊(James Q. Wilson)和凯林(George L. Kelling)为寻找能够有效控制美国犯罪增长的理论、方法和手段而创立的，旨在说明社区环境与犯罪之间的关系。

美国犯罪学家乔治·凯林和政治学家詹姆斯·威尔逊在美国斯坦福大学心理学家菲利蒲·辛巴杜(Philip Zimbardo)1969 年所进行的一项实验①的基础上进行归纳、研究，于 1982 年 3 月在《大西洋月刊》(The Atlantic Monthly)上共同发表了一篇题为《"破窗"——警

---

① 1969 年，美国斯坦福大学心理学家菲利蒲·辛巴杜(Philip Zimbardo)所进行了一项实验是，他把两辆一模一样的汽车分别停放在加州帕洛阿尔托的中产阶级社区和相对紊乱的纽约布朗克斯区，其中，停放在布朗克斯区的那辆摘掉车牌，打开顶篷，结果当天就被盗走了，而放在帕洛阿尔托的那辆，一个星期也安然无损。后来，辛巴杜用锤子在那辆车的玻璃上敲了一个大洞，结果几个小时后就被人偷走。

察与邻里安全》①的文章，提出了破窗理论。该理论认为，如果某人打破了一扇窗，而不被及时修理的话，将有更多的窗被开破，这些破窗表明本地区居民对自己的社区漠不关心，恶劣的环境加上人们的冷漠就会使犯罪滋生、蔓延。破窗理论告诉我们，任何一种哪怕是极其偶然、个别、轻微的有损公共管理秩序的行为，都不能视而不见、不闻不问、应对迟缓、处置不力；否则，客观上就会产生纵容更多的人"去打烂更多的窗户玻璃"的严重后果。长此以往，各种违法犯罪就会愈演愈烈，对社会治安秩序产生严重冲击和影响。由此可见，社区环境与违法犯罪之间的紧密关系。

破窗理论无疑是社区警务的重要理论，而且越来越多的人特别是从事社区警务工作的专业人士已明确认识到社区环境对于社区公共安全的重要性。当然，要有效解决"破窗户"现象和违法犯罪问题仅仅依靠政府部门和警察力量是远远不够的，也是不可能实现的。警察不能拘泥于警务工作，应该将关注的眼光和工作重心置于对社区人文、自然环境的教育改造和治理当中去，并紧密结合社区建设的总体规划和要求，与之相适应同步建设和发展社区警务战略及技术。同时，只有警方与社区之间建立良性互动的合作关系，才能形成合力，对社区的各种"破窗户"现象及衍生的违法犯罪问题实行综合治理，最大限度地消除违法犯罪的诱发条件和因素，从而实现预防和控制违法犯罪之目的。破窗理论直接支撑着社区警务的形成和发展。

因此，破窗理论提出后，有的媒体称赞威尔逊和凯林 1982 年的那篇文章为"警务活动的圣经"和"社区警务的蓝本"。② 美国著名的《基督教科学箴言报》刊发的一篇文章称赞破窗理论引起了美

---

① James Q. Wilson and George L. Kelling, Broken Windows: The Police and Neighborhood Safety, The Atlantic Monthly, vol. 249, no. 3 (March 1982), pp. 29-38.

② Kevin Cullen, The Commish: Even though Bill Bratton was Unceremoniously Booted out of the Top Job in the New York City Police Department, He's Still the Apple of the City's Eye, The Boston Globe, May 25, 1997.

国警务活动的革命。① 破窗理论不仅在美国本土得到了法律实务界的认可，引起了美国的警务革新浪潮，而且吸引了很多其他国家的警察机构前来学习和借鉴纽约市基于该理论的警务经验。与此同时，破窗理论还在美国学术界催生了环境犯罪学的研究热潮。

（二）无增长改善论

"无增长改善论"（Improve Without Growing）是基于"增长的极限理论"，结合世界警务改革而于1976年由英国警察理论学家、警务改革的积极倡导者约翰·安德逊提出来的。

1968年4月，由欧洲10个国家的约30位自然科学家、社会学家、经济学家和规划专家在罗马成立了一个研究世界未来学的非正式国际协会——罗马俱乐部。麻省理工学院学者丹尼斯·米都斯领导的研究小组受罗马俱乐部委托，以计算机模型为基础，运用系统动力学对人口、农业生产、自然资源、工业生产和污染五大变量进行了实证性研究，并在1972年提交了第一份报告，即《增长的极限：罗马俱乐部关于人类困境的研究报告》（The Limits to Growth：A report for the club of Rome's project on the predicament of mankind）②。这份报告根据当时的数据得出一个极其严肃、震惊世界的结论：人类生态足迹的影响因子已然过大，生态系统反馈循环已经滞后，其自我修复能力已受到严重破坏，若继续维持现有的资源消耗速度和人口增长率，人类经济与人口的增长只需百年或更短时间就将达到极限。

增长的极限理论，虽然是探究经济发展与地球资源有限之间平衡，但也引发了警务工作不可能完全依赖政府的财政投入的观念转变。警务工作的财政需求就像无底洞，无法完全满足，为此，根据产生犯罪的根源在社会，解决犯罪的力量也应来源于社会，必须调动社会公众参与警务活动，通过无增长性警务解决警务资金的瓶颈

---

① Christina Nifong, One Man's Theory Is Cutting Crime in Urban Streets, The Christian Monitor, February 18, 1997.

② ［美］丹尼斯·米都斯等：《增长的极限：罗马俱乐部关于人类困境的研究报告》，李宝恒译，四川人民出版社1983年版。

问题。

因此，1976 年，英国警察理论学家、警务改革的积极倡导者约翰·安德逊基于"增长的极限理论"，结合警务改革，在其著作《从人力资源到观念的转变》中提出了新的警察哲学——"无增长改善论"(Improve Without Growing)，即警察机关在不增加人员编制、器材装备的前提下改善与提高警力。① 这种新的警察哲学的理论要点包括：第一，警察所需要的人力资源远远超出了社会经济能力所能允许的范围。大幅度提高警察开支，负担庞大的警察队伍是无益的、危险的。第二，警察现代化应偏离强调提高警察比例、高度装备现代化的模式。第三，社区警务是在警务现代化之后警务改革的必然方向。提高警力的途径，一是应以社会人力资源为警力的后备，以公众千百双眼睛与耳朵作为警察的眼睛与耳朵。二是加强警察训练，以质量胜数量。第四，警务改革的方向是返朴归真，现代化的警察应在传统警务思想中吸取精华。② 这一崭新观点迅速被欧美国家的警务部门所认识和接受。正是基于对严峻社会治安形势的深刻反思和快速反应警务战略的理性思考，关于社区警务的新思想、新战略逐渐被欧美及其他许多国家所关注、认识、接受和重视，并达成共识，成为当今世界警务改革的发展趋势。

三、西方社区警务所追求的内在价值

探讨西方社区警务所追求的内在价值，即探讨西方社区警务的精髓，也是探讨它能够在西方发达国家长期发展并被普遍认可和接受的原因。

有学者通过梳理社区警务在西方的发展历程及总结各国开展社区警务的不同模式，概括出了西方各国社区警务的共有价值有：预

---

① 参见公共安全研究所：《美国警察》，群众出版社 1990 年版。
② 曹春艳：《"无增长改善论"对我国警力拓展的启示》，载《湖北警官学院学报》2006 年第 3 期。

防为主，注重服务，讲求合作、民主法治建设以及社区自治。① 但笔者并不完全认同这一观点。因为，"社区自治"只是西方社会的自治模式，而且这种模式已经普遍存在，换句话说，西方的社区警务是在"社区自治"的情况下实施，并不是它的价值追求。因此，笔者认为，西方各国社区警务的共有价值是：预防、合作、民主、法治、服务。

(一) 预防

预防犯罪永远是西方社区警务的永恒追求。无论是社区警务的形成之初，还是以后的发展应用，也无论是理论阐释，还是具体操作，无一不是追求预防犯罪、减少犯罪的价值。西方警务改革经过三次革命，尤其是第三次警务革命以来，虽然警察的打击和控制犯罪的专业化程度不断提高，但犯罪数据上升的现象并没有得到有效抑制。因此，西方社区警务是在深刻反思第二次警务改革基础上的辩证否定。可以说社区警务的本质是预防，预防犯罪是社区警务的根本价值目标，也是破窗理论应用的精髓。

因此，社区警务无论是西方还是东方(包括中国)，也无论是在过去还是在未来的实施过程中，为了实现预防犯罪的目标，必须始终将警务工作理念转变到预防犯罪上来，不断强化创新精神，整合社区力量，夯实警民合作，真正体现防范在先的思想，把预防犯罪的各项工作落到实处，做可防患于未然，从而维护全社会的长治久安。当然，要积极有效地实施社区警务战略，必须掌握科学的方法，深刻认识社区运行发展过程中的复杂关系和内在规律，及时了解和把握社区违法犯罪问题的特点、规律及发展变化的动态情形，深入探索和总结社区预防犯罪的路径及方法，从而不断提升社区预防犯罪的能力和效果。

(二) 合作

西方国家社区警务的开展特别注重合作，即不同社区警务主体之间相互配合共同预防和打击违法犯罪。可以说，警民合作是社区

① 陈君武、张奋成等：《社区警务专题研究》，中国人民公安大学出版社 2014 年版，第 34~49 页。

预防犯罪的基石。和谐信任的警民关系、有效的警民互动合作是成功实施社区警务战略的生命之所在，也是"无增长改善论"的本质要求。

因此，社区警务无论是西方还是东方(包括中国)，也无论是在过去还是在未来的实施过程中，必须始终遵循"警力有限，民力无穷"的哲学理念，充分认识社区民众在维护社区治安方面蕴藏的无穷智慧和力量，加强社区民警与居民之间的理解与合作具有十分重要的意义。警民之间和谐共处，在平等、互助、互利、互信的基础上，构建警民互动合作的良好机制、途径和方式，形成以整个社会为主体的共同预防和抑制犯罪的强大的系统力量，从而实现社区警务的价值目标。

(三)民主

西方各国在开展社区警务的过程中，普遍强调社区参与、公众参与，[①] 注重民主建设，这不仅是社会契约论在社区警务中的具体体现，是民主社会自治精神在社区警务中的基本体现，也是现代警务理论实现民主决策的基本要求。

在西方国家，不仅社区主体呈现出多元化和复杂化，其利益诉求也呈多元化，而且随着西方国家民主化的进程，社区居民的公民意识——主体意识与参与意识很强，他们对社区警务开展中涉及公共利益的事项都有了解和决策的愿望。这些条件不仅是社区民主建设的条件和保障，也是社区民主开展的思想基础和现实基础。这就构成了社区警务民主建设的基础。而社区警务是为了满足居住于社区的社会全体或大多数成员需要，体现其共同安全利益的工程，必须要做到多元主体的广泛参与、共同参与和平等参与。社区警务或社区治安"即指警方在决定和评价治安实践时应当与公众协商，考

---

① 西方社区参与、公众参与是建立在参与民主理论基础之上的，并肩负着实现社区自治，促进民主政治发育的理想主义使命，其目的并非试图取代代议制民主，而是在于弥补代议制精英政治的缺陷，使民主制度更加完善。参见左冰：《社区参与：内涵、本质与研究路向》，载《旅游论坛》2012 年第 5 期。

虑其愿望，并且在确定和解决治安问题时与当地公众合作"。①

与国家层面所强调的民主相比，社区警务中民主是一种基层民主，它是具体的、细微的甚至是琐碎的，具体表现为社区居民、自治组织以及警察互相商量解决社区治安问题，它拒绝之前警察的一家之言，也拒绝一刀切的行政指令，而突出的是公民话语体系的建构。

(四) 法治

在现代社会，民主与法治不可分割，民主是法治的基础，法治是民主的保障。在西方社会，法治观念源远流长，从古希腊哲学家柏拉图的承认和正视法治，到亚里士多德法治的经典概念，从孟德斯鸠、洛克的"三权分立"的理论，到卢梭的"公意"思想，构成了西方法治建设的文化传统，并为社区警务活动中的法治建设奠定了坚实的思想基础，同时也提出了更高的要求。

在西方社区警务实施过程中，法治建设具体体现在，一是制定了相关的法律制度。如本章第二节所述，欧美各国为做到有法可依，先后分别立法对社区警务或社区警务的相关内容进行了立法，或建立相应的规范制度。例如，为了改善社区治安，法国在2001年由国家行政法院批准十几个城市制定"儿童宵禁法"，居民议会也通过了"日常生活安全法"等。② 二是完善社区司法体系。在欧美各国的社区警务中，不断加强法院和社区居民之间存在广泛的合作已经成为一种"常态"。如在纽约中城社区法院 (Midtown Community Court in New York City)，居民、企业、社区自治部门通过对法院的监督和提供现场服务与法院展开合作，如设置在法院中的社会服务部门为娼妓和嫖客提供卫生课程，为年轻的违法犯罪人和精神病人提供咨询以及就业培训等。③ 但这些活动并未影响美国

---

① 孙桂华:《国外及港澳台社区概述》，当代中国出版社2003年版，第129页。

② 孙桂华:《国外及港澳台社区概述》，当代中国出版社2003年版，第138页。

③ [美]Kenneth J. Peak Ronald W. Glensor:《社区警务战略与实践》，刘宏斌等著译，中国人民公安大学出版社2011年版，第46页。

司法独立，而是在基层实行法治的一种新形式，它进一步完善了社区的司法体系，体现了司法的"人性化"，对维护社区治安秩序起到了重要的作用。

(五)服务

在西方国家，社区警务在警察服务角色上的定位，是经过三次警务革命反思后正式确定下来的，是对第一次警务革命的"返璞归真"。它不仅只是英国或英属殖民地国家社区警务的特色，也被其他欧美国家所推崇，并将"提供社会服务，改善警察形象"作为西方社区警务的主要内容。这也是西方国家"社会契约精神"在警察与社区居民之间的必然反映。在西方国家公民的理念中，他们认为警察权力源于公民权，警察权力的获得是公民权利让渡的结果，而公民权利转化为警察权力的目的就在于保护公民的人身财产安全。

西方社区警务所体现的服务，表现为三个层次：①

一是战略层面的"服务"。这是指警察"服务者"的角色定位，它是伴随着西方国家行政体制改革与政府职能转变而展开的，并在这一改革中得以实现。西方国家开展的新公共管理运动，强调政府的定位应实现从"掌舵人"到"划桨人"的过渡，实现从高高在上发号施令的管理者到放低姿态乐于奉献的服务者的转变，这是整个政府角色的战略定位，也是警察部门角色的战略定位。如英国2004年颁布了《建设社区，打击犯罪——21世纪更好的警察机构》白皮书等。

二是战术层面的"服务"。这是警察机关根据整个国家的改革战略，积极转变自身思路，顺应改革潮流的策略展开，警察机关通过制定一系列服务性的政策与规划，积极部署改革措施来实现。如英国1998年提出并推广的"安全街道建设计划"，以及新加坡的"社区安全与保安计划（CSSP）"、"邻里守望相助计划"和"罪案防范计划（CPC）"等。

三是执行层面的"服务"。这是警察在具体执法活动中，积极

---

① 陈君武、张奋成等：《社区警务专题研究》，中国人民公安大学出版社2014年版，第40~41页。

践行服务性职能、转变思维方式、树立服务意识的行动。如英、美、澳大利亚等国开展的社区"邻里守望",美国的"市民警察学校"英国的"社区支援官",日本的交番与驻在所,新加坡的"邻里警局(岗)"等。在社区警务中,社区民警感受最深的便是这一层次的服务,居民最注重的也是这一层次的服务。因此,西方国家特别强调基层社区服务事项的落实。例如,在美国弗吉尼亚州的阿灵顿县,社区警员积极融入社区,成为学校教员的一分子,负责反毒品和反枪支课程的讲授,同时根据社区守望项目来加强学校安全;①在英国,英格兰和威尔士的 41 个警察局都建立了正式的警民咨询委员会。② 所以,西方各国社区警务并非仅仅是一种服务性的活动,而且包含了警察职责的服务理念与态度,是对警察哲学的重新定位与警察价值的重新思索。

---

① [美]Kenneth J. Peak Ronald W. Glensor:《社区警务战略与实践》,刘宏斌等著译,中国人民公安大学出版社 2011 年版,第 321 页。

② [美]Kenneth J. Peak Ronald W. Glensor:《社区警务战略与实践》,刘宏斌等著译,中国人民公安大学出版社 2011 年版,第 351 页。

第二章　我国社区警务建设概要与分析

　　我国的"社区"与"社区警务"虽然是从西方引进的概念，但也有其形成和发展的基本规律，从理论上搞清社区与社区警务的概念、社区与社区警务发展的内涵及其发展规律，对比较中西方社区与社区警务，研究我国社区警务改革与建设，是十分必要的。

第一节　我国社区形成与社区警务的内涵解读

一、我国社区的形成

(一)我国社区的含义

　　"社区"是个外来词，在我国古代社会里，只有"社"和"区"的概念，却没有将两个字合称的"社区"的概念。那么，在中国传统语境中"社"表示什么意思呢？据罗竹风主编的《汉语大词典》和陈宝良所著的《中国的社与会》一书中的研究，大致有以下几种解释①：①指称古代的土地神；②指古代祭祀土地神的坛；③指祭土地神，后来也泛指民间在社日举行的各种迎神赛会；④指古代乡村基层行政单位，其所管辖的范围大小和人口多少，依时代不同、地方不同各有变化；⑤指信仰相同、志趣相投者结合在一起的社会团体；⑥也指行业性的团体。"区"在我国古代也有几种含义：①隐匿的意思；②指有一定界限的地方或范畴，即区域；③指住宅或小

------

　　①　罗竹风：《汉语大词典(第七卷)》，汉语大词典出版社1991年版，第831页；陈宝良：《中国的社与会》，浙江人民出版社1996年版，第1~5页。

屋；④指畦田；⑤区别、划分的意思；⑤指微小的，如"区区小事"中的用法；⑦用作数量词，其意义相当于"所"、"处"、"座"、"尊"等。

从上述初步的梳理中可以发现，中国传统语境中的"社"和"区"的含义与当前对"社区"的理解还有一定的差距。有学者则在对"社"和"区"的语源追溯的基础上，结合相应的心理原型，分析社区的本质属性，由此揭示社区原型。罗建平认为，"社"是社神，是土地神，"神"的象征意义在于对居住地的敬仰和热爱，就像古希腊人对城邦的敬仰和热爱。在此基础上，才有活跃的社区生活，从前的社戏、今日的社交都与本土属性相联系。这就是"社"之原型中的社区含义。"区"的区域性不单是地理特征的区域，而是蕴涵着资源特征的区域。因此，"社"是大地的本原，人的心性的归属地；"区"是社区政治人的实现形态，体现了社区的内在动能和主导力量。在此基础上，可以把社区理解为类似古希腊的城邦政治，一种原生态的政治。① 可见，在我国古代的"社"与"区"的概念中，实际上已经包含了一定程度的现今"社区"的内涵。

我国的"社区"一词是1933年由费孝通等一批燕京大学的青年学者从英文中翻译过来的。费孝通在1948年发表于《社会研究》第77期的论文《二十年来之中国社区研究》中谈到了"社区"一词的形成过程。"当初，Community这个词介绍到中国来的时候，那时的译法是'地方社会'而不是'社区'。当我们翻译滕尼斯的Community和Society两个不同概念时，感到Community不是Society，成了互相矛盾的不解之词，因此，我们感到'地方社会'一词的不恰当。那时，我还在燕京大学读书，大家谈到如何找一个确切的概念。偶然间，我想到了'社区'这么两个字样，最后大家沿用了，慢慢流行。这就是'社区'一词的由来。"在费孝通看来，"社区是若干社会群体(家庭、民族)或社会组织(机关、团体)聚集在同一地域里，

---

① 罗建平：《"社区"探源》，载《华东理工大学学报(社会科学版)》2009年第2期。

形成一个生活上相互关联的大集体"。① "社区是一定地域范围内的社会。"②

前述主要是中国早期社会学者对"社区"内涵的基本理解，而在实践领域，我国民政部门对"社区"的认识更多地是从管理体制的角度考虑。从 20 世纪 50 年代开始，许多国家的政府以及联合国都认识到，为了改善人们的生活条件，提高生活质量，不能单纯靠国家制定各种政策，在很大程度上要靠从基层做起，即由公众参与，提出自己的需要，并加以解决。这种自下而上的管理体制的基础就是社区。③ 我国官方于 20 世纪 80 年代中后期开始引进"社区"概念，从最初的"社区服务"逐步发展为"社区建设"。这带动了学术界关注并深入研究这一领域的问题，"社区"也成为中国百姓日常生活里使用频率很高的词汇之一。随着社区建设的发展，城市社区中"社区"的范畴，即社区建设应在何种层次、何种类型的社区中开展必须加以明确下来。2000 年 11 月 3 日发布的《民政部关于在全国推进城市社区建设的意见》指出，社区是指聚居在一定地域范围内的人们所组成的社会生活共同体。这是我国官方第一次对"社区"的正式表述。

目前，我国城市社区的范围一般是指经过社区体制改革后作了规模调整的居民委员会辖区。从我国多数城市社区体制改革的实践看，大多数社区居民委员会辖区的规模为 1000～1500 户。当然，这里所说的社区实际上是一个类行政的区划概念，但社区本身并不是行政区划概念，除有市民居住外，还有机关、企事业单位等机构驻在其中，并非单纯的居民区。

因此，有学者结合我国现阶段社会的特点，特别是城市社区发展的特点，将我国基层社区划分为"基层自然社区"和"基层法定社区"两大类。基层自然社区的主要表现形式有居住生活单元、居住

---

①　夏国忠：《社区简论》，上海人民出版社 2004 年版，第 17 页。

②　费孝通：《当前城市社区建设一些思考》，载《社区》2005 年第 13 期。

③　姜芃：《社区在西方：历史、理论与现状》，载《史学理论研究》2000 年第 1 期。

小区、居住区，包括传统的居民大院、里巷等；而基层法定社区是指在基层自然社区的基础上出于社会管理的需要而设置的，具有明确的社区边界和法定的社区组织管理机构。①

从我国社区建设的实践来看，基层自然社区是基层法定社区的自然基础。我国城市的居民委员会辖区共同体大多是在基层自然社区的基础上形成的。有时候，一个基层法定社区（类行政区）内可以包含几个不同的基层自然社区。而目前的我国社区建设大多以"基层法定社区"作为操作单位。在我国当前的语境中，确定社区实体首选的标准是地域界限明显而不是社区成员的归属感。也就是说，地域的基础是预先规定的，而社会心理的基础是要靠以后培育的。应该说，民政部将"社区"定位于城市社区居民委员会辖区，虽然还不能完全体现社区的特征（即地域性和社会性），但也符合我国的实际情况，只是今后社区的建设目标仍然非常艰巨。因为，社区建设的目标，就是立足于地域性和社会性这两个社区的本质特性，通过各种硬件和软件的建设来促成和改善这样一种具有归属感和认同感的人类生活的共同体。

（二）我国社区的建设与发展

在中国，自20世纪30年代费孝通将"社区"一词翻译过来之后，"社区研究"在我国一直进行得红红火火。直到自20世纪30年代，由于不可抗拒的原因才被迫中断。改革开放后，受国际社会的影响，加上中国社区发展的需要，20世纪80年代中期在中国继30年代到50年代后，又一次出现一个研究社区问题、推进社区事业的热潮。可以说，中国社区建设的发展既受西方社区建设的影响，又明显不同于西方的社区建设。回顾中国社区建设改革发展历程，大体可将其划分为以下五个阶段。②

第一阶段：社区建设的前奏阶段。

1979年，受中央领导委托，费孝通受命恢复自1957年被取消

---

① 唐忠新：《构建和谐社区》，中国社会出版社2006年版，第6~7页。

② 第一阶段至第四阶段的主要表述，参见严振书：《转型期中国社区建设的历程、成就与趋向》，载《成都行政学院学报》2010年第2期。

的中国社会学。在社会学恢复之初，费孝通就指出，社区研究是社会学的"五脏六腑"之一。在他的推动下，学界开始将社区作为一种理论和方法，从单个社区入手，研究逐渐拓展到类型分析和构建体系阶段。

与此同时，由官方推动的改革，在实践层面也不断深入。1982年，党的十二大首次提出"发展基层社会生活的群众自治"，同年全国人大五届五次会议通过新宪法，规定城市居民委员会和农村村民委员会是基层群众自治性组织。这为推进我国社区建设做了法律和政策方面的准备。1986年初，民政部从探索建立社会保障制度的高度，明确提出了开展社区服务、完善社区服务体系的要求，从而首次将"社区"这一概念引入基层管理。随之社区服务在全国范围内展开。

1989年12月，第七届全国人大第十一次会议通过《中华人民共和国城市居民委员会组织法》，明确规定了"居民委员会应当开展便民利民的社区服务活动"，从而确定了居民委员会社区服务的职能。1993年8月，党中央、国务院14个部委联合下发了《关于加快发展社区服务业的意见》，提出要"加快建立健全社会保障体系和社会化服务体系，推动社区服务业全面、快速地发展"。1995年12月，民政部制定了《全国社区服务示范城区标准》，随之在全国推行。

经过多年的实践，社区服务取得了一系列的成果：一是兴建了一大批社区服务网点和社区服务设施，在一定程度上满足了城市居民对基本生活服务的需求；二是在社区服务开展过程中，提高了人们对社区的认识，使社区意识通过社区服务得到了提高；三是形成和培养了一批专、兼职社区服务人员，包括志愿者队伍，从而为社区建设的进一步发展打下了坚实的基础。

第二阶段：社区建设的"点实验"阶段。

20世纪90年代初期，随着改革的深化和社区服务的发展，社区工作的其他方面内容也迅速展开，社区服务的概念已经包容不了全方位的社区工作。学术界和政府有关部门借鉴国外"社区发展"的概念，结合中国实际提出了"社区建设"的概念。所谓社区建设，是指在党和政府的领导下，依靠社区力量，利用社区资源，强化社区功能，解决社区问题，促进社区政治、经济、文化、环境协调和健康发展，不断提高社区成员生活水平和生活质量的过程。1991年5月，民政部领导指出社区工作除了社区服务外，还有社区文化、社区医疗、社区康复、社区教育等内容，首次提出基层组织要抓好"社区建设"。随后，民政部确立天津市河北区、杭州市下城区为全国社区建设试点单位，开展社区建设"点实验"工作；并于1991—1992年间，先后召集了三次全国性的社区建设理论研讨会，听取各界对社区建设的意见和建议。

在此基础上，1998年第九届全国人大第一次会议通过国务院机构改革方案，批准在民政部基层政权建设司的基础上组建民政部基层政权和社区建设司，具体负责"指导社区服务管理工作，推进社区建设"。1999年，民政部选择26个城区为城市社区建设实验区，遍布全国19个省(自治区、直辖市)。同时，全国还有20多个省(自治区、直辖市)确定了近100个省(市)级社区建设实验区。为保证各实验区工作的顺利开展，民政部结合各地实践经验，制定了《全国社区建设实验区工作实施方案》，具体指导各实验区工作。

第三阶段：社区建设全面推进阶段。

在全国社区建设"点实验"成功推进的基础上，民政部于2000年10月向党中央、国务院上报了《关于在全国推进城市社区建设的意见》(下称《意见》)。《意见》在阐述推进城市社区建设重大意义的基础上，明确提出了我国城市社区建设的指导思想、基本原则和主要目标，并就促进城市社区建设各项工作的开展、加强城市社区组织和队伍建设、推进城市社区建设的整体合力提出了具体的措施和要求。这个意见引起了中央领导的高度重视，中央政治局常委开会专题研究了社区建设工作，并以中共中央办公厅、国务院办公厅名义于2000年11月向全国转发。自此社区建设活动由"点实验"阶段转入全面推进阶段。

2001年7月，民政部发布《全国城市社区建设示范活动指导纲要》及《全国社区建设示范城基本标准》。2005年8月，民政部部长李学举在全国社区建设工作会议上总结了全面推进社区建设五年来取得的进展状况：①健全组织，完善自治，初步构筑了以社区党组织为核心的社区组织体系；②转变职能，理顺关系，初步形成了社区建设新的工作运行机制；③加大投入，拓展功能，初步构筑起以社会互助为基础的社区服务体系；④优化队伍结构，提高整体素质，初步建立了一支中国特色的社区工作队伍。

第四阶段：建设和谐社区阶段。

2004年9月，党的十六届四中全会明确提出了构建社会主义和谐社会的战略任务。2005年8月，李学举在全国社区建设工作会议上作了《建设和谐社区，为构建和谐社会奠定基础》的讲话，提出了建设和谐社区的指导原则和主要任务。2007年10月，全国"社区建设与和谐社会"研讨会在武汉举行。2008年10月，在党的十七届三中全会上，胡锦涛提出要"完善农村社会管理体制机制，加强农村社区建设，保持农村社会和谐稳定"。2009年3月，温家宝总理在《政府工作报告》中提出要统筹推进城乡社区建设，促进城乡基本公共服务均等化。随后农村社区建设试点工作在全国展开。同年11月，发布《民政部关于进一步推进和谐社区建设工作的意见》，明确了进一步推进和谐社区建设工作的总体思路、目标要求以及当前和今后一个时期进一步推进和谐社区建设工作的主要任务。

2010年3月，民政部办公厅发布《关于建立全国和谐社区建设示范单位联系制度的通知》，促进各示范单位之间的交流与合作，加大对各示范单位的工作指导力度。同年8月，发布《关于加强和改进城市社区居民委员会建设工作的意见》，进一步完善基层群众自治制度，健全城市基层管理和服务体制。2011年12月20日国务院办公厅发布了《社区服务体系建设规划(2011—2015年)》，以适应统筹城乡经济社会发展需要，健全基层管理和服务体系，提高城乡社区自治和服务功能，保障和改善民生，促进社会和谐稳定。

2012年1月4日，民政部发布《关于促进农民工融入城市社区的意见》，要求把城市社区建设成为开放包容、文明和谐的新型社区，让农民工同城市居民一道共享我国改革发展和社会建设的成果。

第五阶段：社区治理阶段①。

自党中央作出加强和创新社会管理的重大决策后，民政部先后确认了一批全国社区管理和服务创新实验区，以引领了社区建设的发展方向。为此，2013年1月28日，民政部发布《关于加强全国社区管理和服务创新实验区工作的意见》，要求各实验区紧扣"推进社区治理，增强社区自治和服务功能"主题，创新体制机制、拓展理论实践、完善制度规范、围绕社区治理多元化、社区自治法制化和社区服务标准化等重点领域攻坚克难，促进基层社会服务管理水平的全面提高。

为加强基层社会管理和服务体系建设，2013年10月31日，民政部、国家发展和改革委员会、工业和信息化部、公安部、财政部联合发布《关于推进社区公共服务综合信息平台建设的指导意见》，以发挥社区信息化在提升社区自治和服务功能方面的积极作用，切实满足居民公共服务需求，推动基层社会服务管理创新，明确要求依托信息化手段和标准化建设，整合公共服务信息资源，采取窗口服务、电话服务和网络服务等形式，面向社区居民提供基本公共服务的平台。

2014年1月，民政部又同意将北京市东城区等31个单位确认为"全国社区治理和服务创新实验区"，实验期为三年(2014年1月至2016年12月)，要求根据《全国社区治理和服务创新实验区管理办法(试行)》，抓紧指导各实验单位进一步修改完善实验方案，密切关注实验工作进展，加强政策指导，加强信息沟通，加强跟踪问责，确保实验工作有序推进。

为发展基层民主，畅通民主渠道，开展形式多样的基层协商，2015年7月13日，中共中央办公厅、国务院办公厅印发《关于加强城乡社区协商的意见》的通知，明确指出社区是社会的基本单元，加强城乡社区协商，有利于解决群众的实际困难和问题，化解矛盾纠纷，维护社会和谐稳定；有利于在基层群众中宣传党和政府

---

① 资料来源：中华人民共和国民政部网站。见 http://www.mca. gov.cn/。

的方针政策，努力形成共识，汇聚力量，推动各项政策落实；有利于找到群众意愿和要求的最大公约数，促进基层民主健康发展。要求推进城乡社区协商制度化、规范化和程序化。

二、我国社区警务内涵的解读

西方的社区警务于 20 世纪 90 年代初期进入中国后，引起了极为广泛的关注并获得了政府、警察机关、警务研究人员越来越广泛的认同，已成为了当代中国不可逆转的警务战略选择。

(一)我国学者对社区警务含义的不同解析

社区警务进入中国后至今，我国学者主要是介绍西方社区警务起源、思想基础、历史渊源、实质与现实背景，而对具有中国特色社区警务的探讨，主要研究、探讨西方社区警务与我国社会治安综合治理、治安基层基础工作、群防群治等警务传统相融合的可能性，并结合我国公安工作的实践，提出了一些的社区警务概念或含义。

熊一新教授认为，中国是世界上开展社区警务最早的国家。美国警学专家 F. L. 马萨拉曾撰文进行评论："在社区警务方面，美国的执法机构应该而且能够从中国学到许多东西。中国的社区警务一直是很有活力的，它把全心全意为人民服务作为工作的根本宗旨，保护人民群众的民主、安全和其他合法权益。在治安行政管理上走依靠群众的路线一直是他们长期坚持的传统。"马萨拉认为，"这样的社区警务形式应该算是社区警务的典范之作"。①

熊一新教授与王太元教授认为，中国的社区警务内容多、涉及面广，社区警务工作涵盖了公安机关在社区内开展的一系列警务工作，包括：贯彻公安法规，进行法制宣传；执行司法机关决定的考察、监督、管制；管理户口；对辖区内公共复杂场所与地段、特种行业、企事业单位和要害单位及居民区，实行居地治安管理，协助辖区内的大型单位搞好保卫工作，预防、减少犯罪和治安灾害事

---

① 熊一新：《中外社区警务之比较》，载《中国人民公安大学学报》1999年第 1 期。

故；开展以治安保卫委员会为主体的多层次的群防群治工作；查破本辖区治安案件，查破和侦破辖区内的刑事案件，保护犯罪现场，预防制止各种违法犯罪活动；接处警工作；以巡逻、守望、巡查、访查、检查为主要执勤方式，严密对社区的控制，受理投诉，调解纠纷，接待群众，化解矛盾，与社区公众建立广泛而密切的联系，确保社区平安。①

张昭端教授认为，中国虽然自 20 世纪 90 年代初才引入西方"社区警务"的概念，但中华人民共和国成立五十多年来，公安机关一直强调坚持群众路线与专门工作相结合的公安工作基本方针，强调加强治安基层基础工作建设，强调警民合作、群防群治，强调对犯罪要打防结合、以防为主中国的社会治安综合治理战略强调在党和政府统一领导下，充分依靠广大人民群众，发挥公安政法部门职能作用，对社会治安各部门齐抓共管、运用多种手段、标本兼治。可见，中华人民共和国成立以来的公安警务指导思想、社会治安战略及其具体措施无不蕴涵着现代意义的社区警务内涵。② 社区警务作为一种当代主流警务思潮和新型警务改革探索模式，其基本内容大致包括三个层面：第一，在最高层面上，社区警务是一门新型的警务哲学，是一种全新的警务观。第二，在中间层面上，社区警务是一项新型的警务战略。第三，在最低层面上，社区警务是一种新型的可操作的警务工作方式。作为一种工作，社区警务包括在密切警民关系这一警务哲学理念指导下，警民合作共同开展社区公安工作所采取的各种具体方式、措施和方法的总和。③

李健和教授认为，社区警务，也就可以理解为是社区民众和警察"共同联合起来，团结一致，开展治安活动，维护治安秩序"。我国的社区警务，在观念上要解决社会治安、警务工作依靠谁、为

---

① 熊一新、王太元：《最新社区警务工作指南》，群众出版社 2003 年版，第 21~24 页。

② 张昭端：《中外社区警务的思想基础、历史渊源和现实背景》，载《江苏公安专科学校学报》2002 年第 4 期。

③ 张兆端：《社区警务论：社会治安综合治理的社区化理论与实践》，中国人民公安大学出版社 2003 年版，第 48~54 页。

了谁以及以谁为主的问题；在工作内容上要处理好公安(治安)业务与为民服务的关系；在任务部署上要解决治标与治本的关系问题；在警力配置上要做到相对固定与机动调整相结合；在目标考核上要以"群众满意"为最终标准。①

陈祥松认为，社区警务是指组成社区的组织和家庭(即社区组成细胞)为了自身的安全需要，在社区管理组织的组织下，各自发挥作用，主动承担责任，履行自我防范和约束的义务，依托警察权力，共同开展社区治安和安全防范、管理，预防、发现、控制和减少违法犯罪，确保社区安宁，维护社区各组织和家庭合法权益的系统活动。②

尹伟中、张满生教授认为，社区警务是在党和政府的统一领导下，由公安机关组织、整合社区各方面的力量，密切警民关系，以建立起公安机关与社区内的组织和个人共同维护社区治安、预防和减少违法犯罪机制的警务工作方式。③

如果说，上述专家学者能紧密结合我国社区警务形成和发展的现实，而对中国社区警务作出的解释、理解或定义的话，那么，也有一批学者则力图融合中西方社区警务的思想基础、历史渊源和现实背景，对中西方社区警务试图作出统一性的解释，使之广泛适用于中西方社区警务。

公安部中国社区警务研究课题组则认为，"社区警务"是一个集合概念。它具有三重含义：其一，它是一种警务理论；其二，它是一种警务发展战略；其三，它又是指警察在社区的工作，即操作层面上的具体活动内容。④

冯文光等认为，综观各国社区警务的理论与实践，社区警务的

---

① 李健和：《关于社区警务几个问题的思考》，载《中国人民公安大学学报》2002 年第 1 期。

② 陈祥松：《也论社区警务》，载《中国人民公安大学学报》2003 年第 4 期。

③ 尹伟中、张满生：《和谐社会理论视野下的社区警务》，中国人民公安大学出版社 2007 年版，第 34 页。

④ 李忠信：《中国社区警务研究》，群众出版社 1999 年版，第 3 页。

基本内涵可以概括为：警方与社区能动的互相作用，共同发现和解决社区所关注的治安问题，使警方工作变原有的反应型、被动型为超前型、主动型的思想模式和方法体系。①

岳光辉等认为，社区警务是以社区为范围，以警民联手协作为手段，通过立足社区，与社区建立长期合作关系，动员和鼓励社区群众以多种形式参与治安防控工作，共同研究、解决社会治安问题，形成以社区为主体的预防控制网络，并辅以多种矫正和疏导措施，有效维护治安秩序和社会稳定的警务机制。②

展万程和刘兴华等认为，社区警务是指社区居民在社区警察带领、指导、支持下，采取种种合法手段、方式，充分研究社区问题、开发社区资源、改造社区环境、强化自卫互助，以全面、系统、长效地维护社区公共安全的思想、活动和方式方法体系的总称。③

杨瑞清等认为，社区警务是指警务部门与社区相互作用的过程，是社区建设的重要组成部分。社区警务部门及其社区民警坚持社区导向，与社区融为一体，构建和谐、信任的警民合作关系，宣传、动员、组织、指导和引领基层社区组织和社区群众以各种形式参与社区的犯罪预防工作；积极开发社区治安资源，科学改善社区环境，强化自卫互助，充分实现警民合作精神，共同发现、研究和解决社区的治安问题，从而构筑以社区为主体的预防和控制违法犯罪的社区公共安全治理体系。④ 社区警务的基本思想主要包括：一是一体化思想（犯罪与社会一体，权利与义务一体，警务与社区一体，警察与公众一体），二是两基本原则（有预防为主和警民合

---

① 冯文光、张波：《社区警务实用教程》，中国检察出版社 2003 年版，第 2 页。

② 岳光辉：《社区警务实用教程》，中南大学出版社 2004 年版，第 12~13 页。

③ 展万程：《新编社区警务教程》，群众出版社 2006 年版，第 3~4 页；刘兴华：《社区警务教程》，中国人民公安大学出版社 2009 年版，第 4~6 页。

④ 杨瑞清、王淑荣：《社区警务》，中国人民公安大学出版社 2015 年版，第 9~10 页。

作), 三是三个导向(社区导向, 治本导向, 服务导向), 四是四个基本特征(警务工作社会化, 警察形象柔性化, 警民关系伙伴化, 警务对策前置化)。[1]

陈君武等认为, 社区警务是警察与社区之间相互合作, 通过预防和打击各种违法犯罪活动, 维护社区治安秩序、保障社区安全稳定的警务行为, 它是一种警务方法和措施, 更是一种警务战略与理念。[2]

(二) 本书对社区警务含义的理解

由于我国官方至今没有对社区警务作出明确、具体的界定, 笔者认为, 这是我国近阶段处于社会转型期, 社区警务既要适应世界社区警务运动的发展趋势, 又要使我国社区警务发展适应我国社区建设特别是基层民主建设发展以及未来我国警务改革需要, 而尚未准确定位的必然结果——这一点, 与我国一批学者力图融合中西方社区警务的思想基础、历史渊源和现实背景, 对中西方社区警务试图作出统一性的解释, 使之广泛适用于中西方社区警务, 在思维上是一致的。

虽然这种谨慎是必要的, 但笔者认为, 既然中西方社区警务在思想基础、历史渊源和现实背景等方面具有明显的不同, 那么何必要苦苦地追求中西方社区警务的"一致"? 笔者长期以来有一个基本观点, 那就是: 中国警界(学)必须在吸取世界警界(学)先进思想的同时, 坚持走自己的路, 否则, 我国的公安工作将永远"跟随"西方警务而失去自己的特色甚至传统!

这在我国历史上是有教训的——我国曾作为世界文明的发源地, 对治安的文明和进步曾经作出了重要贡献, 治安理论研究成就举世瞩目。早在 2200 多年前的战国时期, 中国就出现了与治安活

---

① 刘兴华:《社区警务教程》, 中国人民公安大学出版社 2009 年版, 第 33~37 页; 杨瑞清、王淑荣:《社区警务》, 中国人民公安大学出版社 2015 年版, 第 11~14 页。

② 陈君武、张奋成等:《社区警务专题研究》, 中国人民公安大学出版社 2014 年版, 第 24~33 页。

动、治安思想有关的治安论著《显学》，在稍后的西汉时期出现了《陈政事疏》（又名《治安策》），以及东汉时期的《史记》。此后，历代的统治者和治安实践人员在长期的治安实践中摸索出了许多行之有效的治安对策和管理方法，并不断系统化、理论化，使中国古代的治安管理活动的文明化、科学化的水准始终居于世界前列。① 但我们传承和发扬得不够，如我国宋朝就设有"巡检司"，专司巡逻警务，而我国近现代则反过来向西方学习……

即使是现代，就社区警务而言，连西方著名警务学专家都承认是向中国学习的，如约翰·安德逊说："当我于1980年第一次来中国时，就在这里发现了有关社区警务的思想和原则。如公安部1952年的文件中就有'在所有地区，人人都有责任协助政府维护治安'这样的内容。"②他指出："中国人向我请教社区警务，其实中国早有人民公社社区即公社，社区警务中包含着中国社会治理犯罪的内容中国警务现代化，千万不要走追求高编制数高度装备现代化的美国模式。""中国有工人民兵小分队街道委员会小脚侦缉队我们的社区警务，就是向你们中国人学习的。"③

美国伊利大学副校长沃德先生曾先后四十多次来中国考察。他特别重视研究中国的治保委员会和调解委员会，其研究成果——"警民合作"战略，就是借鉴和引进中国"治安联防"的产物，并在纽约、芝加哥、旧金山等城市警察局广泛推行。④

虽然西方警学专家在我国参观或访问时有"谦虚"和"不确切"的成分，但不可否认的是，西方也在我们的"不知不觉"中向我们学习。因此，在放眼世界并吸取世界警界（学）先进思想的同时，

---

① 王彩元：《治安学基础理论专论》，中国人民公安大学出版社2005年版，第6页。

② ［英］约翰·安德逊：《社区警务的理论与实践》，载中国警察学会编：《二十一世纪世界警务发展战略》，中国人民公安大学出版社1994年版，第177、179页。

③ 王大伟：《龙的盾牌——中国警察在英国》，农村读物出版社1999年版，第29、144页。

④ 生安：《"警民合作"在关国》，载《现代世界警察》1996年第2期。

我们必须坚持走自己的路！这也是"理论自信"、"道路自信"和"制度自信"在我国警务理论与实践中的具体体现。① 只有这样的认识，我国的警务理论才能海纳百川、继承我国的优良传统并形成自己特色，避免再次出现"出口转内销"的局面。②

综观我国社区建设与社区警务发展的历程，根据中西方社区警务在思想基础、历史渊源和现实背景等方面具有明显的不同，笔者认为，我国的社区警务应当是：为了建立平安社区、和谐社区，维护社区治安秩序，以当代社会发展和社区管理理论为指导，以社会治安综合治理为理论，在党和政府的统一领导下，在公安机关的具体组织、指导下，以社区建设为主导，通过警察与社区之间相互密切合作，共同研究社区治安问题、开发社区治安资源、改善社区治安环境、强化社区自卫互助的警务活动。对这一定义，理解如下：

第一，我国的社区警务是一种警务活动。警务，英文为"Policing"，是"police"的动名词，"police"包括"警察机关"、"警察人员"、"治安活动"、"警事"等多种相关联的意思。就社区警务而言，这里面警务活动不能单纯理解为警察实施的行为。它既包括警察实施的维护社会治安的行为，也包括警民共同联合起来，团结一致，维护治安秩序而开展的治安活动。

第二，我国社区警务实施的目的是为了建立平安社区、和谐社

---

① 王彩元、刘力鞍：《深化社区警务改革与建设思考》，载《中国人民公安大学学报（社会科学版）》2013 年第 5 期。

② 有学者认为，西方社区警务进入中国之前，我国已经在城乡建立了基层公安组织——公安派出所，设立了户籍民警和治安民警，开展群众工作，负责辖区或责任区的治安和户口管理工作，形成了社区警务的雏形，有力地维护了社会治安秩序，被西方警务学家称之为"中国模式"，并被西方社区警务实践所借鉴或吸收。参见刘宏斌：《中国社区警务发展的新趋势》，载《中国人民公安大学学报》2004 年第 4 期。也有学者认为，尽管我国有丰富的维护社会治安的实践经验和较高度发达的治安文化，特别是我国古代治安活动的文明化、科学化水准始终居于世界的前列，但我们继承或传承的不够，如古代的"巡逻"（宋朝的巡检司）、新中国的"社会治安综合治理"等，有的甚至出现了"出口转内销"现象。参见王彩元：《新世纪我国治安学理论研究的回顾与思考》，载《中国人民公安大学学报》2012 年第 6 期。

区，维护社区治安秩序。维护社区治安秩序是实施社区警务的应有之义，但必须认识到，社区警务是我国社区建设的重要组成部分，社区治安也是社区建设的重要内容。因此，我国社区建设的目的也是社区警务实施的目的。

第三，我国社区警务是以当代社会发展和社区管理理论为指导。社区治安与社区警务，既是社区发展和社区管理（或社区治理，下同）的重要内容，也是社会发展和社会管理的重要组成部分。社区警务以当代社会发展和社区管理理论为指导，才能做到与时俱进。因为，"不注意吸收社区理论和社区建设的成果，社区警务只能流于空泛抽象的意念或沿袭就警务谈警务的单极思维。缺乏社区建设与创新理论指导，即使包括那些作为警务改革推广的先进经验，也很难保证不会成为传统社区公安工作的简单翻版"。①

第四，我国社区警务是以社会治安综合治理理论为理论。这是我国社区警务与西方社区警务在理论上最大的区别。尽管我国社会治安综合治理理论与西方社区警务都体现了一种警务哲学思想，但在理论深度上各有千秋。② 而且在理论指导下的领导体制、范围、对象以及运行模式均有许多不同。也可以说，我国的社区警务就是我国社会治安综合治理在我国社区的具体体现。

第五，我国社区警务实施的主体是各级特别是基层党委、政府、公安机关和社区各类社会组织。尽管西方社区警务的实施主体有警方和社区各类社会组织，但党和政府对我国社区警务工作的统一领导，只有在我国社会主义制度下才能得以实现。这是由我国宪法所规定的基本政治制度和经济制度所决定的。强调党和政府的领导，既是我国社区警务的优势所在，也是与西方社区警务的最大区别。

第六，我国社区警务实施的方式是警民密切合作。虽然西方社

---

① 孔令驹：《中外社区理论与社区警务》，载《江苏警官学院学报》2004年第2期。

② 朱启禄、王大伟：《西方社区警务与中国的社会治安综合治理之比较》，载《公安大学学报》1995年第5期。

区警务也强调或追求警民密切合作，并以社区自治为主导，以调查、发现和解决社区问题为导向，但我国的社区警务则是以我国的社区建设为导向，警民共同研究社区治安问题、开发社区治安资源、改善社区治安环境、强化社区自卫互助。这是因为西方社区自治经过 130 多年的发展已经基本成熟，而我国的社区因国情不同、建设要求不同，目前大多还处于"基层法定社区"，社区成员的归属感和认同感大多比较低。

第二节　我国社区警务的发展过程与现实内容

西方的社区警务于 20 世纪 90 年代初期进入中国后，与我国的社会治安综合治理和公安工作群众路线进行了"交融"，并最终中国政府以"社区警务"名义将其作为我国重要的治安警务战略。虽然如此，但中西方社区警务在思想基础、历史渊源和现实背景等方面具有明显的不同，而且我国的社区警务思想远比西方社区警务思想出现得早。

一、我国社区警务思想与实践的发展过程

(一)中国古代的社区警务思想与实践①

中国古代的社会治安实践孕育了极为丰富的社区警务思想及实践，对当今的社区警务改革及其发展都极具借鉴和启迪意义，需要后人不断地挖掘、总结和升华。

中国古代是一个以农立国的传统社会，除少数都市、集镇和商埠外，大多是以血缘、地缘和业缘为纽带结合而成的乡村。因此中国人的乡土观念特别强，具有浓重的社区情感和社区意识。村民聚族而居，日出而作，日落而息，安居乐业；邻里乡亲，关系亲密，扶危济困，守望相助，乡规民约，共同遵守，社仓义学，传统悠久。中华民族这种优秀文化传统，十分有益于社区警务的开展，也

---

① 杨瑞清、王淑荣：《社区警务》，中国人民公安大学出版社 2015 年版，第 18 页。

使得中国古代社区警务萌芽之历史源流可以追溯到两千多年前的秦朝。秦朝盛行设置专门的基层治安机构"亭"并建立了较为严密的户籍登记、"什伍连坐"和"联防制度";此后,宋代的"保甲制",明朝的"十家牌法"、"击鼓呼应",清代普遍盛行的"打更"、"看门巡夜"等,都体现了社区警务的思想萌芽和实践探索。

同时,中国古代社会治安文化也有丰富的积淀,如"月黑风高夜,杀人放火天""饱暖思淫欲,饥寒起盗心""露财诲盗,露色诲淫"等都是较为深刻的治安文化总结。在环境构建方面,唐朝的"里坊制"、宋朝的"厢坊制",以及在此基础上发展演变而成的北京的四合院、上海的石库门,还有客家的围屋、湘西的土楼等社区环境建设格局,都较丰富地体现了中国古代的安全文化元素。

(二)中国现代社区警务思想的萌芽

中国民主革命时期至新中国成立前,是我国现代社区警务的萌芽时期。这一时期,在中国共产党的领导下,创造并总结了许多专门机关与群众工作相结合的成功经验,正式确立了我国公安保卫工作必须走群众路线的发展道路,成为现代社区警务思想的萌芽及理论源泉。

中国民主革命时期,中国共产党领导下的革命政权下的公安工作,在依靠群众、组织群众、发动群众等方面,更多更鲜明地体现了社区警务的特征。早在第二次国内革命初期,最早的肃反保卫工作即确立了依靠群众的肃反路线。当时的《政治保卫局工作规则》明确规定,肃反之进行,是要依靠广大工农群众基础的,要执行群众路线,公开号召发动群众参加肃反工作,宣传教育群众,提高群众对一切反动派的仇恨。1931 年,在江西瑞金成立了中华苏维埃共和国,在临时中央政府人民委员会内部设立了民警管理局,负责治安管理工作。市、区、乡苏维埃还组织了赤色委员会,协助维护社会治安秩序的工作,如"指导并巡查放哨、眺高、查路条、盘问可疑居民和来人,领导群众注意剥削分子的行动"等。川陕地区的村还设有"十家代表",其任务包括发动十家工农劳苦群众监视地主富农和无公民权的分子的活动,注意并随时报告各种阴谋破坏活动,经常向十家公民宣传解释苏维埃政府的法令等。这些基层的群众保卫工作有利配合了专门机关的治安工作，维护了地方治安秩序。

抗日战争全面爆发以后，人民公安保卫机关在艰苦复杂的斗争环境中，为配合抗日的军事斗争，有力地打击了日特、汉奸和国民党特务的破坏活动，进行了艰苦卓绝的锄奸斗争，为抗日根据地的巩固发展，做出了重要贡献，创造了许多鲜活的经验，其中"专门机关与群众锄奸工作相结合"就是成功的典范。党中央在抗日战争初期就提出了锄奸保卫工作必须依靠群众、走群众路线的道路。要求在有政权的地方，要公开动员全体革命人民、学校学生进行锄奸运动，这成为抗战时期锄奸保卫工作的一个重要特点。在各级党委和政府的领导下，各报据地创造了多种多样的群众锄奸组织形式，发展为一支强大的社会治安力量，是公安保卫机关的有力助手。在延安整风时期，毛泽东同志在进一步总结历史经验教训的基础上，提出了著名的防奸工作"九条方针"。"九条方针"的提出，为我国公安保卫工作确定了一条正确的工作路线，也标志着我国公安工作群众路线正日趋成熟。公安工作群众路线，通过实践深入人心，形成了我国公安工作的优良传统。

解放战争时期，人民公安保卫机关又进一步巩固和发展这一优良传统，成为克敌制胜的法宝。

中华人民共和国成立前我党领导的人民民主政权的治安工作有两条基本经验值得我们注意：第一条是，人民取得政权后，治安工作必须在党和政府的统一领导下，公安机关要配合其他部门，坚决打击危害人民群众利益、妨碍革命行动的势力和分子，以迅速建立革命秩序，稳定治安，取得人民群众的拥护和支持。第二条是，治安工作也像党领导的其他事业一样，必须宣传群众、组织群众，依靠广大人民群众进行。"这两条对于今天的'社区警务'很重要。可以说，在党委、政府统一领导下，组织发动和依靠人民群众也是今天'社区警务'必须坚持的基本原则。"①

① 陈祥松：《也论社区警务》，载《中国人民公安大学学报》2003年第4期。

(三)中华人民共和国成立后社区警务思想的形成与发展

中华人民共和国成立后至改革开放前是我国社区警务思想形成和发展的重要时期。

中华人民共和国成立后至"文化大革命"前的这一阶段，我国处于计划经济条件下，社会呈现出一种相对封闭、静止的状态，流动人口非常少，公安机关的人口管理比较单一，只要凭借严格的户籍制度就能有效地实行人口管理；同时在各级行政组织的严密管控和大力支持下，能够充分调动并发挥以治保会为骨干的社会治安力量的积极性和主观能动性，有效地预防和控制了违法犯罪，从而形成严密的社会治安控制网络。公安派出所坚持专门机关与广大群众相结合的方针，奉行全心全意为人民服务的宗旨，全面夯实治安基层基础工作，强调预防违法犯罪，形成以治安管理为中心、户口管理为基础、居委会为依托、以群众工作为保障的比较成熟的社区警务工作模式。这一阶段，虽无社区警务之名，但已经形成了丰富、成熟的社区警务思想和实践，社会治安出现了少有的"天下大治"局面，城市乡村到了"路不拾遗，夜不闭户"的程度。可以说，公安机关在逐步摸索中奠定了"社区警务"的雏形。

但是"文化大革命"爆发，标志着"十年动乱"的开始，中国社会进入了一个最混乱的无政府状态时期，公安工作受到严重摧残，公安工作优良传统遭到严重破坏，社区警务思想及实践也不可避免地陷入严重倒退了的困境。

(四)改革开放后现代社区警务的全面发展

实行改革开放政策后，中国经济社会由封闭走向开放、由传统走向现代，尤其是随着社会主义市场经济体制的推行，人、财、物、信息的大流动，人们的价值观日趋多元化，各社会群体之间利益冲突加剧，违法犯罪日益严重。为应对日益严峻的社会治安形势，我国公安机关不得不投入大量的人力、物力和财力，长时间保持了对违法犯罪的严打态势，一度陷入了"重打轻防"的误区，忽视犯罪预防和群众工作，警民关系淡化，公安工作走入"打不胜打，防不胜防"的"怪圈"，处于十分被动的境地。人民群众对社会治安不满意，反映十分强烈。如此形势促使公安机关对原有警务理念和模式进行深刻反思，并积极探索警务改革的路径和方法。20世纪70年代末和80年代以及90年代初，我国社会治安综合治理方针逐步形成、确定下来，并在全国推行、实施。这一方针的提出是我国治安工作史上一个划时代的变革。它实际上是治安工作一次新的革命性变革，形成了世界"社区警务"的"典范之作"。①

此时，欧美国家社区警务改革的经验及理论概括为中国社区警务改革提供了有益的借鉴。20世纪80年代末90年代初，我国一批警务学者开始对欧美国家的社区警务理论进行译介、引进、比较和系统研究，从一定意义上说为我国的社区警务改革提供了理论借鉴，发挥了开阔视野、启迪思想的作用，并直接推动了我国社区警务改革的步伐及深入发展。

1997年4月，公安部在江苏省苏州市召开了全国公安派出所工作改革会议。这次改革意义重大，重新明确了公安派出所社区治安管理和防范的基本职能，明确了"发案少、秩序好、社会稳定、群众满意"的警务战略目标。2000年12月，我国全面推进城市社区建设，以改善社区治安环境为己任的社区警务建设无疑是社区建设的重要内容。2002年3月，公安部在杭州召开全国公安派出所工作会议上，明确要求全国大中城市公安机关在2004年之前全面实施社区警务战略，进一步明确公安派出所是"集管理、防范、打击、服务等多种职能于一体的基层综合性战斗实体"，提出加强以人口管理为重点的基础工作，实施社区警务战略，推进公安派出所规范化建设，努力实现社区警务应达到的目标，这是继1997年"苏州会议"后，我国警务战略的又一重大调整，全面实施社区警务战略已成为我国基层警务改革的发展方向。同年8月，公安部、民政部联合发布了《关于加强社区警务建设的意见》，明确规定了加强社区警务建设的内容和要求，成为建设和发展社区警务战略的指导性文件。

2006年9月，公安部又专门下发《关于实施社区和农村警务战

---

①　陈祥松：《也论社区警务》，载《中国人民公安大学学报》2003年第4期。

略的决定》，全面推动和部署在全国实施社区和农村警务改革战略，并要求与社区建设同步规划、同步推进和同步发展，在城市原则上以社区为单位划分警务区、配置社区民警，逐步建立与新型社区管理体制、社会主义新农村建设相适应的社区、农村警务工作机制，为全面建设小康社会、构建社会主义和谐社会创造良好的治安环境。实施社区和农村警务战略是我国公安机关警务观念、警务机制、警务方式改革的重大举措，对进一步加强公安基层基础建设，促进基层公安工作的发展和进步，维护社会治安稳定和和谐发展具有十分重要的现实意义。

二、当前我国社区警务建设的主要内容

目前，我国的社区警务工作主要是由公安机关主导，联合民政部门推动，具体由公安派出所承担。其内容丰富，涉及面广，要求高。根据公安部2006年下发的《关于实施社区和农村警务战略的决定》和2007年下发的《公安派所正规化建设规范》，我国社区警务的主要内容包括以下几个方面：

（一）警务区的划分、警力配置及警务室的建设

在城市，原则上以社区为单位划分警务区。对于规模较小、治安平稳的警务区，实行一区一警，并以相邻警务区联勤的形式，加强协作配合；对于规模较大、治安复杂的警务区，实行一区多警。在农村，以一个或者多个行政村划分警务区，实行一区一警。有条件的地方，特别是城镇化水平比较高、治安复杂的地区，可以实行一区多警。①

在城区和县城镇，应当依托社区设立警务室，使社区警务室建设与社区建设同步规划、同步建设，并尽可能与社区居委会相邻；在农村，原则上一个警务区设立一个警务室，警务室一般应设在中心村或治安情况复杂的行政村，并尽可能与村委会相邻；在市、县

---

① 《公安派所正规化建设规范》，第17条。

范围内，警务室要做到标示统一、配置统一，① 凡设立警务室的地方，应悬挂"××派出所××警务室"的标志标牌，为增强警务工作的透明度和民警的责任感、荣誉感，对作出突出贡献的，经地(市)级公安机关批准，可以用民警的姓名命名警务室。

(二)社区和驻村民警的职责任务②

1. 开展群众工作

深入社区群众，倾听群众意见，了解群众疾苦，尽力为群众排忧解难，切实做好发动群众、组织群众、宣传群众、服务群众的工作。做群众工作，服务群众，应"大处着眼，小事着手"，切实做好每一项事关群众的工作；及时受理报警求助，在规定时限内办理群众申办事项；积极参与排查调处民间矛盾纠纷，努力把不稳定因素化解在基层、化解在萌芽状态；向居(村)民代表定期报告工作，自觉接受监督；积极参与社区公益活动，密切警民关系。

2. 掌握社情民意

及时了解社情民意，及时收集、上报涉及社会政治稳定、社会治安方面的各种情报信息；社区情报信息工作应当突出以了解掌握各类人口的动态信息为核心，将收集、掌握的各类情况信息及时录入计算机警务信息管理系统，并进行积累、分析、比对。

3. 管理实有人口

全面准确地登记社区实有人口，了解、掌握各类人口的基本情况；熟悉可能违法犯罪的高危人群，重点掌握列管的重点人口和社区矫正对象的现实表现，开展对重点人口、矫正对象和有轻微违法人员的监督管理和帮教工作，落实工作措施；重点掌握出租房屋和居住人口的动态情况。

---

① 《公安派所正规化建设规范》第20条规定，警务室建设应当符合下列标准：(一)在县(市、区、旗)范围内，统一标识，统一配置；(二)门口悬挂带有人民警察警徽标志的"××派出所××警务室"标牌；(三)室外醒目位置悬挂公示牌，公布民警照片、姓名、联系方式和在警务室定期办公的时间；(四)配备必要的交通、通讯工具和办公用品、警用装备；(五)安装防盗门窗。

② 《公安派所正规化建设规范》，第18条。

4. 组织安全防范

充分依靠基层社区组织和广大群众，积极组织开展社区安全防范工作。社区安全防范工作主要从以下三个方面展开：一是大力开展社区治安防范宣传教育，增强群众的自我防范意识和能力。二是指导治保会、保安队、义务巡逻队、看门护院(校、厂)队等群防群治力量积极开展治安巡逻和邻里守望活动，协助有关部门帮助教育有轻微违法犯罪行为的人，形成严密的群防群治网络。三是不断挖掘和广泛利用社区资源，动员组织群众使用技防、物防设施，从而构筑"人防、技防、物防"三位一体的社区治安防范体系，不断提高社区治安防范能力和水平。

5. 维护治安秩序

根据属地管理原则，严格对社区公共复杂场所、娱乐场所、特种行业、商贸市场、危险物品、出租房屋的治安管理，开展经常性的治安检查和专项整治；指导、监督社区机关、团体、企业、事业单位建立健全安全防范制度，落实治安保卫措施，预防、减少各类案件和治安灾害事故的发生；协助办理辖区各类治安行政案件，为侦破刑事案件提供线索。

(三)社区和驻村民警的主要工作方式①

1. 走访调查

走进社区、村庄，进入机关、学校、企业事业单位和居民家中，详细登记、了解实有人口、出租房屋等情况；物建治安信息员，掌握重点人员的现实表现与动态；对发案的单位、居民进行回访，了解最新线索，征求意见和建议。

2. 宣传发动

依靠社区、居(村)委会和村民委员会等基层组织，抓好治保会、保安队、治安联防队、义务巡逻队等群防群治队伍建设；通过警务宣传栏、社区报刊等多种渠道，宣传法律法规、治安动态、防范常识等内容，提高辖区群众的法制意识和防范意识。

3. 巡逻守护

---

① 《公安派所正规化建设规范》，第19条。

组织辖区群众开展护村、护厂、护校、护楼、护院活动；维护重点时段和部位的社会治安秩序，控制和减少发案。

4. 实地检查

对辖区内的行业、场所和单位进行治安检查，及时发现安全隐患；督促相关单位及时整治治安和安全隐患，防止发生违法犯罪案件和治安灾害事故。

5. 警情通报

及时向群众通报辖区治安情况和可能危及辖区安全的周边警情动态，有针对性地提出防范措施；向辖区群众通报重大案件、重要情况，提前预警。

(四)社区和驻村民警的管理制度、工作年限与考核标准

社区和驻村民警应当熟悉党的路线方针政策、熟悉相关法律法规、熟悉公安业务，接受过相关的警务培训，乐于并善于做群众工作，能够公正执法、清正廉洁，身体条件适合在社区、农村工作。

社区民警应当及时了解公安派出所及上级公安机关的最新工作要求和治安动态，并向公安派出所报告工作情况。驻村民警原则上每周到公安派出所报告一次工作情况，遇有重要情况随时报告；社区和驻村民警在警务区工作的时间一般不少于五年；社区和驻村民警的考核以群众见警率、情况熟悉率、信息采集率、辖区发案率、群众满意率作为主要内容。①

第三节　我国社区警务的理论与价值追求

自西方社区警务传入我国以来，我国理论界和实务部门一直将西方社区警务的理论加以推崇并广泛运用，但往往忽略了我国社区警务的"个性"和原本属于我国"土生土长"的社区警务理论。

当前，随着中国社区警务建设步入新的发展历史时期，"(西方)社区警务的理论与实践和中国社会结构、政治结构、文化观念不相适应等诸多'水土不服'问题日益凸显，各种社会因素对社区

---

① 《公安派所正规化建设规范》，第21、22、23条。

警务本土化的制约张力日益增强，社区警务战略实施面临'本土化'停滞所带来的一系列问题的严峻挑战"①。

　　早在本世纪初，我国有学者撰文指出，"我国是最早推行社区警务的国家"。"综合治理是 20 世纪末推行社区警务的有效载体。""我国现在推行的社区警务继承和发展了我国综合治理措施，是对我国的社区警务理论的发展，是社区警务实践的深化和创新。"②只不过当时这种观点或"声音"显得非常"弱小"，而被大量推崇西方社区警务的"主流"观点或"声音"所淹没。可以说，中国社区警务的理论研究从一开始就有学者注意到结合中国国情研究其本土化的问题。但是，由于各方面原因，这种本土化意识及由此引发的社区警务理论本土化研究并未得到强化。对社区警务本土化研究的不足，不仅已影响到社区警务理论的研究，而且已影响到社区警务在中国应用的实效！

一、我国社区警务的理论基础

　　以什么样的理论基础来构建我国社区警务的理论与实践体系，对我国社区警务建设来说，具有决定性的意义。因为，它决定着社区警务理论与实践的性质、面貌、功能及前途命运。长期以来，我国警学界，除少数学者对社区警务的理论基础作一些探讨外，绝大多数学者却忽视或忽略这一问题。而且，即使是对我国社区警务理论基础的研讨，大多推崇西方社区警务的理论基础，似乎我国的社区警务没有自己的理论基础可言。笔者认为，我国社区警务的理论基础，源于我国社区建设和发展的理论。其理由是不言而喻的，即社区警务是社区建设和发展的重要内容。

（一）我国社区警务的理论基础——马克思主义基本原理

　　我国社区建设的理论，从总体说来，是马克思列宁主义、毛泽

---

①　覃进标：《社区警务本土化的理性反思与实现途径》，载《广西警官高等专科学校学报》2012 年第 2 期。

②　陈祥松：《也论社区警务》，载《中国人民公安大学学报》2003 年第 4 期。

东思想和邓小平理论。概括说来，就是马克思主义基本原理。这是由马克思主义基本原理的根本属性决定的，也是由我国社区建设的根本属性所决定的。①

马克思主义理论是全世界无产阶级和劳动人民的世界观和方法论，是放之四海而皆准的普遍真理。它给我们揭示的客观世界既是唯物的，又是辩证的，给我们提供了按照客观世界的本来面目去认识客观世界的根本方法；人类社会的历史是一部生产力发展的历史，人民群众是生产力的主体，是历史的创造者；它不仅强调能动地认识世界，更强调能动地改造世界。"理论一经掌握群众，就会产生巨大的物质力量。"

社区警务建设，是一项事关社会整体结构、全方位的社会变革工程。尽管它是在"社区"范围进行的，但它涉及社区政治、社区经济、社区文化等诸多方面的变迁。它在实质上则是参与整个中国社会的社会转型和社会整合过程。它所遇到的新的社会现象、新的社会矛盾和新的社会问题，是极其错综复杂的。我们唯有借助马克思主义这个最锐利的思想武器，我们才有可能增长智慧，排除万难；才有可能找到最能符合我国国情的社区警务建设的正确道路；才有可能建构具有中国特色的社区警务建设理论体系。

诚然，我国的社区警务建设与国外其他国家或地区的社区警务建设或发展有相似之处，属于社区警务工作范畴。然而，仔细观察，它们之间却都存在着本质的差别。从社区和社区警务建设的动因看，国外的社区和社区警务建设主要是为解决社会问题(包括犯罪问题，下同)。所谓社会问题则往往是比较浅层次的、局部的、暂时的社会问题。我国的社区和社区警务建设虽然也是解决社会问题，但这个社会问题则往往是同整个国家的社会主义现代化建设与发展相联系着的，是比较深层次的，带全局性的社会问题。简言之，我国社区和社区警务建设是为适应我国社会主义现代化建设的需要而发生的。包括从生产力到生产关系，从经济基础到整个上层

---

① 王青山：《社区建设与发展读本》，中共中央党校出版社 2001 年版，第 41 页。

建筑的整个社会形态的转型的需要，而不仅仅是解决一些局部的、暂时的、浅层次的社会问题。

从社区和社区警务建设的功能与作用看，国外的社区警务建设往往局限于改善浅层次的生活质量，满足一些社会福利服务需求，不可能从根本上改善或提高生活质量，以及不断提高与满足社会福利服务需求。我国的社区警务建设则不拘泥于提高局部生活质量和满足一时一事的社会福利服务需求，更为重要的是要提高整个社区居民的社会素质和文明程度，促进社会与经济的协调发展，从根本上促进生产力发展水平，促进国家的社会发展和社会进步。

从社区和社区警务建设的任务看，国外的社区和社区警务建设往往停留在一般社区自治或社区发展，其任务是比较简单的。我国的社区和社区警务建设则是为社会主义现代化建设服务的，所谓服务，就是说，社区和社区警务建设所要解决的社会问题是社会主义现代化过程中出现的社会问题，目的是为了坚持社会主义方向。它既是社会主义现代化建设事业的一个重要组成部分，又是为促进社会主义现代化建设事业发展的一个手段或途径。

从根本属性上分析，我国社区和社区警务建设属于社会主义现代化建设的范畴，属于社会主义社会的全方位的、有计划的社会变迁。为此，我国的社区和社区警务建设就必然是也只能是坚持与遵循马克思主义基本原理，即以马克思主义基本原理为指导。

(二)我国社区警务理论基础的主要内容

马克思主义基本原理是一个完整的科学理论体系。从我国社区建设和社区警务建设的实践经验看，整个马克思主义的科学理论体系都在起着指导作用。具体来说，下列马克思主义基本原理所起的指导作用则更直接、更根本、更普遍一些，如党的群众路线的基本原理，解放思想、实事求是的基本原理，社会主义基层民主自治的基本原理，社会主义精神文明建设的基本原理，社会治理理论等。

1. 党的群众路线的基本原理

群众路线是我们党的根本路线。这是由党的性质和宗旨决定的。中国共产党坚信：人民群众是历史的主人；社会主义和共产主义是亿万人民群众自己的事业。中国共产党不仅是由中国工人阶级最优秀分子所组成，而且"始终是中国人民的根本利益的忠实代表"，全心全意为人民服务是党的根本的和唯一的宗旨。我们党的一切工作，都是为了实现好、发展好和维护好人民的利益。社区警务建设不是别的，它是新形势下党的群众路线的重要内容。也就是说，当前我们搞社区警务建设，必须坚持党的路线；把党的群众路线的基本理论作为社区警务建设的指导思想和理论依据。

坚持党的群众路线，首先，就是要从人民群众的根本利益出发去进行社区警务建设。我们搞社区警务建设，归根到底是为了满足人民群众的社会生活需求，不断提高人民群众的生活质量。人民群众的利益和幸福，既是社区警务建设的出发点，又是社区警务建设的归宿。其次，就是相信群众和依靠群众。党的群众路线告诉我们，必须依靠群众。我们的信念是，为群众而建设，依靠群众实现建设。我国的社区警务建设，在现阶段，由政府启动是必要的，由社区民警具体操作也是必不可少的。但就整个过程讲，必须依靠社区广大人民群众。我国社区警务建设的实践表明，只有全心全意相信群众、发动群众、依靠群众，社区警务建设才有可能搞好；党和群众相结合，最广泛地发动和组织群众参与，既是社区警务建设的本质特征所要求的，又是决定社区警务建设成败的关键所在。不言而喻，党的群众路线是社区警务建设的最根本的指导思想，是我们的"法宝"、我们的优势、我们的力量和智慧的源泉。

2. 解放思想、实事求是的基本原理

解放思想，实事求是，是马克思主义世界观和方法论的根本观点，是毛泽东思想、邓小平理论的精髓。实事求是，就是一切从实际出发，就是"要使自己的思想合于客观世界的规律性"。① 解放思想"是指在马克思主义指导下，打破旧习惯势力和主观偏见束缚，研究新情况，解决新问题"。② 解放思想，实事求是作为马克思主义的一条基本原理，概括地说，就是敢于和善于按照客观世界的本来面目去认识世界。

---

① 《毛泽东选集》第 1 卷，人民出版社 1991 年版，第 273 页。
② 《邓小平文选》第 2 卷，人民出版社 2002 年版，第 279 页。

20世纪90年代兴起的我国社区警务建设，也必然要以解放思想、实事求是这一马克思主义基本原理作为自己的理论依据。首先就在于社区警务建设是新事物。尽管社区警务建设的出现，不是偶然的，但是这种"必然性"，恰恰需要我们去认识，特别需要我们解放思想、实事求是，才可能认识得到的。当西方社区警务传输到我国后，我们曾经有过迟疑：我国已经有了责任区民警还需要社区警务吗？会不会"种了别家田，荒了自家地"？疑惑多多。然而正是我们勇敢地解放思想、坚持实事求是，社区警务在我国才逐步发展起来。其次，社区警务的出路，也只有解放思想、实事求是。尽管西方国家开展社区警务工作比我国早，有一整套比较完整的理论和方法，但是由于国情不同，社会制度不同，文化不同以及社区警务工作的目标、性质和方法的诸多不同，这整套的理论和方法并不完全适合我们。在这种情况下，我们要搞社区警务建设，出路也只有一条：解放思想、实事求是。只有在社区警务建设中坚持解放思想、实事求是，坚持从我国实际出发，而不是从本本出发，更不是从外国的本本出发；坚持从社区实际出发，因地制宜，不搞"一刀切"，不搞一个模式，不搞脱离实际的"瞎指挥"，我国的社区警务建设才可能出现健康的、生动活泼的和蓬勃向上的大好局面。

3. 社会主义基层民主自治的基本原理

发展社会主义民主之所以成为社区警务建设的理论基础和我们遵循的基本原则，首先是由社会主义民主的本质决定的。社会主义民主的本质和核心是人民当家作主，真正享有管理国家和社会事务的权力。在中国，实现人民民主始终是中国共产党坚定不渝的奋斗目标。《宪法》也明确规定："中华人民共和国的一切权力属于人民。"在新时期，邓小平同志曾多次指出："没有民主就没有社会主义，就没有社会主义的现代化。"①"我们进行社会主义现代化建设，是要在经济上赶上发达资本主义国家，在政治上创造比资本主义更高更切实的民主。"②而且在新时期我们党的历次代表大会的政

① 《邓小平文选》第2卷，人民出版社2002年版，第168页。
② 《邓小平文选》第2卷，人民出版社2002年版，第322页。

治报告都明确提出，要"建设有中国特色的社会主义民主"，"发展社会主义民主政治"，"扩大基层民主，保证人民群众直接行使民主权利，依法管理自己的事情"等。社区警务参与的社区建设既然是党领导下的一场社会变革，党就必然要领导社区人民发展社会主义民主，实现自己的奋斗目标。显而易见，社区警务参与的社区建设恰恰是党推进社会主义民主政治进程的一个基本途径和重大举措。

其次，是由社区警务建设的基本任务和根本目的决定的。社区的本质特征就是社区人民群众依法自己管理自己。因此，社区警务参与的社区建设尽管是全方位的、系统的社会工程。但最核心的、最根本的则是发展社会主义民主。社区警务建设的基本任务就是建设和发展社会主义民主。以民主作为目的来说，社区警务建设的根本目的，就是实现社区自治。社区人民群众不仅享有充分的代表制民主，而且同时享有充分的直接民主。以民主作为手段来说，社区警务建设必须走群众路线，使用民主的方法去实施建设。用民主的手段，达到民主的目的。事实上，随着社会主义现代化建设的发展和改革深化，社会结构的变化，以及人民生活水平的提高和需求多样化，人民群众愈来愈多地要求参与社会生活、参与社会事务的管理。社区警务建设有责任不断满足人民群众的这种发展社会主义民的需求。因此，实施社区警务，推动城市和农村居民"社区自治"，势在必行！

4. 社会主义精神文明建设的基本原理

文明是对整个人类发展和社会进步的总体概括。马克思主义文明观是马克思主义科学体系的极其重要的组成部分；邓小平关于社会主义精神文明建设的基本原理，是马克思主义文明现在当代中国的继承和发展。社区警务建设要想达到预期目标，解决实践中遇到的实际问题，获得健康发展，就必须遵循这一基本原理。实践表明，在社区警务建设中突出精神文明建设，社会主义精神文明建设与社区警务建设相结合，是我国社区警务建设的一大特色。

社区作为地域性社会，社区警务建设必须向整个国家的社会主义现代化建设同步，社区警务建设作为整个国家的社会主义现代化建设的一部分，必须以"富强、民主、文明、和谐"的社会主义现代化建设目标作为自己的奋斗目标，倡导自由、平等、公正、法治，倡导爱国、敬业、诚信、友善，积极培育和践行社会主义核心价值观。同时，社区警务建设也会不可避免的遇到社区心理、社区意识、社区精神以及社区文化的建设问题。只有社会主义精神文明建设去指导社区意识、社区精神和社区文化的建设，社区才不会缺乏凝聚力，社区才不会成为一个没有"灵魂"的社区，社区警务建设也就不会失去精神支柱、前进动力和正确的发展方向。同时，社区警务建设不仅要为社区人民创造一个"环境优美、治安良好、生活便利、人际关系和谐"的文明社区，不断提高生活质量，不断满足人民群众"安居乐业"的需求，而且更为重要的，是要造就"社会主义新人"。邓小平同志指出："搞社会主义精神文明，主要是使我们的各族人民都成为有理想、讲道德、有文化、守纪律的人民。"①这也就是说，社会主义精神文明建设的根本目标是培养"四有"新人。这是保证党和国家长治久安，社会主义兴旺发达的关键所在，也是社会主义精神文明建设的关键所在。毫无疑问，这也是社区和社区警务建设的根本所在。

5. 社会治理理论

兴起于20世纪90年代的西方治理理论，在重新反思政府、市场、社会关系的基础上，进一步拓展了政府改革的视角。21世纪以来，党中央针对我国社会发展的新形势，在"科学发展观"的指导下，在加强社会建设上经历了从"社会管理"到"社会治理"的认识过程。党的十六大以来，加强和创新社会管理日益成为执政之要。2004年6月，党的十六届四中全会，正式提出"社会管理创新"之后，历届中央全会不断就"加强和创新社会管理"提出新的观点、要求和部署，直到2013年党的十八届三中全会，在《中共中央关于全面深化改革若干重大问题的决定》中明确提出，"创新社会治理，必须着眼于维护最广大人民根本利益，最大限度增加和谐因素，增强社会发展活力，提高社会治理水平"。这是中央文件首次

---

① 《邓小平文选》第2卷，人民出版社2002年版，第408页。

提出"社会治理",既与"完善和发展中国特色社会主义制度,推进国家治理体系和治理能力现代化"的全面深化改革总目标相呼应,又顺应了新时期我国经济转轨、社会转型的形势要求和人民群众的新期待。

"社会治理"这一概念的提出,显示出党对国家与社会、政府与人民之间的关系高度重视,表明执政理念由单纯的政府自上而下的"管理"转变为政府自上而下与社会自下而上相结合的"治理"。可以说,我国的社会治理理论是在充分汲取了国内外社会治理理论的基础上,结合我国社会治理的实践而提出来的,是我党执政理念新的转变,是马克思主义中国化的又一项最新成果,是我们党对社会发展规律的认识和把握的又一个新飞跃,实现了我国社会建设理论和实践的又一次与时俱进。①

社区是社会的细胞,是社会治理的基本单元,社会安定有序、国家长治久安离不开社区的有效治理和服务。推进社区治理和服务创新是社区建设领域全面深化改革的时代主题。社区治理是社会治理的基础工程,也是国家治理的基础工程,社区治理体系和治理能力现代化是国家治理体系和治理能力现代化的实现前提。党的十八届三中全会明确把完善中国特色社会主义制度,推进国家治理体系和治理能力现代化作为全面深化改革的总目标,同时提出"创新社会治理体制"、"改进社会治理方式"和推进"城乡社区治理"的改革任务,形成了从国家治理、社会治理到社区治理一体贯通、一脉相承的治理体系,这不仅为推进社区治理创新也为社区警务的改革与发展指明了方向。

(三)以马克思主义基本原理构建我国社区警务理论基础的意义

1. 有利于构建中国特色的社区警务建设理论体系

20多年来,我国社区警务建设搞得有声有色、轰轰烈烈。然而,我国社区警务建设是在理论准备不足的情况下搞起来的。现在,伴随着社区警务建设实践活动的不断深入发展,社区警务建设

① 《中共中央关于全面深化改革若干重大问题的决定辅导读本》,人民出版社2013年版,第310页。

理论发展滞后与社区警务建设实践发展的矛盾越来越突出。社区警务建设实践越来越迫切要求社区警务建设理论的指导，建构我国社区警务建设理论已成为我国社区建设的重大任务摆在面前。我们建构什么样的社区警务建设理论？或者说，我国需要什么样的社区警务建设理论？在我国，毫无疑问，我们需要以马克思列宁主义、毛泽东思想和邓小平理论为指导的社区警务建设理论。

我国社区警务建设理论大致可分为两部分：社区警务建设理论基础和社区警务建设一般理论。这两部分是紧密相连的，理论基础是一般理论的根据与灵魂，一般理论则是理论基础的应用与体现；理论基础的性质决定一般理论的性质。有什么样的理论基础便会有什么样的一般理论。这样，当我们首先确立以马克思主义基本原理为内容的理论基础，就为我们创建以马克思列宁主义、毛泽东思想和邓小平理论为指导的具有中国特色的社区警务建设理论提供了依据和方向。

2. 有利于促进我国社区警务建设健康、理性的发展

当前，我国社区警务建设正在大声疾呼社区警务建设理论。然而，这种理论必须是在马克思主义指导下，"源于"我国社区警务建设实践的理论。它既是对我国社区警务建设实践活动的理性概括和说明，又是我国社区警务建设基本经验的"升华"与"飞跃"。只有建构这样的社区警务建设理论，才是我国社区警务建设所需要的，才可能对我国社区警务建设实践活动起指导作用，才可能为我国社区警务建设实践服务。

同时，在社区警务建设中我们还需要保持高度警惕，自觉地抵制和批判来自西方国际资本的"图谋"，他们以"全球民主化"为名，打着"民主"、"人权"的幌子，无孔不入，不择手段地推行西方价值观念和社会制度。他们企图通过"西化"和"分化"，在中国推行资本主义化，使中国成为西方资本主义体系的附庸。对此，我们惟有坚持马克思主义，运用马克思主义思想武器，自觉抵制和批判形形色色的资产阶级意识形态，才有可能促使我国社区警务建设更加健康、更加合理的发展。

3. 有利于借鉴和吸收西方社区警务建设的理论与模式

　　我国社区警务建设要不要学习、借鉴与吸收外国尤其西方发达国家的有关理论与模式？答案是肯定的。邓小平曾明确指出，对外开放具有重要意义，任何一个国家要发展，孤立起来，闭关自守是不可能的，不加强国际交往，不引进发达国家的先进经验、先进科学技术和资金，是不可能的。尤其要正确对待资本主义社会创造的现代文明成果，要大胆借鉴、利用人类社会包括资本主义社会创造出来的全部文明成果。

　　对外开放，大胆借鉴，不是盲目的，必须从我国实际需要出发，从我国人民根本利益出发。对于西方文明成果既不是"一概拒绝"也不是"全盘接受"。正确的做法，就是坚持马克思主义。就社区警务建设来说，当代西方国家的社区警务建设与发展的理论及模式是极其多样化的，理论繁多，学派林立。在这众多的理论与模式当中，有的不仅差异很大，而且相互对立与冲突。对此，我们怎样去借鉴？哪些对我们有益，哪些对我们无益？这是必须要区分清楚的。我们必须要有所鉴别、有所分析和有所选择。坚持马克思主义，把握马克思主义基本原理，就是把握鉴别、分析和选择的准绳，就能为我们提供最基本的立场、观点和方法。从而促进我们大胆借鉴和更有效地借鉴，吸收一切外国优秀文化成果，为我所用。

　　4. 有利于创新中国特色社区警务理论，为世界社区警务理论发展作出应有的贡献

　　中国是世界的泱泱大国，有五千年的文明史。我们要想在社区警务建设与发展理论上，不跟在外人后头照抄照搬外国的一套理论，要想构建有中国特色、崭新的社区警务建设理论，真正搞出我们自己的创新体系，那就必须进行理论创新。所谓理论制新，是指人们通过创造性的活动而赋予理论以新的形象或新的内涵；是指理论的新发展、新突破、新阶段；是指善于根据客观情况的新变化，不断从人民群众的实践中吸取养，不断丰富和发展理论，使理论更好地指导我们的工作。

　　我们要想实现社区警务建设理论的创新，就必须坚持马克思义。因为，理论创新是马克思主义的本质要求。坚持马克思主义最重要的就是坚持马克思主义的科学原理和科学精神、创新精神。

"创新是一个民族的灵魂，是一个国家兴旺发达的不竭动力，也是一个政党永葆生机的源泉。"坚持马克思主义基本原理，大胆实践，大胆借鉴，大胆创新，我们就一定会不断促进我国社区警务建设实践的创新和理论的创新，一定会创建出具有中国特色的社区警务建设理论，为世界社区警务理论发展作出应有的贡献。

二、我国社区警务理论——社会治安综合治理理论

(一)社会治安综合治理理论的形成过程

我们党在中华人民共和国成立之初，一方面抓紧经济建设，一方面在加强政权建设的同时，充分发挥政权的力量，坚定不移地依靠广大人民群众，向敌对阶级、刑事犯罪分子展开了一系列的伟大斗争，创造和积累了一些经验。我们党在不断的斗争中总结经验，将一些行之有效的经验上升为方针、政策，在维护社会治安中加以推广和运用。如人民民主专政的理论，正确处理两类不同性质矛盾的理论，无产阶级改造人、改造社会的理论，惩办与宽大相结合的政策，"改造第一，生产第二"的劳改方针，党委领导下政法专门机关与广大群众相结合的群众路线等。我国公安机关长期坚持的党委领导下的群众路线的工作原则和专门机关与广大人民群众相结合的工作的方针，形成了独具特色的公安工作优良传统，其中就包含有依靠社会力量解决社会治安问题的精神。

十年动乱结束后，特别是党的十一届三中全会以后，我国进入了一个新的历史发展时期，党和国家工作着重点已经转移到"四化"经济建设上来，大规模急风暴雨式的阶级斗争已经基本结束。在新的历史条件下，犯罪的主体尤其是青少年犯罪已成为刑事犯罪的主体，"当时的刑事案件作案成员中，青少年占很大比重，大中城市一般占百分之七八十，农村占百分之六七十"①。刑事犯罪尤其是青少年犯罪以至整个社会治安问题形成的原因，是极其复杂的，既有历史的、现实的、社会的原因，也有政治、经济、文化教

---

① 华乃强：《社会治安综合治理概念源头考》，载《公安学刊》2009年第3期。

育的原因，而且这些问题也不是哪一个部门或哪几个部门在短期内所能完全解决的。在这些新形势下，违法犯罪的新情况以及带来的一系列新问题，需要有新的观念、新的方针去认识和处理社会治安问题，社会治安综合治理就是为了解决这些问题而被提出来的。

1979 年 6 月，中央宣传部等八个单位联合向党中央写了《关于提请全党重视解决青少年违法犯罪问题的报告》，并于同年 8 月中共中央批转了这个报告。在这个报告中，虽然还未正式使用社会治安综合治理的概念，但是通篇贯穿了社会治安综合治理思想，全面阐述了社会治安综合治理的基本内容。可以说，1979 年 8 月中共中央转发中央宣传部等八个单位《关于提请全党重视解决青少年违法犯罪问题的报告》的通知，标志着我国社会治安综合治理思想的形成。

1981 年 5 月，中央召开了北京、天津、上海、广州、武汉五大城市治安座谈会。会议讨论了当时整顿治安的任务、政策和措施，会后中央转发了《会议纪要》。《会议纪要》第一次明确提出了"综合治理"是解决社会治安问题、实现长治久安的方针。这样就把综合治理推进到全面确定的新阶段。1982 年 1 月，《中共中央关于加强政法工作的指示》再次强调："为了争取治安情况根本好转，必须加强党的领导，全党动手，认真落实综合治理方针。"从此，综合治理在党中央的文件里进一步明确地规定下来了。

经过中央的一系列措施，虽然青少年犯罪现象有所好转，但在1982 年特别是 1983 年又出现回升，中央开始部署"严打"措施。同时，中共中央根据青少年犯罪所呈现出的犯罪低龄化、手段成人化、犯罪性质严重化等特点，于 1985 年 10 月发布了《关于进一步加强青少年教育预防青少年违法犯罪的通知》，提出了十项预防青少年犯罪的措施。这十项措施，全面体现了社会治安综合治理思想。

1991 年 1 月，经党中央批准，全国社会治安综合治理工作会议在山东省烟台市召开，确定了治安综合治理的工作方针、指导原则、工作范围、领导体制和工作体制，解决了社会治安综合治理工作的一系列重大问题，"烟台会议"是我国社会治安综合治理的一个重要里程碑。

1991 年 2 月 19 日，中共中央、国务院作出《关于加强社会治安综合治理的决定》。决定指出，社会治安综合治理是党中央总结历史经验提出的正确方针，它是解决我国社会治安问题的根本出路，是加强社会主义法制建设的重要措施，是新形势下坚持专门机关和群众路线相结合原则的发展，是具有中国特色解决社会治安的新路子。同年 3 月 2 日，七届全国人大党委会第十八次会议通过了《关于加强社会治安综合治理的决定》。这两个决定被普遍认为是"我国搞好社会治安、维护社会稳定，确保长治久安的纲领性文件"。

1991 年 3 月 21 日，中共中央决定成立中央社会治安综合治理委员会，协助党中央、国务院领导全国社会治安综合治理工作，下设办公室，与中央政法委联合办公。

1992 年 10 月，党的十四大把"加强治安社会治安综合治理，保持社会长期稳定"写入了新修改的《党章》总纲。社会治安综合治理成为我国共产党领导下的治安工作一项战略工作。从此，社会治安综合治理已经成为我国治安战略并被固定下来。

（二）社会治安综合治理理论的主要内容

社会治安综合治理，是指在我国各级党委和政府的统一领导下，依靠国家政权、社会团体和广大人民群众的力量，各部门协调一致，齐抓共管，运用政治的、经济的、行政的、法律的、思想的、文化的、教育的各种手段，积极消除产生犯罪的原因和条件，打击犯罪、预防犯罪和减少犯罪，争取社会风气、社会治安根本好转，保障社会稳定和国家长治久安。

社会治安综合治理重要的理论依据是，犯罪是一种社会现象，是社会经济、政治、文化、法律消极因素同其他社会消极因素相互作用、相互影响的结果。犯罪动机、犯罪的原因和条件不是单一的，而是综合性的，即犯罪是各种产生犯罪的原因与条件相互作用的综合反映。因此，控制、减少和消除社会中的犯罪现象，也必须采取经济的、政治的、文化的、道德的、法律的以及其他社会措施，而且必须运用综合性手段和措施进行治理，才能有效。

社会治安综合治理的目标，分为长期目标和阶段性目标两种。长期目标是最终目标和战略性目标，它的要求是从根本上预防和控制犯罪，以达到国家的政治安定、经济发展、社会稳定、长治久安、人民有安全感的目的。其时间无底线，只有上述要求全部实现，社会治安综合治理的任务才算完成。社会治安综合治理的阶段性目标是短期目标、战术性目标。它是根据一定时期经济和社会发展的需要，从社会治安综合治理状况要求的实际出发，提出的所要达到的目标。这种目标具有一定的阶段性、重点性、专门性的特点，解决社会生活中突出的问题，以达到一定阶段社会秩序比较稳定的要求。

社会治安综合治理的基本内容包括打、防、教、管、建、改六项。这六个方面也称之为社会治安综合治理的工作范围，它们具体解决治理什么和怎么治理的问题，是社会治安综合治理的核心内容，这六个方面环环紧扣，相辅相成，每一个方面又包括若干内容，缺一不可，全部的工作综合在一起，发挥对策系统的整体效能。

社会治安综合治理的基本原则有 3 个，即：打防并举，标本兼治，重在治本；谁主管，谁负责；属地管理。

(三)社会治安综合治理理论成为我国社区警务理论之理由

乔纳森·卡勒(Jonathan Culler) 认为，"理论"应当具备四个属性：理论首先应该是"跨学科的话语"，其影响和应用不能局限于某一领域；任何理论都应该同时带有"分析性和思辨性"；理论应该是"对常识的批判，对理所当然概念的盘诘"；理论具有内在的反思倾向，是"有关思想的思想，是对我们借以产生意义的那些范畴的探究"。①

根据上述理论属性，社会治安综合治理理论几乎具有理论的四个全部属性：一是它具有"跨学科的话语"，它不仅影响和应用于治安学科(包括我国的社区警务)，而且还影响和作用于侦查学、犯罪学，乃至于整个公安学科，就像西方"破窗理论"一样，不仅

---

① 刘亚猛：《什么是"理论"》，载《外国语言文学》2006 年第 4 期。

成为西方社区警务的重要理论，而且还在美国学术界催生了环境犯罪学的研究，并产生了"环境犯罪学"；二是其产生的理论依据，实现的目标，基本内容和基本原则，均带有"分析性和思辨性"；三是它既有对我国社区警务在公安实务中一些"常识的批判"，也有对我国社区警务全盘"照搬"西方社区警务"理所当然概念的盘诘"；四是它具有内在的反思倾向，不仅是我国社区警务"有关思想的思想"，也是对我国社区警务目前在实施中面临"本土化"停滞以及所带来的一系列问题的严峻挑战，进行探究的理论力量之源（其具体分析，笔者将在后面社区警务改革与建设的"缘起"和"理论分析"等章节中详细论述）。

不仅如此，社会治安综合治理理论能成为我国社区警务理论，还有一般意义上的理由：

1. 两者理论依据一致

社会治安综合治理重要的理论依据是，犯罪是一种社会现象，是社会经济、政治、文化、法律消极因素同其他社会消极因素相互作用、相互影响的结果，要控制、减少和消除社会中的犯罪现象，必须运用综合性手段和措施进行治理，才能有效。而西方社区警务也是我国引进并推行社区警务的理论依据是，产生犯罪的根源在社会，抑制犯罪的根本力量也在社会。① 社会治安综合治理与社区警务的理论依据是一致的，只不过表述不同罢了，社会治安综合治理理论依据阐述得更全面，社区警务的理论依据阐述得更直接。

2. 两者基本理念一致

社会治安综合治理与社区警务，都倡导"打防并举，标本兼治，重在治本"、"谁主管，谁负责"、"属地管理"等基本理念。所谓"打防并举，标本兼治，重在治本"，就是在处理打击和防范的关系上，重在防范，要深入探究犯罪的原因之所在，注重从"病因"、"源头"入手来治理犯罪，不能就事论事。所谓"谁主管，谁负责"，就是所有党、政、军各部门和各人民团体，主动找准自己

---

① 王大伟：《英美警察科学》，中国人民公安大学出版社 1995 年版，第297 页。

的位置，明确本部门、本系统的职责，"管好自己的人，看好自己的门，办好自己的事"，切实承担起共同维护社会治安的责任，一旦发生问题，应酌情追究有关部门、单位直接领导的责任。所谓"属地管理"，就是要求各系统、各部门、各单位，应当服从所在地党委和政府的统一领导，主管部门要积极配合地方党政组织，督促所属系统、部门、单位做好维护社会治安秩序的工作，消除条块分割、各自为政、无人负责的现象。

3. 两者基本内容一致

社会治安综合治理的基本内容包括打击、防范、教育、管理、建设、改造六项。其中，打击即打击违法犯罪，遏制严重刑事犯罪；防范即加强防范工作，减少各种违法犯罪活动；教育即特别是加强青少年的教育，树立健康的、进步的思想意识，克服消极的、腐朽的、反动的思想意识；管理即加强各方面的行政管理工作(包括治安行政管理工作)，堵塞犯罪空隙和防止漏洞，减少社会治安问题；建设即加强综合治理的思想建设、组织建设、制度建设和规范建设；改造即对违法犯罪分子的改造工作，是教育、挽救、防止犯罪人重新犯罪的特殊预防工作。根据前面对我国社区警务的诠释，社区警务的主要内容尽管包括：警务区的划分、警力配置及警务室的建设，社区或驻村民警开展群众工作、掌握社情民意、管理实有人口、组织安全防范、维护治安秩序 5 项内容，但都具体体现或包含了社会治安综合治理的打、防、教、管、建、改六项基本内容。只不过社会治安综合治理的基本内容是从宏观上阐述的，而社区警务则从社区的角度从操作层面上阐述的。

4. 两者实施主体一致

社会治安综合治理的主体有各级党委和政府，各级政法公安机关，各级社区管理组织和各个组成单位的领导，以及具有行为能力、可对行为负责任的所有公民，强调充分发挥公安机关在综合治理中的作用。而社区警务的主体则是指基层党委和政府，政法公安机关，社区管理组织和各个组成单位的领导，以及具有行为能力、可对行为负责任的所有公民，突出公安机关的组织、指导作用。无论是社会治安综合治理还是社区警务，主体中的具有行为能力、可对行为负责任的所有公民，既是参与社会治安综合治理和社区警务的主体，同时也是社会治安综合治理和社区警务的受益主体。两者都强调各主体之间的合作，也都强调群众的作用。

5. 两者工作目的或目标一致

社会治安综合治理采取经济的、政治的、文化的、道德的、法律的以及其他社会措施，而且必须运用综合性手段和措施进行治理，其根本目的是预防和控制犯罪，以达到国家的政治安定、经济发展、社会稳定、长治久安、人民有安全感。社区警务则是立足社区，通过有效的警务活动，实现警察与群众的合作，增强群众维护社会治安的参与意识，形成群防群治的治安控制网络，共同开展社区治安和治安防范、管理，共同完成预防和减少犯罪，确保社区安宁和治安秩序。只不过社会治安综合治理的目的是全国性或地区性的，社区警务的目的是社区性的。

（四）与社会治安综合治理理论不能成为我国社区警务理论观点的商榷

自西方社区警务传入我国后，最直接的比较对象就是我国的社会治安综合治理。仅从"中国知网"搜索，有 10 多篇文章是直接关于"社会治安综合治理"与"社区警务"的比较，有的则直接用的命题是中外社区警务的"比较"或"比较研究"，每篇文章的角度和层面均不同。而且相关专业教材的论述也大多采用论文的观点。这些观点，归纳起来，主要是两个方面：一是社会治安综合治理与"社区警务"有许多不同点，这些不同点主要体现在：历史渊源、理论依据、理论基础、理论本身、警务模式、警务操作等；二是国家的相关文件将社会治安综合治理与社区警务"相提并论"，主要体现在 2002 年公安部、民政部联合下发的《关于加强社区警务建设的意见》之中。正是这些"不同点"，加上有国家的相关文件又将社会治安综合治理与社区警务"相提并论"，因而，除极少数学者外，我国学界或理论界在认识和思维上，从一开始就没有将社会治安综合治理理论视为我国社区警务理论。

笔者从来就没有怀疑过我国学者的认识和研究能力，但认为社会治安综合治理理论不能成为我国社区警务理论的观点或思想，我认为是值得商榷的。

1. 关于社会治安综合治理与"社区警务"有许多不同点

通过相关文献的梳理，不难发现，早期的相关比较文章是比较客观的，也是现实的。

朱启禄、王大伟在 1995 年发表的《西方社区警务与中国的社会治安综合治理之比较》一文，通过对两者的概念、操作实务以及文化背景、社会制度、警务发展阶段进行比较后认为，"西方社区警务与中国的社会治安综合治理虽属两个概念，不能简单地画等号，但两者无论从内涵或外延分析都有很多相似之处，可以有条件的互相通用。社区警务这个概念有它自身的科学性，不能因为我们有了社会治安综合治理就反对社区警务概念的引进。在与世界警察接轨时，引进社区警务有特别重要的意义，社区警务与社会治安综合治理在操作上有很多相似之处，这说明世界警务改革的趋势不单纯受国家制度、地区与文化差异的限制与制约。当然，社区警务与社会治安综合治理两者也有一些差异与不同，中外警务比较研究应从中寻找启迪与借鉴。尽管中国与西方国家在警务改革中采取的概念不同，历史发展阶段不同，但总体改革趋势是可比的，有相似之处的，在个性之中，体现了共性，体现警务改革中某些带规律性的成分"。同时，他们认为"如把社会治安综合治理叫做一种具有中国特色的社区警务形式，在某种条件下是符合其概念的内含的"。"中国与欧美各国的警务交流彼此互相隔绝了很长一段时期，但在警务操作领域中，社区警务与社会治安综合治理有惊人的相似之处。"[①]

熊一新于 1999 年发表《中外社区警务之比较》的文章，基于当时我国还没有推行社区警务而将责任区民警的工作理解为我国的社区警务，因而对中外社区警务进行比较后认为，社区警务不能简单地理解为一定区域内的警察工作，而是指存在于警方和社区之间的一种相互作用的过程，旨在共同发现和解决社区的治安问题。社区

---

　　① 朱启禄、王大伟：《西方社区警务与中国的社会治安综合治理之比较》，载《中国人民公安大学学报》1995 年第 5 期。

警务的出现，既是六七十年代西方国家社会政治经济发展的产物，也是西方警务工作演化的必然结果。西方社区警务的内容包括"社区预防犯罪"，"改革巡逻方式，密切警民关系"，"提供社会服务，改善警察形象"，"建立社区反馈机制"。中国社区警务的理论依据，一是公安工作的基本方针，二是社会治安综合治理。中国社区警务基本形态是公安派出所，内容包括贯彻公安法规，进行法制宣传，管理户口等8个方面。因此，中外社区警务的理论与警务模式比较，既有相同之处，也有不同之处。①

张昭端在2002年发表的《中外社区警务的思想基础、历史渊源和现实背景》一文，通过对中外社区警务的实质、思想基础、历史渊源和现实背景比较分析后认为，"中西方尽管国情、社情、警情不同，但在推行社区警务方面，却有异曲同工之效。西方警察推行社区警务是片面发展警察装备现代化、警民关系恶化所使然；中国在新的形势下推行社区警务则是社会改革和转型所使然。中西方推行社区警务的共同点，都在于注重警民合作、群防群治和强调预防犯罪之优良历史传统的继承和创新，这是世界性警务改革和发展的历史潮流。"同时，明确指出，"我们在立足于结合新形势继承和创新本国优良的警务传统的同时，也应当积极学习西方资本主义国家在发达的市场经济条件下推行社区警务的经验和做法，以避免重走西方警察片面现代化的弯路"②。

陈祥松在2003年发表《也论社区警务》一文，为了区别我国理论上的社区警务与公安实务中的社区警务，将公安实务中的社区警务称之为"警务社区"，指出"社区警务"不等于"警务社区"。二者相互区别而又有密切联系，是全局与局部的关系。当前我国开展的社区警务存在种种误区，主要是把社区警务当成警务社区，把全局性的工作当作局部事物。并在分析了我国社区警务（即社会治安综

① 熊一新：《中外社区警务之比较》，载《中国人民公安大学学报》1999年第1期。

② 张昭端：《中外社区警务的思想基础、历史渊源和现实背景》，载《江苏公安专科学校学报》2002年第4期。

合治理)的形成和发展过程后反复自豪地说，"中国的'社区警务'是世界的典范之作"①。

但随后的我国相关学者，或随着我国对西方社区警务的介绍文章的增多，或者为了强化或推崇西方社区警务的理念，在撰写文章或编写相关专业教材时，逐渐淡化了中国的社区警务，淡化了我国的国情、社情、警情，几乎是"照搬"西方社区警务的概念、理论、内容和价值。因而，随后在我国出现的有关社会治安综合治理与"社区警务"比较的文章，实质上就将"社区警务"等同于西方的社区警务，所比较的也是西方的社区警务，社会治安综合治理与"社区警务"(实质为西方社区)有许多不同点也在"情理"之中。

2. 关于国家的相关文件将社会治安综合治理与社区警务"相提并论"

到目前为止，综观国家的相关文件，将社会治安综合治理与社区警务"相提并论"的是 2002 年公安部、民政部在联合下发的《关于加强社区警务建设的意见》(下称《意见》)，《意见》指出："开展社区警务建设，是公安机关主动适应经济发展和城市化进程，加强公安基层基础工作，全面提高公安机关控制社会治安能力的重大战略，是城市社区建设的重要内容，也是社区建设和发展的重要保障"；"社区警务是依托社区而建立起来的立足社区、依靠社区、服务社区的新型警务体制，与社区建设相辅相成"；"各地要把加强社区警务建设作为社区建设的一项重要内容，与社区建设同规划、同部署、同实施"；"在社区居委会中，由派出所推荐一名社区民警，通过居民群众选举进入社区居委会领导班子，以利于社区治安综合治理工作的组织与协调"。

基于此，有相当一部分学者认为，我国是将社区警务作为社区建设的重要组成部分，同时也将社区警务纳入社会治安综合治理一体化进程。因而，从学理层面而论，此二者是两个事物，其中社会治安综合治理是土生土长的警务战略，而社区警务是舶来品，是发端于西方的一种警务模式，其在被我国采纳和吸收的过程中，一定

---

① 陈祥松:《也论社区警务》，载《中国人民公安大学学报》2003 年第 4 期。

存在一个"本土化"的过程，它绝不是社会治安综合治理在当代中国的具体表现，也绝非同一事物的不同面向，二者既有相同点，但也存在诸多的差异。

笔者认为，正是像部分学者所认识的那样：社区警务是舶来品，是发端于西方的一种警务模式，其在被我国采纳和吸收的过程中，一定存在一个"本土化"的过程——实质上已经明确意识到了，目前我国所推崇的社区警务就是西方的社区警务，并非中国特色的社区警务！

那么，在我国的正式文件中，为什么要将社会治安综合治理与社区警务"相提并论"，并由社区治安综合治理工作来组织与协调社区警务的实施？

笔者认为有如下两点理由可以解释：一是认识上的问题；二是操作上的技巧。由于近期我国的理论界几乎是"照搬"的西方社区警务，将社会治安综合治理与社区警务"割裂"开来，导致影响了我国决策层的决策——尽管明确将社区警务作为我国的治安战略，并将两者"相提并论"，但在操作层面上，对社会治安综合治理与我国社区警务"一致性"的认识带有"不确定"的"模糊性"，因而将社区警务作为社会治安综合治理的一部分，由社区治安综合治理工作来组织与协调社区警务的实施。其实，这样的操作安排，从理论上说，实质上是在由社会治安综合治理理论指导社区警务的开展。

三、我国社区警务理论的价值追求

(一) 社区安全——小安全积累大安全

社区安全一般认为是社区内各个组成部分(即主体)的具有普遍性的安全利益的集合。由于安全主体体现的主体利益不同，导致安全的内涵和外延不同，危险源的表现形式也不相同。因此，社区安全的危险源可以定义为：可能造成人员死亡、伤害、财产损失或其他损失的根源或状态。① 社区安全是一个有机的体系，具有多个

---

① 伍先江：《城市社区安全评估指标体系的构建——以北京市为例》，载《中国人民公安大学学报(社会科学版)》2009年第4期。

层次、多个方面，如社区的交通安全、消防安全、公共安全和家庭生活安全等。同时，它又是一个开放的系统，基于社区是社会的基本单位，随着社会的发展，一些新的问题也会成为整个社会关注的安全问题。

就社区警务而言，通过对社区安全中的交通安全、消防安全、公共安全和家庭生活安全等危险源的安全检查和和专项治理，保护社区安全。安全既是社区的基本要求，也是整个社会的基本要求。只有每个社区都能达到安全的要求，那么，整个社会也才能达到安全的目标，才能实现整个社会的安全——即通过小安全积累大安全。可以说，社区安全是社区警务所追求的首要目标，也是社区警务的首要价值。

（二）社区治安秩序——小秩序积累大秩序

社区存在多种秩序，有政治秩序、经济秩序、治安秩序和文化秩序等。就社区警务而言，它所维护的秩序是治安秩序。"治安秩序是治安的子概念，属于社会秩序的一种，是指基于人类活动所形成而发生的，主要由法律规范则所规定和调整的，直接关系到国内安全和社会安定以及公共安全等内容的客观状况。"[1]治安秩序"是直接关系到国家和社会稳定、公共安全、他人的生命和财产安全等内容的社会秩序"，[2] 是"社会正常存在的必要重要任务和标识"。[3]因而，相对其他秩序具言，治安秩序有基础性地位，是其他秩序存在的前提和基础。

社区警务认为，要减少犯罪，维护良好的社会治安秩序，必须从大社会着眼，从小社区着手。以社区为单位，从维护社区治安秩序与安全做起，逐步实现社区小治安秩序到社会大治安秩序，以小气候影响大气候，以小区的治安秩序累积大区乃至全社会的治安秩

---

① 李健和：《治安学原理》，中国人民公安大学出版社 2013 年版，第 32~33 页。

② 陈天本：《治安秩序的内涵与构成要素研究》，载《中国人民公安大学学报（社会科学版）》2006 年第 6 期。

③ 宫志刚：《治安价值论》，载《中国人民公安大学学报（社会科学版）》2006 年第 5 期。

序，最终引导社会治安整体逐步进入良性循环的轨道。

(三) 社区稳定——小稳定积累大稳定

"稳定"，《现代汉语词典》解释为：稳固安定，没有变动。显然，社会稳定不能理解为社会没有变动。这是不现实的，也是不可能的。所谓社会稳定，是指一定地理区域内的人类共同体内部及其与外部关系的正常有序状态。① 也是指社会生活的安定、协调、和谐和有序，是通过政府、社会或人们的自觉干预、控制和调节而达到的社会生活的动态平衡。社会是一个由诸种要素构成的整体或系统，社会稳定又是由政治局势稳定、经济形势稳定、思想情绪稳定和社会秩序安定等方面内容构成，因此，社会生活中无论是政治、经济、思想文化、人口、社会治安哪一方面出现了问题并且产生相关影响，都有可能造成社会系统的震荡以至无序状态。而社会稳定又是改革和发展的前提和基础。②

社会稳定是全局和局部的统一。全局的稳定是由局部的稳定构成的，局部是全局的有机组成部分。全局的稳定有赖于局部的稳定，局部的稳定为全局的稳定奠定基础。而且，社会稳定是短期社会稳定与长期社会稳定的统一。短期社会稳定是长期社会稳定的基础，长期社会稳定是短期社会稳定的积累。同时，社会稳定不能自发地实现，它的实现离不开社会控制，通过社会控制，社会成员的社会行为得以规范化，社会越轨行为受到惩戒，各种社会冲突控制在秩序的范围内。③

社区稳定作为社会稳定的局部，而社区警务作为社会控制的重要组成部分，就是通过社区警务特别是社区或驻村民警所开展的群众工作、掌握社情民意、管理实有人口、组织安全防范、维护治安秩序等方面的工作，直接或协助政府、社会甚至是公民个人，对涉

---

① 李健和：《新时期社会稳定的思考》，载《中国人民公安大学学报》2004年第5期。

② 王彩元：《21世纪初期影响我国社会稳定的因素分析》，载《求索》2005年第6期。

③ 任红杰：《社会稳定问题前沿探索》，中国人民公安大学出版社2005年版，第13~15页。

及社会或社区稳定的政治、经济、文化思想、心理情绪以及社会秩序安定的冲突或因素，进行合理的干预、控制和调节，消除社区或社会的各种冲突和矛盾，维护社区的稳定，并通过社区的稳定，积累整个社会的大稳定。

(四)社区和谐——小和谐积累大和谐

和谐社会是一个民主法治、公平正义、诚信友爱、充满活力、安定有序、人与自然和谐相处的社会。2006 年党的十六届六中全会通过的《中共中央关于构建社会主义和谐社会若干重大问题的决定》，标志着我们党关于构建社会主义和谐社会建设理论的基本形成。它蕴含着科学发展观或者协调发展观的基本原理，明确了我国社会的发展方向和奋斗目标。

构建和谐社区是构建社会主义和谐社会的基础。构建和谐社会不可能一蹴而就，应当由小及大，由点及面，以社区"小和谐"推动社会的"大和谐"。社区是社会的基本单元，是我国物质文明、政治文明和精神文明建设的重要阵地，随着我国社会建设和社区建设的发展，社区承担着越来越多的社会管理职能。构建和谐社会涉及社会的方方面面，如果缺少了社区这一块，和谐社会建设就不可能完整。

而建设和谐社区，没有哪一项工作不需要警察警务工作的支持和配合：居民自治和基层社会民主，需要良好的社区治安环境作保障；加强社区管理，提高基层治理水平也同样建立在社区治安良好的基础之上；社区服务的有效开展，也与社区治安密切相关；维护社区治安秩序，虽然不仅仅依靠警察警务工作，但警察的警务工作是维护社区治安的主力军；繁荣社区文化、促进社区进步要以良好的社会风气为基础，而良好社会风气的形成或建立，又离不开警察警务工作对社区不健康、不文明的迷信、会道门、邪教组织和黄、赌、毒等违法犯罪活动的治理；社区人居环境的改善，如果离开了警察的警务工作对社区公共设施建设的保护和对社区公共设施破坏行为的打击，改善社区人居环境的任务也就无法落实。

警务工作系统内部的和谐，和和谐警务工作系统与经济、政治、文化及社会四个系统之间的和谐，是互为前提、互相促进的。

87

而社区警务作为警务工作的一部分，它是警务与经济和谐的推进器，是警务与政治和谐的桥梁，是警务与文化和谐的纽带，是警务与社会和谐的结合点，是警务与警务之间和谐的调节器。① 因而，通过社区警务的开展与实施，其目的和价值就体现在，由小及大，由点及面，以社区"小和谐"推动并积累社会的"大和谐"。

---

① 尹伟中、张满生：《和谐社会理论视野下的社区警务》，中国人民公安大学出版社 2007 年版，第 92~105 页。

第三章 新时期我国社区警务改革与建设的缘起

前两章，分别讨论了西方的社区与社区警务、西方社区警务的产生与发展、西方社区警务的理论与内在价值，也讨论了我国的社区与社区警务、我国社区警务的发展过程与内容以及我国社区警务的理论与价值追求，那么，本章就进一步分析中西方社区警务比较及启示，新时期我国社区警务改革与建设的现实诉求以及我国警务道路的"理论自信"、"道路自信"的必然选择，提出新时期我国社区警务改革与建设的缘由以及社区警务改革与建设的基本思路。

第一节 中西方社区警务比较及启示

一、中西方社区警务之比较

(一)中西方社区警务的历史渊源之比较

1. 两者的不同点

(1)历史进程不同。如前所述，西方社区警务起于1829年英国建立的伦敦大都市警察，经过第一、二、三次警务革命至今，经历了从非职业化到专职化，从依附到独立，从传统到现代化的历史演进，改革目标则经历了从预防为主到打击犯罪再到回归社会作用的螺旋上升的过程。而中国的社区警务在中国的历史渊源可以溯至古代的井田制和保甲制下的社会治安传统，先后经过自春秋战国时期以来的"中国古代的社区警务思想与实践"、"中国现代社区警务思想的萌芽"、"新中国成立后社区警务思想的形成与发展"以及"改革开放后现代社区警务的全面发展"几千年的历史进程，其历史比西方社区警务更悠久、持久，其社区警务的思想基础更坚持、牢固，更值得珍惜、继承和传承。

（2）社会背景不同。西方社区警务兴起和形成之时，通过复兴社区运动，社区建设已经基本成熟。社区规划、社区照顾、社区参与等原本相互分离的活动融合在一起，社区功能得到整合，公民广泛参与程度高，市民社会基本形成，各类非政府组织、志愿者、行业协会、私人部门等不断壮大。经过不断发展，西方社区建设至今相当成熟。而我国推行社区警务之时，也正是我国20世纪90年代以后的计划经济让位于市场经济之时。市场经济模式下的资源配置格局解析了单位附属的社会关系，有效实现了单位人到社会人、社区人的历史性渐变，而此时，我国的社区建设还处于"点实验"基础上向全国推广的初步阶段，即使经过近20年的建设和发展，我国的社区建设虽然取得了很大的进步，但还相当不成熟，而且行政色彩深厚。

（3）警务背景不同。西方"社区警务"真正形成之时的警务背景，一般认为，英美首倡社区警务是对其六七十年代片面追求警察装备现代化、警察高比例和快速反应能力的专业化警务导致警民关系恶化和控制犯罪不力之后果的反思，是对强调依靠民众支持实施预防犯罪之古老警务原则的恢复和发展。① 而中国"社区警务"的提出，则是中国公安机关加强基层基础工作之时和全国推行社会治安综合治理战略之初，基本上与警务现代化同步开始的。同时，西方"社区警务"传播到了亚洲和中国，影响到了中国社区警务的形成和发展。而且，两者的法制化程度不同。我国的社区警务已逐步形成了法制化，如1950年居民委员会、村民委员会就以法制形式固定下来了，1952年《治安保卫委员会暂行条例》颁布，1954年全国人大常委会通过了《公安派出所组织条例》，1991年全国人大常委会作出了《关于社会治安综合治理的决定》等，这说明我国有关社会治安综合治理已进入了法制轨道。而当时的西方国家以立法形

---

① 张昭端：《中外社区警务的思想基础、历史渊源和现实背景》，载《江苏公安专科学校学报》2002年第4期。

式确定社区警务的仅英国一家，即 1984 年英国《警察与犯罪证据法》第 116 条规定，每个社区都要成立"警察与社区咨询委员会"。而直到 1994 年美国议会才通过了《1994 年暴力犯罪控制与执法法案》，并依该法在美国司法部创设了以社区为导向警务服务办公室（COPS），促进和支持全美的社区警务战略和社区与警察的合作。

（4）思想基础不同。任何一种理论和战略的提出都必然具有一定的思想基础。中外社区警务均是在各自不同的文化背景、哲学思想、社会制度、历史进程等的影响下而形成的，社区警务思想在中国、英国、美国等世界许多国家有其深厚的思想基础，但并非同途。就英国、美国等西方国家而言，社会契约论的哲学思想对社区警务思想的产生有着重要的影响。社会契约论要求国家替公民行使权力，警察作为国家机器的重要组成部分，也就必须替公民行使包括惩治犯罪、保护公民合法利益的权利。所以努力为公民服务，是警察的义务与责任。如 1829 年英国建立伦敦大都市警察时，犯罪并不是十分突出，警察带有平民化的特点，也提倡为公众服务。随着工业化进程的加快，加之两次世界大战的影响，犯罪问题日益突出，警察才把警力和精力放在"以快制快"的对付犯罪的措施上，服务的功能才减少。但当警察的装备越来越现代化时，犯罪仍不断地上升，这才意识到提高快速反应能力只能是被动的，不能起到减少犯罪的根本作用，公众也要求警察回到社区中去，回到过去那种警民关系中去。英国的社区警务思想就是在这种情况下应运而生。美国是新型的资本主义国家，警察自产生之日起就显现出战斗者的姿态，服务意识较差。但高科技装备、高财政投入对犯罪案件的增减作用极小，并不能遏制犯罪的发展势头，警察部门对犯罪仍然无能为力。直到在美国政府和警务部门接受了"破窗理论"的基础上，才产生了社区警务思想，并着手进行警务改革。而我国的社区警务思想基础较深，它是源于我国古代"保甲"、"打更"等传统"警务思想"和基于新中国成立后的公安工作群众路线而产生。

（5）逻辑思辨不同。西方社区警务是对"警务改革战略的否定，同时也是对罗伯特·皮尔警务思想的否定之否定。纵观西方警务思想的发展，西方警学界不断试图揭示警务思想的本质和规律的过

91

程，不仅遵循着社会发展的辩证法，而且遵循着人类认识的辩证法，是人类认识逻辑发展的必然结果。因此，当代社区警务思想不是对罗伯特·皮尔警务思想的简单回归，而是螺旋式上升后具有全新内涵和全新外延的高一层次的回归"①。而中国的社区警务，一直以来坚守我国传统"打防并主、以防为主"的"警务"思想基础和"一直走群众路线的优良传统"。

2. 相同之处

中外社区警务在思想基础、历史进程和现实背景上均具有明显的不同。如果说，中西社区警务的历史渊源有相同或相似之处的话，那么它们的有相同或相似之处，就是都经历过曲折的反思过程或阶段，从而形成了"基本思想一致"又适合各自国家情况的社区警务，显现出各自特点，并丰富了世界社区警务内容、形式和模式，促进了世界社区警务的发展。也正是这种思想基础、历史进程和现实背景上的差异性，"不仅给我国社区警务改革打上了民族的烙印，而且使全球社区警务战略呈现出五彩缤纷、丰富多彩的民族特征"②。

(二) 中西社区警务的理论研究之比较

1. 两者的不同点

(1) 概念不同。一般理论包括基本理论和理论体系两个方面，往往具有基础性、先导性地位和作用。而理论又往往始于概念。如前所述，西方的社区警务是为了减少社区犯罪，增强公众安全感，提高社区居民生活质量，以破窗理论、无增长改善论和现代警务管理理论为理论，在政府和警方指导下，以社区自治为主导，以调查、发现和解决社区问题为导向，通过警察与社区之间相互合作，共同营造良好的社区治安秩序的警务活动；而我国的社区警务则是为了建立平安社区、和谐社区，维护社区治安秩序，以社会治安综

---

① 熊一新：《中外社区警务之比较》，载《中国人民公安大学学报》1999年第 1 期。

② 孔令驹：《中外社区理论与社区警务》，载《江苏警官学院学报》2004年第 2 期。

合治理为理论，在党和政府的统一领导下，在公安机关的具体组织、指导下，以社区建设为主导，通过警察与社区之间相互密切合作，共同研究社区治安问题、开发社区治安资源、改善社区治安环境、强化社区自卫互助的警务活动。两者的概念不仅表述不同，而且在理论基础、理论内容和理论价值也不同。

（2）理论基础不同。西方社区警务理论基础或依据，虽然有不同的理解与解读，但主要包括：社会契约论（The Social Contract）、新公共管理理论（New public Management）、治理理论（Governance Theory）和多中心理论（Polycentric Theory）等，而且这些理论不仅都有丰富而深邃思想和内容，而且还催生西方社区警务理论产生和社区警务运动的开展；而我国的社区警务理论是新中国成立后，经过公安机关长期坚持的党委领导下的群众路线的工作原则和专门机关与广大人民群众相结合的工作方针的基础上归纳或演绎的，最后确定为马克思主义原理。马克思主义原理要比西方社区警务的理论基础所包含的思想要更加丰富、更加深邃。

（3）理论内容不同。西方社区警务理论主要有破窗理论（Broken Windows Theory）和无增长改善论（improve without growing），而且都是以调查、发现和解决社区问题为导向而产生。其中，破窗理论为寻找能够有效控制犯罪增长的理论、方法和手段而创立的，旨在说明社区环境与犯罪之间的关系；无增长改善论基于"增长的极限理论"而产生，旨在降低警务成本、提高警察素质，推进警务改革。而我国的社会治安综合治理理论则是针对违法犯罪严峻，特别是青少年犯罪突出，综合分析产生青少年犯罪的原因而提出来的，目的是要动员全社会的力量、运用各种手段和方法来遏制违法犯罪，其理论深度和高度、层次和内容都非西方社区警务理论所能及。

（4）理论价值不同。如前所述，西方各国社区警务的共有价值是：预防、合作、服务、民主、法治。这五个方面充分体现了西方社会和西方警务的"直接"、"操作"等"务实"和"实用主义"价值观。而我国社区警务理论所追求的价值包括："社区安全（小安全积累大安全）"、"社区治安秩序（小秩序积累大秩序）"、"社区稳定(小稳定积累大稳定)"、"社区和谐(小和谐积累大和谐)"等，充分体现了中华民族几千年"大一统"、"大融合"的儒家文化传统和价值观。这种"大一统"、"大融合"，就是不同族群、不同阶层、个体与个体之间的共生；是在权力和利益存在差异的集团和个人的共生；是人与人、群体与群体之间的隔阂、误解、不满、怨恨和敌意，在执政者的主动妥协与和解中得到消融；是社会的控制者与受控者之间空间距离和心理距离的缩小和消除；是执政者在权力和利益的让渡过程中向民众作出的一种历史性妥协，达到被控制者权利的提升和全面发展，控制者主动接受来自被控制者的监督。① 相比西方社区警务的价值观，层次更高，更具有包容性。

2. 相同之处

(1)本质一致。两者都认为犯罪是一种复杂的社会现象，是社会的"综合症"。因此，治理犯罪不仅仅是警察的责任，而且是政府的责任、全社会的责任。"二者都认为犯罪是由社会各种因素综合作用而产生的，因此，治理犯罪要采取多种多样的综合性的措施和手段，其核心内容是对违法犯罪要预防为主，打防并举，标本兼治，最终达到限制、削弱和消除产生违法犯罪的原因和条件"。② 因此，社会治安综合治理与社区警务，"都体现的是一种警察哲学思想，在理论的深度上各有千秋"，"不存在谁包含谁的问题。两者可以有条件的互相借用。如把社会治安综合治理叫做一种具有中国特色的社区警务形式，在某种条件下是符合其概念的内含的"。③

(2)强调合作。社会是一个有机的综合体，它的和谐发展依赖于社会各个组成要素的协调统一。社会治安不仅是整个社会秩序问题，它实际涉及许多社会的基本问题。因此，社区警务都强调社区

---

① 皮艺军、翟英范：《大融合：和谐共生的社会生态——以永城市社会治安管控为样本(2008—2012)》，中国人民公安大学出版社 2012 年版，第 3 页。

② 熊一新：《中外社区警务之比较》，载《中国人民公安大学学报》1999 年第 1 期。

③ 朱启禄、王大伟：《西方社区警务与中国的社会治安综合治理之比较》，载《中国人民公安大学学报》1995 年第 5 期。

警察、社区自治组织以及社区居民之间的相互合作，通过平等协商，共同制定相关政策，共同采取相关措施，实现预防违法犯罪、维护社会治安的目的。警方与社区的合作不仅仅是着眼于社区的犯罪问题，而应共同负担起解决社区问题的责任，良好的警民关系是预防和控制犯罪的最重要的保障，最终使社区协调发展，提高社区公民的生活质量。而且，社区警务为增加警民合作创造了新的机会，警察不再把自己视作独立于社区之外的力量，公众也不再把警察当作陌生人。通过警民之间的理解与合作，社会生态平衡机制不断得到加强，形成了以整个社会为主体的强大的抑制犯罪的能力。

（3）强调公众参与。二者都强调群众参与的重要性，认为群众是治理犯罪的基础力量。为了发现与了解社区的犯罪与社会问题，都鼓励公众积极参与解决问题，预防犯罪，再造社会和谐。社区警务注重发现问题，跟踪问题，采用一系列手段与措施，激发公众的参与热情，建立固定、亲密的警民伙伴关系，共同解决社区的犯罪问题，增强社区的安全。公众的参与，再造了社会的和谐感。因公众的参与，"警察从人数的劣势转变为优势，犯罪分子从局部优势转变为整体劣势，形成了全民皆警的新格局"。[1]

（三）中外社区警务运行模式之比较

1. 两者的不同点

（1）组织体制不同。西方的社区警务是一种地区性的、自发性的行为，特别是公众的参与和社会各部门的合作都是一种自发与自愿行为，警务部门自身也带有很大的自主性。而我国社区警务，则强调党和政府的统一领导。这种统一领导，只有在我国社会主义制度下才能得以实现。这是由我国宪法所规定的基本政治制度和经济制度所决定的。"强调党的领导既是我国社区警务的优势所在，也是与西方社区警务的最大区别。"[2]

---

① 朱启禄、王大伟：《西方社区警务与中国的社会治安综合治理之比较》，载《中国人民公安大学学报》1995年第5期。

② 熊一新：《中外社区警务之比较》，载《中国人民公安大学学报》1999年第1期。

（2）管理模式不同。我国在社区设置有公安派出所，直接覆盖城乡社区，社区警务的基本模式是依托公安派出所，由派出所派出专职社区民警，形成以社区为依托，以社区民警具体指导、社区政府调控与社区自治相结合的管理模式。因此，社区警务往往纳入到统一的行政管理和规划之中，并成为政府、公安机关的行政管理、警务建设和社区建设的考核内容，这种模式具有深厚的行政色彩。因而，有学者指出，"20 世纪 50 年代公安机关所采取的户籍民警管理模式，其目的是管理社区人口、沟通社区群众关系和维护社区治安，与现时的社区警务模式并无质的区别，但的确是与社区行政管理相容度很高的一个范例"①。而国外一般不设派出所，尽管有的国家设置有较小的警所，但不普遍。因而，西方社区警务因缺少政府的调控，往往是以社区为依托，基层警察与社区自治相结合的管理模式。显然，我国社区警务的这种模式是一切西方国家开展社区警务时所难以具有的优势和基础。

（3）运行机制不同。我国的社区警务运行，往往实施的是举国体制，即由中央决策，地方党和政府规划、实施，公安机关推动，基层社区执行的运作过程。涉及党和政府以及公安机关的层次多，涉及的单位和部门更多，形成了从中央到地方、从政府到公安、从民政到社区、从社区民警到社区组织的多层次、多系统、多部门、多方面的联动机制。从整个上看，这些机制包括法制、制度、警力、物质、权益等保障机制，社区警务责任、开展警民合作、多警联勤、社会防控等实施机制，以及社区警务的评估机制等。而西方社区警务因国情、体制和警情不同，不可能有如此多层面、多系统、多部门、多方面的联动运行机制，它的运行机制主要体现在基层警察与社区组织的层面。

2. 相同之处

尽管中外社区警务的运行模式有诸多不同，但中西方国家都认识到，实施社区警务，组织社区警务力量，建立各种社区警务设

---

① 徐志林：《中国的社区与社区警务——兼论中国社区警务建设中的若干问题》，载《上海公安高等专科学校学报》2008 年第 5 期。

施，开展社区警务活动，都需要不断增加经费投入和政策上的支持。因此，实施社区警务除政府给予政策上的支持和有限经费的投入外，主要依靠社区力量。

（四）中外社区警务的实施方法之比较

1. 两者的不同点

（1）工作内容不尽相同。由于各国警察体制和法律制度不同，中外社区民警的执法权限和工作职责不同，导致工作内容也不同。主要体现在中国的社区民警除履行西方国家社区民警的基本职责外，还要承担大量的治安行政管理和实有人口管理的职责，必须对社区内的特种行业、娱乐场所、易燃易爆危险品等实施治安管理，必须了解辖区内的实有人口基本信息和重点人员的基本动态，进行户口管理和流动人口管理。而西方国家的社区民警主要承担的是辖区的巡逻，且分散于各个巡逻段。

（2）工作形式不尽相同。社区警务起源于西方，欧美各国在实施社区警务过程中，经过不断探索与实践，创造与完善了一系列的工作方法，并在全世界得到广泛推广和运用。如英国的财产标刻制度、美国的"市民巡逻行动"和"市民警校"、澳大利业的邻里联防、新加坡的邻里警察站制度、日本的交番与驻在所制度等都是行之有效的方法。① 而我国的社区警务，因早有社区警务的理论与实践经验，中华人民共和国成立后，我国公安机关摸索了一条适合我国国情的警务之路，其中派出所的建制以及与之相适应的一系列工作方法，是我国较之其他国家的特色与优势。"一区一警"、"一警多能"、"责任到人"、"一包到底"的警务区责任制是我国社区警务的一项有效方式，按照"发案少、秩序好、社会稳定、群众满意"的要求，围绕开展群众工作、掌握社情民意、管理实有人口、组织安全防范、维护治安秩序五项任务，以警务区为阵地，依靠发动群众，通过走访调查、宣传发动、巡逻守护、实地检查、警情通报等方法，全面落实各项管理措施，强化公安基层基础工作，切实维护

① 曹春艳、岳光辉：《中西社区警务之比较研究》，载《株洲工学院学报》2004 年第 3 期。

好一方平安，是我国警务工作的经验总结。

2. 相同之处

中外社区警察都以巡逻、巡查、访查、检查等为主要勤务方式，以此开展调研、熟悉情况、落实防范、做群众工作、化解纠纷、维护社区治安；社区警察的工作都比较固定，如英国预防犯罪工作约占社区警察工作时间的 1/4，我国公安机关也曾要求责任区民警下责任区的时间每周不少于 30 小时，① 目前要求全时空下社区，社区和驻村民警在警务区工作的时间一般不少于五年，这有利于社区警务工作的深入；社区警察在安排自己的工作时间上都有很大的自决权，可以根据社区治安的特点安排勤务活动。

二、中西方社区警务比较给我们的启示

由于国情和制度的不同，在社区警务管理组织体系方面，我们不可能照搬西方的模式，但在社区警务运作方法上，则可以借鉴西方的具体做法。通过中西方社区警务比较，笔者认为给我们的启示有以下几点：

(一) 中国社区警务的特色和优势必须并理所当然的坚持

通过中外社区警务的比较，不难看出，我国社区警务的特色和优势主要体现在三个方面，一是组织体制即坚持党和政府的统一领导；二是社区警务建设的理论基础与实践；三是社会治安综合治理理论与实践。

1. 坚持坚持党和政府的统一领导

我国的社区警务坚持党和政府的统一领导，是指根据党的组织和行政组织的不同体制、组织形式和工作方式，各司其职，相互配合。其中，党的领导是通过政治领导、思想领导、组织领导、决策领导和法制领导，使公安机关和社区警务工作坚持正确的政治方向，贯彻执行党的路线、方针、政策；政府(行政)领导是指依照国家法律，以行政手段进行指挥，使公安机关和社区警务工作高效

---

① 熊一新：《中外社区警务之比较》，载《中国人民公安大学学报》1999年第 1 期。

地执行行政任务。尽管两者在性质、职能等方面有很大的区别，但其工作目标是一致的，大政方针是统一的，也是彼此保证的。我国的社区警务坚持党和政府的统一领导，就能保证我国社区警务的决策实施自上而下，统一内容、统一进度，有计划、有步骤的向全国推行，形成全国社区警务的"一盘棋"。我国社区警务建设的这种组织体制，是由我国国情决定的，与西方国家相比，其特色和优势就在于具有行政色彩，推行社区警务建设更加协调、更加高效，更有利于推进或推动社区警务建设和发展。

2. 坚持社区警务建设的理论基础与实践

社区警务建设的理论基础马克思主义原理。辩证唯物主义与历史唯物主义是马克思主义最根本的世界观和方法论，坚持一切从实际出发，理论联系实际，实事求是，在实践中检验真理和发展真理，是马克思主义最重要的理论品质，实现物质财富极大丰富、人民精神境界极大提高、每个人自由而全面发展的共产主义社会，是马克思主义最崇高的社会理想。马克思主义政党的一切理论和奋斗都应致力于实现以劳动人民为主体的最广大人民的根本利益，这是马克思主义最鲜明的政治立场。鲜明的阶级性和实践性是马克思主义的根本特性。马克思主义从产生到发展，表现出了强大的生命力，这种强大的生命力的根源在于它的以实践为基础的科学性和革命性的统一。因此，我们必须坚持用"党的群众路线的基本原理"，"解放思想、实事求是的基本原理"，"社会主义基层民主自治的基本原理"，"社会主义精神文明建设的基本原理"和"社会治理理论"等马克思主义原理来指导我国的社区警务建设。

同时，对我国20多年来开展社区警务所取得的一些并经过实践反复证明了的成功经验，如警务区的划分、警力配置及警务室的建设的一些基本原则、做法，所确定的开展群众工作、掌握社情民意、管理实有人口、组织安全防范、维护治安秩序等社区和驻村民警的职责任务，和走访调查、宣传发动、巡逻守护、实地检查、警情通报等主要工作方式，以及社区和驻村民警的管理制度、工作年限等，在社区警务实践中应当继续保持并发扬光大，这也是具有中国特色社区警务的重要内容。

3. 坚持社会治安综合治理理论与实践

作为社区警务理论与载体的社会治安综合治理，是我国公安机关与广大人民群众相结合在新的历史条件下的新发展，是党和国家在充分分析和估量社会治安的新情况和新问题的基础上，结合我国社会治安工作的实践经验，作出的适应现代化建设客观要求的重大治安决策。它是我们党和国家动员全社会力量，发挥社会主义制度优越性，使专门机关与全社会结成一体，对违法犯罪等社会治安问题进行多角度、多层次、多手段的防治活动，是立足国家长治久安和社会稳定的具有我国特色的具有长期性战略理论和方针，也是跨行业、跨部门的全社会范围内的系统工作。其主要目标是：社会稳定，重大恶性案件和多发性案件得到控制并逐步有所下降，社会丑恶现象大大减少，治安混乱的地区和单位的面貌彻底改观，治安秩序良好，群众有安全感。

它通过目标管理，将现代科学管理的手段和方法运用到社区警务工作中，把社区警务工作的任务、要求转化为具体目标和措施，经过层层分解，落实到最基层，使社区警务工作任务、要求达到预期的目的。实施目标管理就是把竞争机制引入社区警务工作，通过检查评比，奖优罚劣，调动广大干部群众的积极性和创造性。社区警务实行目标管理还可以提高工作效能，增强这项工作的可操作性，变软任务为硬指标。这是西方国家无法比拟的优势与特色。

(二) 积极搭建中国社区警务建设的平台

社区警务作为社区与警方在社区治安上的能动协作与功能耦合，因社区在其活动中的平台效应和核心地位，也称为社区导向警务。因此，社区作为社区警务建设的平台，其社会发展、价值变迁和社区建设不仅是推进中国社区警务战略的社会基础，而且从一定意义上说，其建设和发展水平决定了社区警务建设的高度和水平。正如，澳大利亚国立大学、澳新犯罪学会会长彼得·格鲁鲍斯基教授 2002 年在考察南京社区警务后认为，"中国社区警务还处于初级阶段，它的深化不得不依赖中国社区建设的发展"。[①] 因此，正像

　　[①] 孔令驹：《中外社区理论与社区警务》，载《江苏警官学院学报》2004年第 2 期。

西方社区警务产生离不开社区重建一样，中国社区警务的改革和深化需要社区建设的平台支撑。

1. 要发扬传统文化价值，培植现代市民精神

从文化角度看，西方社区警务的模式和选择，虽然受到西方主流文化的支配，但在社区重建和社区警务中却始终保持着对东方文化的审度和吸收。而中国传统社区具有忠诚、稳定、单一结构的优势(当然，也具有封闭、保守甚至自私的弱点)，这一传统文化不仅作为凝聚本民族心理的特有精神，具有明显的传统价值内涵，而且在经济、社会等领域中的成功实践与发展充分展示了鲜明的现代特性。"在东西方文化矛盾的冲突中，中国实施社区警务战略不仅要警惕掉入东西方文化悖论的围城之中，而且要充分发扬我国传统文化的人文优势"。①

就中国传统文化而言，随着历史衍化，道德风俗已成为我国社会成员信仰与认同的有效载体，其思维惯性和心理基础在一定条件下，可以起到规范社会成员的功能作用。因此，从操作层面讲，我国社区建设和警务改革要注意发挥道德行为与风俗习惯的警务作用。同时，就西方的文化而言，"开放、平等、博爱、契约、创新"为基本标志的现代市民精神，作为一个城市文化资本的重要部分，不仅是推动城市文明、进步的价值力量，而且是优化社区人文环境，推进社区资源整合乃至社区警务建设和改革的重要媒介。这也是我国社区警务建设应当借鉴和吸收的。正因如此，在开展社区建设的同时，许多城市相继推出了新时代市民精神的讨论和建设活动。如南京市倡导的"开放、开明、诚朴、诚信、博爱、博雅、创业、创新"的市民精神，为南京社区建设与发展注入了新的活力，为社区警务改革深化构建了新的平台。②

因此可见，经济全球化并不能促成社区警务全球化，不同国家

---

① 孔令驹：《中外社区理论与社区警务》，载《江苏警官学院学报》2004年第2期。

② 孔令驹：《中外社区理论与社区警务》，载《江苏警官学院学报》2004年第2期。

的社区警务必须与本国特有文化传统相结合，才会有强大持久的生命力。所以，中国社区警务既是传统性与现代性的辩证统一，又是全球化与民族化的辩证统一。

2. 要拓宽社区自治空间，拓展社区自治资源

社区自治权力薄弱和自治空间狭小，不仅使得我国社区缺乏现代社区的基本属性，难以超越居家生活的定位功能，而且致使社区建设长期徘徊在被忽略的边缘。相比较政府权力的社会委托与让度而言，社区自治权力作为社会内在的联络机制来源于社会权力运作本身。可见，扩大社区自治空间成为我国社区建设和深化社区警务的前提。因此，我国社区建设要通过制定扩大社区民主职能，建立健全社区保障体系，提高社区的救助功能，开展各级各类文化培训活动提升社区的教育功能等，最大限度地扩大社区的自治空间，培养社区的自治能力。

同时，拓展社区自治资源，除建立物质性保障机制外，还应该通过社区建设和制度创新，充分调动社区内机关、团体、企业事业单位等一切社会力量，广泛参与社区建设，进一步强化社区管理的实体角色，体现社区自治活动的社会生存价值，最大限度地实现社区资源的共有、共享，营造共驻社区、共建设社区的良好氛围。

3. 要不断强化社区自治组织建设

社区自治组织，包括具有民间性、自治性、志愿性以及非营利性为特征社区治安保卫委员会、志愿者组织、保安服务公司、行业协会等非政府组织和民间团体，不仅协助政府承担了大量社会公共和公益事务，呈现一般组织的社会经济属性，而且志愿社团内部个体之间的互动，被认为是推动公民之间合作的关键机制。这些组织不仅提供了培养信任的框架，有利于社会成员自发交往空间的拓展和团结、认同、友爱的社区意识养成，以实现"熟人社区"对非法行为的自然监视和抑制能力，而且通过发展社区自治组织并广泛参与其中，能从深层次上推动政府对社区建设以及社区警务改革的重视。

强化社区自治组织建设的方式和渠道是很丰富的，从具体警务角度讲，可通过建立健全社区治安宣传制度、社区大型活动安全保

卫、社区安全应急救援、社区义务反扒、社区帮教小组、社区监管小组、社区志愿者协会、社区保安联动体制、社区法律援助协会、社区心理咨询小组等基本形式实现。

(三)借鉴西方社区警务的理论

"破窗理论"和"无增长改善论"是西方社区警务的主要理论，对西方社区警务的产生和发展直到了巨大的推动和支撑作用。

破窗理论最大的贡献就是揭示了社区无序与犯罪之间存在相关性。根据破窗理论，无序现象对人的反常行为和违法犯罪具有强烈的暗示性，社区或街区混乱的迹象表明这些地方的犯罪控制很薄弱，潜在的犯罪者将利用这里的机会进行犯罪活动。[1] 破窗理论将司空见惯的生活现象与犯罪控制联系起来，引导警察等执法机关注意对小的无序的关注，防止因无序的增量而出现犯罪等严重影响社会秩序的问题。根据这种以社区为基础的预防犯罪的思想，社区警务活动的主要职责，就是支持社区自身非正式的自我控制，但这种警务又不能代替社区在安全上的自我非正式的控制。[2] 因此，加强警察对社区安全的干预，提升社区的自我控制力，是促进社区安全，减少社区犯罪的基本路径。这对于中国当前的犯罪防控，特别是通过加强警务与社区之间的协作，重视改善外部环境来减少和预防犯罪的发生等具有积极的借鉴意义。

无增长改善论是英国警务理论家约翰·安德逊提出的关于警力配置的重要理论，即警察机关在不增加人员编制、器材装备的前提下改善与提高警力。当前，伴随着警力资源浪费、警察素质有待进一步提高等情形，基层警力不足已成为制约社区警务和公安工作发展的主要"瓶颈"。在警察数量不可能大幅增长的情况下，要有效解决警力不足的问题，借鉴"无增长改善论"对我国警力资源进行重组无疑是一条有效路径。即通过增加实战警力、优化系统功能、

---

① Michael Wagers, William Sousa and George Kelling, Broken Windows, pp. 257-258.

② Michael Wagers, William Sousa and George Kelling, Broken Windows, p. 258.

提高质量、借助社会资源等，使现有警力得到充分挖潜和必要延伸。这一理论对我国社区警务改革过程中优化警力配比，对现有警力特别是社区警力进行挖潜和延伸具有重要的指导和借鉴意义。

第二节　新时期我国社区警务改革与建设的现实诉求

一、我国社区警务改革与建设的实践诉求

(一)实施社区警务的前提条件不充分，良性互动不理想

社会治理是以社会的存在为前提条件的。而社会的存在，是指一个与国家权力相对而言的自治社会。而良好的治理取决于国家与社会的良性互动，依赖于政府管理与社会自治的协调配合。① 就社会而言，古代社会基本上是一个纯粹自生自发结构上的自然性社会，而现代社会是依循一套社会组织的法律、政策、自治办法和举措而建立起来的"人为的"社会。在"国家—社会"的二元分立的基本结构中，中国传统国家和乡村社会之间，国家权力总是控制着中国的乡村社会，即使我国市场经济的不断发展的当代，社会转型不断加剧，国家权力也总是试图控制兴起的现代社会结构，国家与社会的互动状态并不令人鼓舞。② 这主要表现在我国的社会发展不充分，社会自治不十分成熟，社会自我保障、约束和管理功能不完善或不健全，社会的相对独立性不够，国家与社会的"双向互动"变成了国家对社会的"单向互动"。

社区治理包括社区警务当然是以社区的存在为前提条件的，就像社会治理是以社会的存在为前提条件一样。社区是社会的细胞，是聚居在一定地域中的人们所组成的社会生活共同体，是城市、乡村基层治理的基本单位。社区治理包括社区经济、文化、宗教、文

---

① 燕继荣：《中国的社会自治》，载俞可平：《中国治理评论(第1辑)》，中央编译出版社2012年版，第88页。

② 任剑涛：《社会的兴起——社会管理创新的核心问题》，新华出版社2013年版，第16~17页。

明、科学和治安(警务)等方面的内容或事务的治理，也是社区管理组织的基本职责。而我国的社区，农村直到目前还没有完全形成，城市虽然已经形成，但原则上是按居委会的辖区设定①，并出现了行政型社区、合作型社区、自治型社区，甚至网络社区，且在社区管理上出现了"沈阳"、"上海"和"江汉"三种模式并在全国推广，却都不同程度的存在着行政色彩浓厚，社区管理的组织结构单一，社区组织自治功能弱化，社区居民对社区的归宿感和认同感(即文化认同感)低、参与社区管理程度不高，社区自治组织和中介组织比较薄弱，社区管理处于低整合状态等问题。②

而我国，2002 年公安部召开"杭州会议"即开始推行或试行社区警务，2004 年又抓住我国城市社区改革的有利时机，将社区警务建设纳入社区改革总体部署，在全国大中城市实施社区警务战略，力图实现"发案少、秩序好、社会稳定、群众满意"的工作目标。特别是公安部 2006 年 9 月正式发布《关于实施社区和农村警务战略的决定》，标志着我国社区警务已经在全国城乡全面铺开和推行。可以说，我国的社区警务也是在我国社区发展不充分，自治不成熟，自我保障、约束和管理功能不完善或不健全的基础上，由政府特别是公安机关强力推行或实施的。从这个角度说，我国社区警务的实施与西方社区警务实施的前提条件是不同的，即西方社区警务的实施是一种地区性自发的行为，特别是公众的参与和社会各部门的合作都不是国家组织的。③ 然而在我国，因职责使然，社区警务由公安机关(具体由社区民警)"唱独角戏"在所难免。

---

① 根据 2000 年 11 月中共中央办公厅、国务院办公厅转发的《民政部关于在全国推进城市社区建设的意见》，社区是指聚居在一定地域范围内的人们所组成的社会生活共同体。目前城市社区的范围，一般是指经过社区体制改革后作了规模调整的居民委员会辖区。

② 霍连明:《多元管理:我国社区管理模式的必然选择》，载《河南师范大学学报(哲学社会科学版)》2010 年第 2 期。

③ 朱启禄、王大伟:《西方社区警务与中国的社会治安综合治理之比较》，载《中国人民公安大学学报》1995 年第 5 期。

(二) 社区警务的体制机制不健全，主动融入社区或社会管理有"硬伤"

从管理体制来看，社区警民由派出所(通过社区警务室)派驻，派出所又是县、市、区级公安机关的派出机构，不是基层政权(城市街道办事处)或政府(乡镇人民政府)的职能部门；而社区的居(村)民委员会是居(村)民自我管理、自我教育、自我服务的基层群众性自治组织，接受基层政权或政府的指导、支持和帮助，并有调解民间纠纷、协助维护社会治安等职责①。从隶属或逻辑关系来说，居(村)民委员会的业务只能接受基层政权或政府的指导、支持和帮助，没有义务接受公安派出所的相关业务指导。而社区警务又是由公安机关强力推行的"共同(开展)治安工作"，尽管我国的社区建设包括了社区治安，因是"二条线"，使得社区警务是难以融入我国的社区管理工作。因而在实践中，社区的居(村)民委员会几乎将维护社会治安的职责全部推给社区民警或公安机关。特别是2002年公安部和民政部《关于加强社区警务建设的意见》中，明确规定由派出所推荐一名社区民警，通过居民群众选举进入社区居委会领导班子后，这种现象更加突出，这也是许多地区公安机关没有落实公安部和民政部《关于加强社区警务建设的意见》的重要原因。

从运行机制来看，一是适应社区改革与社区组织建设的相关机构或组织职能调整的法律法规缺乏。一方面，基层政权或政府等"现行行政框架内分管社会发展的政府机构设置不够合理、职能交叉重复、权责脱节"，"社会管理的法律、法规和政策体系不完善、不配套，不能满足社会管理需要的情况"；②另一方面，社区相关组织的职能不健全、调整不及时，法律调整不到位，如《城市居民委员会组织法》(1989年)、《治安保卫委员会暂行组织条例》(1952

---

① 参见《中华人民共和国城市居民委员会组织法》第2、3条，《中华人民共和国村民委员会组织法》第2条。

② 丁茂战：《政府社会管理职能研究》，载魏礼群：《新形势下加强和创新社会管理研究》，国家行政学院出版社2011年版，第43页。

年）、《物业管理条例》(2007 年)等需要重新修订，社区保安服务、各类治安中介组织、治安志愿服务等新兴治安社会组织需要立法规范。二是社区警务与社区管理"一体化"机制缺失。虽然我国公安机关在强力推行社区警务的过程中，先后颁布了一系列法律法规和规范性文件，如《关于加强社区警务建设的意见》(2002 年)、《关于实施社区和农村警务战略的决定》(2006 年)，《公安派出所正规化建设规范》(2007 年)等，规范了公安派出所、社区民警的职责要求和工作方式，形成了"一区一警，一区多警"、"社区警务室建设"、"弹性或错时工作制"、"多警种联勤"、"考核与激励"、"执法监督"等一整套有关社区警务建设的制度(机制)，但这些制度主要是适合在公安机关内部运行而已，并没有完全建立与社区管理相结合的"一体化"运行机制，致使社区警务与社区管理过程中，往往在经费保障、职责定位、组织协同等方面往往各自为政，各"唱"各的"调"，难以形成合力。

（三）社区警务的能力建设不到位，工作效率与社会效果的提高受制约

能力，一般是指人的综合素质在现实行动中表现出来的实际本领和能量。具有一定素质的"主体人"和客观的"人的活动的现实展开"是影响人的能力发挥与实现的两个重要因素，其中，"主体"包括国家、社会、组织、家庭和个人。而能力建设，实质上就是对能力人的培育和对人的能力充分正确发挥所赖以进行的条件体系的创造。① 它既是实现人的价值的一种有效方式，也是社会发展和推动社区警务建设的积极力量。

从社区警务的生态环境看，政府的能力建设不强表现在：社区政策失效，决策失误，政策监控功能弱化；社区规划不科学，缺乏战略观念和环境观念；社区基础设施建设滞后，往往出现没人、没钱、没权、没场地、没设备的尴尬局面；政府行为方式不合理，对

---

① 韩庆祥、雷鸣：《能力建设与当代中国发展》，载《中国社会科学》2005 年第 1 期。

社区建设采取"一竿子插到底"的全方位管制。① 社区组织的能力不强表现在：部分居民的社区意识比较淡薄，社区组织的资源整合能力空洞，社区部门的自治功能虚化等。②

从公安机关推行社区警务的自身情况看，虽然经过公安机关的不断努力与实践，社区警务自身的能力建设有了大幅度提高，有的已经走在了社区其他各项工作的前面，但也存在能力建设的不足和不到位的问题。主要体现在：

一是对社区警务的认识依然没有到位。这是自身能力建设的基础。虽然我国推行社区警务多年，社区划分和警力配置已基本到位，但是部分地区的公安机关或社区民警对为什么要搞社区警务，社区警务与传统警务有何区别，社区警务的核心、地位和作用是什么，都不是十分清楚，有的甚至认为社区民警与原来的"户籍民警"或"责任区民警"没有什么区别，无非是多设立了一个警务室，多挂了一块牌子，"换汤不换药"。有些地区仍然视"打击处理"是硬指标、"社区警务"为软任务，动辄分派社区民警破案或打击处理指标，或者抽调社区民警从事"中心工作"等。

二是社区民警的能力和素质亟待提高。根据社区民警的职责和任务，会收集掌握信息，会做群众工作，会办理简单案件，会调解帮教，会组织管理防范，会为群众服务是社区民警应当具备的基本功。也就是说，社区民警应当具备"专业警察"和"社区工作者"并以"社区工作者"为主的"双重"能力或素质（或综合能力、素质），与专业警察的素质相比，其要求之高，可以说是前所未有！然而，现实情况是，社区民警的综合素质不高，不会或不完全会做群众工作是不争的事实，而一些地区强调"资深"民警下基层当社区民警做组织、发动群众工作，虽然群众工作加强了，但有相当一部分却不会使用电脑，信息化或科技化水平之低，可想而知。

---

① 王瑞华：《政府在社区自组织能力建设中的作用》，载《中国行政管理》2008 年第 1 期。

② 王瑞华：《社区自组织能力建设面临的难题及其成因》，载《城市问题》2007 年第 4 期。

三是社区警务的保障能力亟待加强。警力下沉和社区民警的足额到位是开展和深化社区警务的基本保障，虽然公安机关内部对此有文件有规定有机制，但社区警务岗位的增加与警力不足的矛盾难以缓解，一些民警因个人前途而不愿意长期从事社区警务工作，以及因一些优秀社区民警被调任后产生的岗位空缺现象比较突出；而社区警务的经费保障不足且统管、统分，社区民警根据本社区的具体情况没有充分的支配权。一些兴起的群众性治安组织的立法或原有的法律法规修订滞后，使得社区民警的指导、协调、支持和帮助缺乏依据，等等。这些也是制约社区警务保障能力和工作效率与社会效果提高的重要因素。

二、我国社区警务改革与建设的理论诉求

(一) 社区警务理论阐释不全面、不系统，理解与运用有偏差

社区警务理论对社区警务工作而言，具有基础性、先导性地位和作用。尽管我国理论或警学界对社区警务的描述，表述各异，还没有形成统一的定义，但有一点是肯定的，那就是警察与社区相结合，倡导社区警民合作，动员和鼓励社区公众以多种形式参与治安防控工作，共同研究、解决社会治安问题，形成以社区为主体的预防控制网络，以有效地维护治安秩序和社会稳定，即"共同（开展）治安工作"，[①] 其本质是警务工作社会化或警务基础社会化，已经达成了基本共识。正是这样一个基本共识，在理论与实务界理解和运用时，往往发生较大的偏差，即是"警察主导的社区警务"、"社区+警务"、"在社区开展的警务"等片面认识。既然社区警务是"共同（开展）治安工作"而不是片面的"社区警察的事务"、"社区警察的工作"或"社区警察的义务"，那么从逻辑上说，就应当由社区牵头，社区民警协调、指导，社区相关主体如社区内的单位组织（企业事业单位、物业公司等）、社区治安保卫委员会及委员、社区内治安志愿者和保安人员或安防人员、社区居民等共同参与开展。然

---

① 李健和：《关于社区警务几个问题的思考》，载《中国人民公安大学学报（社会科学版）》2002 年第 1 期。

而，现实状况并非如此，在社区治安工作中，往往是动员性的参与多、自主性的参与少，手段性的参与多、目标性的参与少，从而使社区警务由社区的齐抓共管，变成了由社区民警的"一家"独揽。

而就社区警务的理论基础和自身的理论而言，随着西方国家社区警务以及我国社区警务理论的不断演绎和实践，依其时间先后顺序，在我国分别出现了"群众路线论"、"社会治安综合治理论"、"社会契约论"①、"治安需求论"②和"治理与善治论"③等不同的观点，而且差异较大。应当说，上述关于社区警务理论的表述，是学者们各自从不同角度、不同层面所作出的不同解读，都有一定的理由。但都没有全面、系统地理解和解读社区警务的理论或思想基础。其中"群众路线论"、"社会契约论"、"治安需求论"，或是从我党的群众路线角度论述，或是从西方哲学思想中警察与公众的权力义务关系来描述，或是受马斯洛需要层次理论的启发进行阐述，都有失偏颇。如前所述，中外社区警务后的理论与理论基础是不同的，各自具有各自的特色并形成了各自的社区警务风格，但如果将各自的理论与理论基础割裂开来，对它们进行排斥，或对它们避而不谈；或者在借鉴西方社区警务的理论与理论基础时，片面的强调一方面而忽视另一方面，而不是系统的理解和全面的解读，那么，在我国实施社区警务的过程中就会出现"标签时代"④、"水土不服"⑤甚至"神话可能终结"⑥等状况。

---

① 张昭端：《中外社区警务的思想基础、历史渊源和现实背景》，载《江苏公安专科学校学报》2002 年第 4 期。

② 李健和：《关于社区警务几个问题的思考》，载《中国人民公安大学学报(社会科学版)》2002 年第 1 期。

③ 朱旭东、孔繁燕：《社区警务建设新进展及其理论解读》，载《中国人民公安大学学报(社会科学版)》2008 年第 6 期。

④ 刘宏斌：《中国社区警务发展的新趋势》，载《中国人民公安大学学报(社会科学版)》2004 年第 4 期。

⑤ 覃进标：《社区警务本土化的理性反思与实现途径》，载《广西警官高等专科学校学报》2012 年第 2 期。

⑥ 王大伟：《新警察专业化论——第五次警务革命向何处去》，载《中国人民公安大学学报(社会科学版)》2012 年第 6 期。

（二）时代呼唤我国社区警务改革与建设的理论

应当说，我国实施社区警务的过程中，在研究、借鉴、吸收西方社区警务的理论、经验方面做了大量工作，也取得了较显著的成绩，这是有目共睹的。但是，也必须看到，我国的社区警务在目前的实施过程中确实遇到了前所未有的困难、挑战甚至"瓶颈"。究其原因，主要是在吸取并借鉴西方社区警务理论时忽略了其缺陷和我国社区警务理论运行或应用中的不足。为解决这些问题，急需在新的理论指导下予以逐步解决。

1. 西方社区警务理论的缺陷

西方社区警务理论的理论基础，包括社会契约论（The Social Contract）、新公共管理理论（New Public Management）、治理理论（Governance Theory）和多中心理论（Polycentrity Theory）等。这些理论基础都存在明显的缺陷。

以霍布斯、洛克和卢梭为代表人物的社会契约论，虽然已成为西方国家重要的哲学思想，构成了近现代国家政治理论的基础，但也有他的局限性。一是该理论认为主权是公意的运用，维护的是共同利益，把公意与众意、个人利益对立起来，使公意失去了众意的基础，他脱离了社会经济关系和阶级属性设定了所谓的共同意志和利益，使公意变成了抽象虚幻的、超阶级的东西，而实际上这种超越阶级的意志和利益是根本不存在的，同时也就不可能完全把握和理解主权和国家政治体的阶级性质。① 二是公意学说本身在理论基础和结论上也存在矛盾，从而在理论和现实的操作上存在困难，是行不通的。卢梭基于抽象的人性论得出人总是自私的，众意总是着眼于个人利益，而公意又总是公正的，是公共利益的体现，"永远以公共利益为依归"。② 这就使两者之间存在着明显的矛盾。三是该理论没有明确指出谁的意志代表公意，从其实现者方面带有神秘性和唯心性。卢梭认为公意要外化为法律，需要一个立法者，而这

---

① 魏允祥：《客观公正地看待"公意"学说——解读卢梭的〈社会契约论〉》，载《哈尔滨学院学报》2005年第2期。

② ［法］卢梭：《社会契约论》，商务印书馆2003年版，第35页。

个立法者应是这样的："为了发现能适合于各个民族的最好的社会规则，就需要有一种能够洞察人类的全部感情而又不受任何感情所支配的最高智慧；它与我们的人性没有任何关系，但又能认识人性的深处；它自身的幸福与我们无关，然而它又很愿意关怀我们的幸福；最后，在时世的推移里，他照顾到长远的光荣，能在这个世纪里工作，而在下个世纪里享受。"①可见，卢梭所指的这个要为人类制定法律的立法者不是现实当中的人，而是一个超于社会之上的神明。

新公共管理理论有两个相互联系的基本内涵，即市场导向的激励机制和企业导向的管理方法。尽管存在着知识形态的思想理论、政策形态的改革方案和经验形态的实践模式三种新公共管理的表现形态，② 但它们都把利用市场竞争机制和引进企业管理方法作为政府改革的关键。新公共管理理论的局限性主要在于：第一，"经济人"假设引入公共领域的局限。"经济人"假设是经济学的理论基石，公共选择理论在用经济学分析政治现象时也把"经济人"假设带到了公共领域，因而遭到"乱用'经济人'假设"的批评。问题不在于"经济人"假设是否适用于公共领域，而在于它的适用范围有多大，如何对待人的利他动机和行为。③ 第二，企业管理方法引入公共部门的局限。公共部门毫无甄别地全盘接受私营部门的理论与方法是行不通的，如政府业务活动的市场化，奥斯本就认为，其界限或范围由三个条件规定：一是市场可以提供这些产品和服务。二是这些产品和服务只能使个人或个别群体受益，而不是整个社会，即属私人产品。三是大家不关心公平或共享的问题。"如果以上这些条件同时得到满足，那么，这些活动可以置于市场之中。在这些情况下，公共部门必须对此进行规范，并促使执行各项规章制度，

---

① ［法］卢梭：《社会契约论》，商务印书馆 2003 年版，第 49~50 页。

② 鞠连和：《论新公共管理理论的价值与局限》，载《社会科学战线》2009 年第 10 期。

③ 鞠连和：《论新公共管理理论的价值与局限》，载《社会科学战线》2009 年第 10 期。

但不必为此付酬或管理。"①

治理理论，包括多中心理论（多中心理论由于被看成是治理理论的一种发展方向，是治理理论的进化与升华结果，在此一并论述——作者注），虽然包含着许多值得借鉴的理论资源和政策参考的价值，但由于治理理论本身的模糊性和治理理论在中国运用的适用性所造成的有限性，是在吸收和运用这一理论时仍需要保持谨慎。其局限性主要表现在：第一，从政治倾向上看，治理理论虽然主要是一种公共管理理论，但却具有强烈的意识形态倾向，这就决定了我们在借鉴治理理论时，必须要有所鉴别、有所选择。因为治理的理论渊源是极端自由主义，而极端自由主义在国家与社会关系上持一种强烈的反国家、反政府的态度，主张社会中心主义，尽可能地反对国家干预。第二，从经济发展来看，治理理论是对福利国家所产生的弊端的一种反动和纠正。它是从西方发达国家的经验出发，主张限制政府的职能和作用，主张协商式民主，主张权力的多主体、多中心、回应性、互动性等。第三，从文化接受性来看，治理理论的真正精神是以个人主义为基础的契约合作观念，这种精神深深地蕴藏于西方以平等、自由、权利为核心的公民文化之中。而对于处于不同文化传统的中国社会来说，如果不切实际地实施治理理论所崇尚的模式，过分地夸大治理的效用，则可能会遇到挫折，甚至破坏正在进行的现代制度建设。因此，在运用治理理论来解释和分析中国问题时，应明确意识到这一理论的适用范围，在结合中国实践的基础上，审慎地、切合实际地提出理论主张和政策建议。②

就治理理论在社区的运用而言，在中国城市社区中就遇到与西方语境中不同的情况：第一，治理理论强调的是平等主体的参与与合作。治理理论的一个前提就是各参与主体的充分发育，各主体都

---

① 戴维·奥斯本、彼得·普拉斯特里克：《摒弃官僚制：政府再造的五项战略》，谭功荣、刘霞译，中国人民大学出版社 2002 年版，第 111~112 页。

② 杨嵘均：《论治理理论在新农村建设中的境遇及其出路》，载《江苏社会科学》2010 年第 6 期。

是具有独立行为能力的个体，但中国社区本身正在发育的过程之中，各主体还未完全成长为独立的行为体。目前中国社区内虽然具有治理的一些主体要素，比如社区居民委员会、业主委员会、社区文体娱乐团队等，但这些组织在社区发展中能发挥多大的作用是一个值得探讨的问题。所以，就治理理论的社区运用而言，具有一定的理想性，它为社区的未来发展提供了一个方向。就现实社区的发展而言，重要的是如何激活各种社区资源，调动各方的积极性来参与社区建设，没有参与的社区治理不是真正的治理。第二，治理理论的一个重要出发点就是从西方发达国家的经验出发，主张限制政府的职能和作用，这对于中国现实社区的发展具有一定的借鉴意义，但在一定程度上不符合社区发展的实际。我们强调政府职能的转变，但在社会发育不成熟的情况下，政府对社会的引领、指导和扶持是极其必要的。特别是对快速发展的大都市而言，城市基层社会的发展不可能再走自我发育的路径，政府的扶持具有重要意义和价值。所以，将治理理论运用于社区既有其价值，也存在局限性，需要在发展中不断完善。①

2. 我国社区警务理论运行或运用中的不足

作为我国社区警务理论的社会治安综合治理，经过二十多年来的实践和发展，在维护社会治安、保持社会稳定方面发挥着重要的作用，取得了很大的成绩，但也存在着一些问题与不足。

社会治安综合治理，虽然各部门、各单位都强调社会治安综合治理，并纳入到了各部门、各单位的年终评比和考核，实行了"一票否决制"，但就整体运行而言，还存在着如下问题：

第一，认识上配合有余而指导不足。一是对社会治安综合治理的定位，有人(或学者)将其定性为我国的总刑事政策，② 有人(或

_____

① 吴志华、翟桂萍、汪丹：《大都市社区治理研究》，复旦大学出版社2008年版，第158~159页。

② 侯宏林：《刑事政策的价值分析》，中国政法大学出版社2005年版，第240页；肖扬主编：《中国刑事政策和策略问题》，法律出版社1996年版，第115页。

学者)将其定性为基本刑事政策①,也有人(或学者)将其定性为我国预防犯罪的基本模式②等,上述观点,无论是理论界还是在实践中还相当普遍,往往忽视了社会治安综合治理是我国解决社会治安问题的总政策、总方针,并应当在理论上统领其他刑事政策和我国预防犯罪政策,在实践中发挥着纲领性的指导作用。二是在实践中,社会治安综合治理却在起着配合其他基本刑事政策或者具体刑事政策的作用,而不是指导。我国的综合治理"经常把对某种具体犯罪的打击纳入社会治安综合治理工作范围中,如把打击传销、涉电犯罪、赌博活动等纳入社会治安综合治理工作范围。这样使得社会治安综合治理就处在一个配角的地位上,起不到它应有的指导作用"③。

第二,决策上集中有余而民主不足。公共政策决策的科学化与民主化是现代社会的一项普遍政治原则和社会行为准则,也是中国社会公共管理发展的归宿。公共决策科学化问题从来都是与公共决策民主化问题密切相关的,科学化的程度与民主化的程度直接相关。只有民主的决策才能带来更多的科学因素,只有决策民主化才能使科学更好地为决策服务。民主化是实现科学化的途径和制度保证,实现决策民主化是实现科学化的先决条件。在社会治安综合治理实践中,中央综合治理委员会每年都会公布其工作要点,这些要点的确立,不仅公众难以知晓其确定的依据,即使是知名专家学者的声音也难以传递到决策层,往往体现的是领导人的意志,这也使得决策缺乏系统性、协调性,往往头痛医头、脚痛医脚。

第三,理念上权力有余而权利不足。社会治安综合治理工作的主导思维方式应当是权利思维,而不是权力思维。但由于我国传统社会是一个历史悠久的一元化社会,而一元化社会本质上就是政治

---

① 王牧:《新犯罪学》,高等教育出版社 2005 年版,第 394 页;卢建平:《刑事政策学》,中国人民大学出版社 2007 年版,第 374 页。

② 许章润:《犯罪学》,法律出版社 2004 年版,第 296 页。

③ 辛科:《社会治安综合治理:问题与对策》,载《中国政法大学学报》2011 年第 3 期。

社会，因此权力思维一直是我国社会治安工作的主导思维方式。"古代治安以政治稳定为主旨，因此，无论是倡导德主刑辅的儒家还是崇尚严刑峻罚的法家，都视民众为治安对象而非治安主体，这显然是一种权力思维；现代治安以社会稳定为主旨，以权利思维的观点，公民既是治安的对象，更是治安的主体。"①从社会治安综合治理方针形成的过程看，治理治安的环节从打击、预防和改造三个环节再发展到后来的六个环节，就不仅仅是环节数量的变化，它表明了人们对治安主体认识的深化。然而，在我国社会治安综合治理的决策层、领导层、管理层乃至执行层，长期以来受刑法理论的影响，在潜意识或不经意中甚至在相关文件中，往往把人民群众作为刑罚一般预防的对象，而忽视了人民好得多的责任感和遵纪守法的自觉性。

第四，措施上治标有余而治本不足。社会治安综合治理的措施，依据1991年中共中央、国务院《关于加强社会治安综合治理的决定》和第七届全国人大常委会第十八次会议通过的《关于加强社会治安综合治理的决定》(以下简称《两个决定》)，有打击、防范、教育、管理、建设、改造六个方面。至2001年，中共中央、国务院《关于进一步加强社会治安综合治理的意见》则提出"打防结合、预防为主"的方针，将措施归纳为两个环节：打击和预防。在这些措施中，打击是着眼于既发犯罪的，属于治标之策；防范、教育、管理、建设、改造是预防环节的措施，是着眼于未然之罪，属于治本之策。然而矛盾的是，《两个决定》一方面确立了社会治安综合治理的方针是"打击和防范并举，治标和治本兼顾，重在治本"，但它同时又强调打击是社会治安综合治理的首要环节，这样无论是在政策文件中还是在政策实施中，综合治理的重心都在于打击犯罪，一提打击，往往雷厉风行，立竿见影；而对于预防，则基本流于形式或空谈，倡导有余，落实不到位，强制不足。因而，在实际中出现了"打击是硬指标，预防是软任务"的现象。

---

① 辛科：《社会治安综合治理：问题与对策》，载《中国政法大学学报》2011年第3期。

116

第五，依据上政策性过强而法制化不足。当前社会治安综合治理的主要法律依据是全国人大常委会通过《关于加强社会治安综合治理的决定》，而大量是政策性和经验性的，正如有学者指出，"社会治安综合治理的依据主要有两个特点：一是政策性、纲领性的文件较多"。"二是各地经验性、尝试性的工作体会较多"。① 由于各项政策性规定既没有给参与综合治理的各类主体具体、明确的授权，又没有明确其法律责任，因而实施中遇到的大量问题要靠各级政府、各部门、各单位通过对文件的理解自行处理，有相当大的随意性。同时，由于纲领性文件没有法律明确设定的模式，很难在符合政府组织法及依法管理的有关原则下建立起机构、职能、权力、责任明确的综合治理实施体制，而没有这套体制的正常运行与保障，纲领性文件的实施就只能依靠领导者对它的重视程度。缺乏具体法制与法治支撑的社会治安综合治理，其运行的实际效果，往往大打折扣。

具体到社区社会治安综合治理，因实践中各地对社区社会治安综合治理采取了不同做法，由此引发许多问题：

一是认识出现误区。主要表现对社区社会治安综合治理工作主体认识模糊的问题。由于社区长期以来重经济建设轻社会建设，造成绝大多数社区认为，社区社会治安综合治理只是公安等少数直接负有维护社会管理秩序职能部门的职责，大多数部门和大多数工作人员与治安综合治理工作关系不大，缺乏齐抓共管的自觉性和主动性，甚至将本部门、系统职责范围内出现的社区社会治安管理问题推向社区，推卸责任。

二是运行机制不完善。"分级负责，属地管理，谁主管谁负责"等原则没有在工作体制和机制中得到完全落实和充分体现，"责、权、利"的主体责任落实不到位；社会矛盾纠纷化解工作方面，各种调解手段还缺乏有效衔接；社区社会治安管理情报信息预警机制滞后于实战需要，造成有些工作被动；应急管理方面，各监

---

① 辛科：《社会治安综合治理：问题与对策》，载《中国政法大学学报》2011 年第 3 期。

测预警系统设置的监督点还比较少、现代化水平较低等。

三是社区社会治安自我管理制度不完善。主要表现在：缺乏社区资金保障导致社区治安管理工作运行困难；自我管理制度缺乏，社区居民的"主人翁"意识淡薄，参与社区事务程度不高，难以推进社区治安的治理；社区职业化制度缺失，社区治安综合治理工作队伍尚未建立，社区治安综合治理工作的职业化、专业化程度还很低。①

面对西方国家社区警务发展过程给我们的启示，面临我国不可逆转的警务战略选择的社区警务在经过 20 多年发展后的实践与理论上的诉求，如何破解这一战略选择在我国实施过程中的困局，进一步推动这一战略选择向前发展，已成为当前及今后一个时期必须解决的问题。然而，2013 年党的十八届三中全会，回应了全党全国各族人民的期待，作出了全面深化改革的总部署，发出了全面深化改革的总动员，明确了全面深化改革的目标、路径、原则和要求，通过了全面深化改革的纲领性文件《中共中央关于全面深化改革若干重大问题的决定》，指出了"全面深化改革的总目标是完善和发展中国特色社会主义制度，推进国家治理体系和治理能力现代化"，提出了"创新社会治理，必须着眼于维护最广大人民根本利益，最大限度增加和谐因素，增强社会发展活力，提高社会治理水平"的总要求。

第三节　新时期我国社区警务改革
与建设的基本思路

20 世纪 90 年代进入中国并已成为当代中国不可逆转的警务战略选择的社区警务，在推进我国公安机关警务机制改革，维护我国社会治安秩序和社会稳定取得重大成就之后，目前却遇到了前所未有的挑战或困境，走到了一个十分关键的路口。理论和实务界许多

---

① 王辉：《试析当前社区社会治安综合治理存在的问题及对策》，载《法制与社会》2012 年第 4 期。

同仁，对在中国继续推行社区警务还是转向"警察的专业化"（或"新警察的专业化"）提出或出现了疑虑。①

一、坚持我国警务道路的"理论自信"、"道路自信"

无论是从国外警务革命的发展过程来看，还是从中国的警务实践来看，良好的警务模式或警务工作应当是"警察的专业化"（或称专业警察）与"社区警务"的完美结合。国外的第一次警务革命以改变传统"守夜人"角色并以英国《伦敦大都市警察法》（1829 年）专职警察诞生为标志，第二次警务革命以美国的警察专业化为标志，第三次警务革命以欧美各国的警察现代化为标志，第四次警务革命以欧美各国推行社区警务为标志，目前又出现了第五次警务革命"新警察专业化"之说。可以说，西方警务革命一直在"警察的专业化"与"社区警务"之间"摇摆"，只不过"专业化"随着时代的不同，注入了新的"现代化"内容。而我国的警务由过去的警察履行"打击犯罪"、"惩治犯罪"职能，过渡到"社会治安综合治理"（打防并举，标本兼治，重在治本），再到当前的"警察的专业化"与"社区警务"的结合，这是一条已经被实践和现实所证明了适合我国国情和具有中国特色的警务模式或警务道路。这也是"理论自信"、"道路自信"和"制度自信"在我国警务理论与实践中的具体体现。只有这样的认识和自信，我国的警务理论才能海纳百川、继承我国的优良传统并形成自己特色，才能再次避免出现"出口转内销"的局面。

目前我国在推行社区警务战略时，尽管遇到了这样和那样困难，有的还是一些带有基本或根本上的问题，但这些问题都是社区警务和社会发展和前进中的问题。只有通过不断改革和创新，才能不断完善和发展。而 2013 年党的十八届三中全会通过的《中共中央

---

① 王大伟认为，2011 年，美国人魁斯佛·斯顿提出了"警务改革新专业化"——第五次警务革命，并认为"新警察专业化"有四个要素：承担责任性；有效执法性；改革创新性；改革整体性。参见王大伟：《新警察专业化论——第五次警务革命向何处去》，载《中国人民公安大学学报（社会科学版）》2012 年第 6 期。

关于全面深化改革若干重大问题的决定》，为我国新时期社区警务的改革与建设提供了新机遇。

《中共中央关于全面深化改革若干重大问题的决定》首次提出了"社会治理"和"社会治理创新"。从管理到治理的转变是我国社会管理模式一次新的探索与挑战，一次有益的尝试与变革。从管理到治理，虽然仅仅是言辞微变，却不啻于一场思想革命、一次国家实验和一个伟大尝试。①

社会治理创新是我们党在新时期治国理政理念升华后对社会建设提出的基本要求。它与社会管理创新具有显明的不同。社会管理创新，是指围绕实现社会管理新目标、新任务，运用现有的各种资源和力量，以先进的社会管理理念、方法、手段、体制、机制等，对陈旧、落后、不合时宜的管理模式、方式、方法进行改造、改进、改革，构建适应形势变化的社会管理框架、机制和制度的行为及过程②，具体包括更新社会管理理念、完善社会管理体制和创新社会管理方法三个方面的内容。③ 因此，2013 年党的十八届三中全会通过的《中共中央关于全面深化改革若干重大问题的决定》，为我国新时期社区警务的改革与建设指明了方向，并必将破社区警务这一战略选择在我国实施过程中的困局，进一步推动这一战略选择向前发展。

二、我国社区警务的改革与建设的主要思路

我国社区警务的改革与建设作为国家全面深化改革的重要内容和组成部分，必须依据国家全面深化改革的总目标、总要求，以马克思主义原理为理论基础的前提下，以"社会治理创新"为指导，以"社会治安综合治理论"为方针，本着"立足和依靠社区，警民协

---

① 江必新：《推进国家治理体系和治理能力现代化》，载《光明日报》2013 年 11 月 15 日第 1 版。
② 邓伟志：《创新社会管理体制》，上海社会科学院出版社 2008 年版，第 22 页。.
③ 徐顽强：《社会管理创新——理论与实践》，科学出版社 2012 年版，第 33~38 页。

同，共同开展治安工作"的基本要求，紧密结合我国社区治理与社会建设，不断更新社区警务理念，完善社区警务体制机制，创新社区警务的方式或方法，通过顶层设计、中层部署、基层落实与保障，以构建适应社会建设或社区管理变化发展趋势的社区警务框架、机制和制度。因此，我国社区警务的改革与建设必须坚持或遵循以下基本原则和主要思路：

(一)我国社区警务改革与建设的基本原则

一是适应性原则。社区警务作为社区建设或社区治理的重要组成部分，其改革与建设的目标、思路、措施乃至警力配备、装备配置等，一方面必须与我国社会治理与社会建设的发展趋势以及总目标、总要求相适应，另一方面也必须与各地具体的社区建设或社区治理的思路、目标、内容、管理体制与运行机制相适应。这样，社区警务的改革与建设，就不会脱离实际而成为时代的"标签"。

二是整合性原则。"共同(开展)治安工作"是社区警务的最根本的特征或基本要义，社区警务的改革与建设就必须整合社区的各种治安力量，包括社区民警和社区其他各种社会治安组织以及社区居民个体，制定整体规划，明确各自的治安职能定位和职责要求，整合功能，形成整体联动，构建社区警务与社区治理工作"一体化"工作体制与机制，实现维护社会或社区治安秩序的整体效益。

三是渐进性原则。任何改革与发展都是循序渐进的，不可能一蹴而就，社区警务的改革和发展也不例外。何况，不仅我国社区和社会的发育由不十分成熟或完善到成熟或完善，需要一个过程或时间，而且我国社区建设、社区治理和社区警务建设也是在不断的探索或试验之中。因此，只有循序渐进，社区警务的改革和发展才会积极稳妥，才有成效而不至于走"弯路"，才会真正走一条具有中国特色的社区警务的建设与发展之路。

(二)深化我国社区警务改革与建设的主要思路

1. 以"社会治理创新理论"为指导，更新警务理念

社区警务的改革与建设，不仅要以"社会治安综合治理"方针为指南，更要以"社会治理创新理论"为指导。社会治理理论是我国在吸取了 21 世纪国际社会科学的前沿理论——治理与善治理论

的基础上形成社会治理和建设的重要理论。基本质是对公共生活由政府和公民合作管理，并实现国家与公民社会的良性互动。在当前社会主义市场经济与民主政治条件下，和谐社会实质上就是基于社会公平与善治基础上的社会。治理与善治理论不仅对于构建社会主义和谐社区具有重要的指导意义，而且公安机关加强社区警务改革与建设，就是追求善治的过程。① 因此，治理与善治理论所阐明的一些深层理念：以人为本的理念，良性互动理念、共赢互利的理念，增促社会进步、减缩社会代价的理念等，② 不仅使我们科学地理解科学发展观与和谐社会的要旨，使我们的社会建设和社会治理健康发展，而且通过应用到社区警务的改革与建设当中，使我们能更好地深层次的把握加强社区警务改革与建设的实质。

2. 拓宽社区警务自治空间与资源，强化自治组织建设

扩大社区自治空间和拓展社区自治资源是我国社区建设和深化社区警务改革与建设的前提。因此，各级党委和政府，特别是公安机关，一方面通过制定扩大社区民主职能，建立健全社区保障体系，提高社区的救助功能，开展各级各类文化培训活动提升社区的教育功能等，建立物质性保障机制，充分调动社区内机关、团体、企业事业单位等一切社会力量，广泛参与社区建设，进一步强化社区治理的实体角色，最大限度地扩大社区的自治空间，培养社区的自治能力，最大限度地实现社区资源的共有、共享，营造共驻社区、共建设社区的良好氛围。另一方面，通过强化社区自治组织包括具有民间性、自治性、志愿性以及非营利性为特征社区治安保卫委员会、志愿者组织、保安服务公司、行业协会等非政府组织和民间团体的建设，培养信任的框架，拓展社会成员自发交往空间，养成团结、认同、友爱的社区意识，推动合作关键机制，以实现"熟人社区"对非法行为的自然监视和抑制能力，从深层次上推动社区

---

① 朱旭东、孔繁燕：《社区警务建设新进展及其理论解读》，载《中国人民公安大学学报(社会科学版)》2008 年第 6 期。

② 郑杭生：《社会学视野中的社会建设与社会管理》，载《中国人民大学学报》2006 年第 2 期。

建设和社区警务改革与发展。

3. 厘清社区警务主体职责，动员社会分担

各级党委和政府，特别是公安机关，要尽快厘清社区警务各类治安主体(包括治安志愿组织、保安服务组织、自治性治安防范组织以及居民个人等)的社会治安事务(治安防范)职能(责)，理顺公安派出所与街道办事处(或乡镇政府)的组织关系以及维护社会治安的职能定位、社区民警的工作职责要求、社区治安防范与管理的机构(组织)设置与职责、社区自治组织和中介组织维护社会治安的职责与协同义务、公众参与社区治安防范与管理的责任与方式，动员社会分担社区治安事务，并进行前瞻性制度设计，采取立法确认、政策引导和制度落实等相应的措施，切实改变我国社警务多元主体存在的职能与管理出现缺位和空位，活动与权益保障不力，无法发挥治安防范灵活多变、拾遗补缺的作用等问题，形成共同维护社区治安的合力，以推动我国社区警务和社会治安防控体系的建设与发展。

4. 完善社区警务体制机制，主动融入社区

各级党委和政府要积极主导、公安机关积极推动社区警务的"顶层设计"，切实改变或消除公安机关社区警务与社区治理社区事务"二条线"的体制障碍，建立和完善实施社区警务过程中社区治安"一体化"管理体制，在经费保障、职责定位、组织协同以及管理体制等方面，积极构建公安机关(包括社区民警)与社区治理、社区组织或居民个人之间的表达与反应机制、协调(参与)与兼顾机制、共享与保障机制、共识和责任机制，整合治安资源，加强相关立法和法律法规的修订，使公安机关的社区警务真正的融入社区，并形成多元治安主体，改"一家独揽"为"多头并举"，真正实现公安机关(包括社区民警)与社区治理、社区组织或居民个人之间为维护社区或社会治安秩序的良性互动。

5. 强化社区警务能力建设，适应发展需要

强化社区警务能力建设，首先要提高社区警务环境——政府及社区治理组织和社区自治组织的社区能力建设，这是强化社区警务能力建设的前提条件之一；其次，要提高公安机关社区警务的自身

能力建设。一方面，公安机关自身要承担。在社区警务实践活动中，要充分发挥我国公安机关专门机关与群众路线相结合的优良传统，加强社区警务理论和理念教育，在公安机关上下形成"立足社区，警民协作，共同开展治安工作"的共识，真正明确社区警务"干什么"和"怎么干"，并通过加强培训和教育，特别是信息化或科技化水平的培训和教育，不断提高社区民警的综合能力和素质。同时，从政治、业务、经费和待遇方面加强激励机制建设，使社区民警真正能"愿意沉"、"沉得下"、"留得住"。另一方面，公安政法院校也要有所承担。从社区民警的基本素质和能力来看，社区民警应当属于"应用型、复合型"的人才，其素质和能力要求相当高。因此，在公安政法高校的人才培养上可考虑在治安学专业中开办"社区警务方向"，以满足我国社区警务实践的发展需要。①

三、我国社区警务改革与建设的实现路径

实现或完成我国社区警务改革与建设，有赖于选择正确的路径或方法，有赖于坚持正确的方向、统筹协调各方面各要素，努力探索精细化数字化治理，创造性地开展工作。

(一)加强领导

社区警务改革与建设要考虑主体多方参与，也要考虑发挥党委政府的领导和引导作用，发挥各级党委在社区警务改革与建设中总揽全局、协调各方的领导核心作用，强化政府的社会治理和公共服务职能，引导鼓励支持社会各方积极有效地参与社区警务改革与建设，形成推动社会发展充满活力、保障社会安定有序的合力。党的十八届三中全会强调要加强和改善党对全面深化改革的领导，因此，党的领导是推进社区警务改革与建设体制创新取得实效的政治和组织保障。要进一步加强高素质干部队伍建设，努力提高党领导和推动改革的能力，为创新社区警务改革与建设体制、增强社区警务改革与建设能力、维护社会大局和谐稳定，创造良好法律、政

---

① 王彩元、刘力鞁：《深化社区警务改革与建设思考》，载《中国人民公安大学学报(社会科学版)》2013年第5期。

策、社会、网络和舆论环境，确保社区警务改革与建设始终保持正确的方向。要进一步加强社区警务改革与建设制度建设，适应时代变化，既改革不适应社区警务实践发展要求的体制机制、法律法规，又不断构建新的体制机制、法律法规，使各方面制度更加科学、更加完善，实现社区警务改革与建设制度化、规范化、程序化。要进一步加强社区警务改革与建设能力建设，增强按制度办事、依法办事意识，善于运用制度和法律治理社区警务改革与建设，把各方面制度优势转化为社区警务改革与建设效能，提高党科学执政、民主执政、依法执政水平。要进一步加强纪律作风建设，特别是在作风上进一步健全完善制度，从源头上预防和治理"四风"，反对形式主义、官僚主义、享乐主义和奢靡之风，进一步加强社区警务改革与建设机制创新和制度保障，保持党的先进性和纯洁性，健全民主监督、法律监督和舆论监督机制，更好地发挥监督作用，为社区警务改革与建设稳步有序推进提供坚强的组织保障。

（二）依靠人民

社区警务改革与建设必须依靠人民。人民是历史的创造者，是社区警务改革与建设的力量源泉。改革开放之所以得到广大人民群众衷心拥护和积极参与，最根本的原因在于改革开放事业深深扎根于人民群众之中。十八届三中全会决定归纳了改革开放积累的宝贵经验，其中很重要的一条就是强调必须坚持以人为本，尊重人民主体地位，发挥群众首创精神，紧紧依靠人民推动改革。没有人民支持和参与，任何改革、任何事业都不可能取得成功。无论遇到任何困难和挑战，只要有人民支持和参与，就没有克服不了的困难，就没有越不过的坎。推进社区警务改革与建设体制创新，就要贯彻党的群众路线，与人民心心相印、与人民同甘共苦、与人民团结奋斗；要站在人民立场上把握和处理好涉及社区警务改革与建设的重大问题，要从人民利益出发谋划社区警务改革与建设的思路、制定社区警务改革与建设的举措。在推进社区警务改革与建设进程中，遇到关系复杂、难以权衡的利益问题，要认真考虑群众实际情况究竟怎样？群众到底在期待什么？群众利益如何保障？群众是否满意？提高社区警务改革与建设决策的科学性，特别重要的一条就是要广泛听取群众意见和建议，及时总结群众创造的新鲜经验，充分调动群众推进改革的积极性、主动性、创造性，把最广大人民智慧和力量凝聚到社区警务改革与建设体制创新上来，和人民群众一起把社区警务改革与建设体系向前进。

（三）注重统筹

加强统筹协调不仅是重要的思想方法，而且是重要的工作方法。社区警务改革与建设必须注重改革与建设的系统性、整体性、协同性。首先，要注重社区警务改革与建设要素之间的协调，把社区警务改革与建设置于加快发展社会主义市场经济、民主政治、先进文化、和谐社会、生态文明的统一进程中统筹考虑、协同推进。其次，要注重社区警务改革与建设之间的协调，要深刻理解改革与建设之间的辩证关系，注重社区警务改革与建设自身的系统完备性、科学规范性和运行有效性，以社区警务改革与建设的内在要求提升治理能力，以治理能力的提高促进社区警务改革与建设的完善。再次，要注重社区警务改革与建设内部诸要素之间的协调，要特别注重顶层设计，清晰明确社区警务改革与建设科学的、具体的内涵，清晰明确其重点和关键环节，分阶段制定社区警务改革与建设体制改革的路线图和任务表，站在国家和民族根本利益的高度，超越部门和地区利益，进行全局性的统筹规划。

（四）科学治理

社区警务改革与建设，重要的就是结合现状，找准关键问题、薄弱环节，分阶段进行，每阶段性完成一个体系，便实施运转、完善一个体系，并牵动修改相关体系，实现科学化、精细化的治理功能、效果、作用。科学化的表现之一是精细化。精细化治理是社会分工的精细化和社区建设精细化对社区警务改革与建设的必然要求，是建立在常规治理的基础上，并将常规治理引向深入的治理模式，是一种以最大限度地减少治理所占用的资源和降低治理成本为主要目标的治理方式，其本质意义在于通过运用包括科技手段在内的多种手段对治理的战略和目标分解细化和落实。如果说民主与法治是社区警务改革与建设的基本路径，是推进社区警务改革与建设发展的理念和价值基础，现代治理方法和科技手段就是社区警务改革与建设的理论和技术支撑。"社区治理要借助现代治理科学和科技方法，建立完善具体的制度体系、规则体系和法律体系。"[①]要注意综合运用管理科学、经济科学、社会科学的方法，运用跨界思维和理念，构建推进社区警务改革与建设的现代化模型，充分运用大数据和互联网、计算机技术，对社区警务改革与建设的构成要素、实现目标、关键环节、考核反馈等进行精细化、数字化、科学化分析、预测与研究，不断提升社区警务改革与建设的能力与水平。

（五）强化立法

提高社区警务改革与建设水平，必须要强化并完善解决社会矛盾和冲突的法治机制，使法治成为解决社会矛盾和社会冲突可靠的长效制度化手段。社区警务改革与建设，要学会运用法治的思维和理念治理社会事务，应当学会用法治的方法处理社会问题。近年来，尽管我国社区警务改革与建设取得了一些成就，但是由于社区警务改革与建设涉及的领域宽泛、任务繁重，加之新问题层出不穷，对有关法律法规的需求必然迅速扩大，有关社区警务改革与建设的法制建设还显得比较滞后，一些领域还存在着一定的法律空白。如，在对治安社会防范组织的管理上目前我国还没有一部专门的法律，又如社区警务各职能主体的职责、任务如何规范，它们之间的运行机制如何保障等，都缺乏位阶较高、效力较强的法律规范。这就要求进一步加大社区警务改革与建设领域的立法力度，深入实际开展调查研究，有针对性地提出立法建议，努力推动有关法律法规的出台。

（六）强化制度

改革开放以来，我们党以全新的角度思考社会治理体系问题和社区警务改革与建设中出现的问题，强调领导与组织制度问题更带有根本性、全局性、稳定性和长期性。制度是社区警务改革与建设的重要保障。建立程序规范、内容全面、措施适用的制度，用制度建设来保障社区警务改革与建设的顺利推进，是社区警务改革与建

---

① 麻宝斌、任晓春：《从社会管理到社会治理》，载《学习与探索》2011年第3期。

设走上科学化、规范化的必然选择。社区警务改革与建设的制度安排，是克服社区警务改革与建设进程中人为因素造成的有违公平正义的现象，保证人民平等参与、平等发展权利的重要保证。加强社区警务改革与建设制度建设应当进一步深化对制度功能的认识，不断加大推进工作力度，努力实现制度在更高层面的系统整合，发挥制度的整体功效，着力构建科学的社区警务改革与建设制度体系。促进社会公平正义、增进人民福祉是检验社区警务改革与建设制度建设的一面镜子。要审视我们社区警务改革与建设各方面体制机制和政策规定，哪里有不符合促进社区警务改革与建设体制和现代化的问题，哪里就需要社区警务的改革与创新；哪个领域哪个环节问题突出，哪个领域哪个环节就是社区警务的改革与创新的重点。对由于社区警务改革与建设制度安排不健全造成的有违公平正义的问题要抓紧解决，使我们的制度安排更好体现社会主义公平正义原则，更加有利于实现好、维护好、发展好广大人民的根本利益。我们要用更完备、更稳定、更管用的制度体系，推动改革的联运集成，在社区警务改革与建设和现代化上形成总体效应，取得总体效果。

（七）注重研究

社区警务改革与建设是一项政治性、政策性和专业性都很强的工作，需要对社区警务改革与建设的基本理论、实践经验和发展规律，从理论和实践的层面上进行总结、梳理、创新与探索。目前，要加强对以下理论与实践问题的研究：我国历史上有关社区警务改革与建设的理论，其他国家关于社区警务改革与建设的理论，虚拟社区警务改革与建设的理论与实践，社区警务改革与建设体系与格局，社区警务改革与建设能力构成要素，社区警务改革与建设的内涵、外延、特点和规律，社区警务改革与建设法律法规和政策等。此外还要适应动态化、信息化社会发展的新特点、新规律和社区警务改革与建设的新要求，加大对各级领导干部的社区警务改革与建设理论、实践和知识的教育培训力度，引导他们更快地树立先进的理念和意识，掌握先进的技术和手段，认真系统总结近年来各地在创新社区警务体制方面的实践经验，在此基础上加快建立和完善适应社会主义市场经济体制要求的新的社区警务改革与建设体制。着眼于政府、社会、公众三个维度的源头治理、动态协调、应急处置，探索科学合理、相互衔接的治理办法，把实践中成功的经验做法制度化。树立全球视野和世界眼光，在准确把握我国国情和政治制度的基础上，学习、吸取和借鉴其他国家社区警务改革与建设方面的有益经验和方法，不断提升社区警务改革与建设的能力和水平。

第四章 我国社区警务改革与建设的
理论基础与运用分析

从我国社区警务改革与建设的缘由不难看出，我国社区警务改革与建设目前尽管存在着这样或那样的问题，但最主要的问题是支撑中国社区警务建设的"平台"缺失。要建设好社区警务的支撑"平台"，依据马克思主义原理，涉及我国社区警务改革与建设的理论基础，主要有社会治理创新理论、基层民主理论和社会资本理论。

第一节 社会治理创新理论与运用

社会治理创新理论是基于西方的治理理论而提出的，它不仅是社区治理或社区建设研究最直接、最主要的理论基础，也是我国社区警务改革与建设最直接、最主要的理论基础。社区治理或建设以及社区警务改革与建设的实践也正是在社会治理创新理论的理念指导下展开的。

一、社会治理创新理论的基本内容

(一)治理理论

"治理"对应的英文词语是"governance"。作为一个日常词汇，"governance"在英语国家的使用已经有数百年的历史。英语中的"治理"一词，原意主要指控制、指导或操纵。长期以来，"治理"一词与"统治"（government）一词交叉使用，并且主要用于与国家的公共事务相关的管理活动和政治活动中。但是，自从 20 世纪 90 年代以来，随着西方国家推崇的市场经济和福利国家政策相继失灵，人们对发展"第三条道路"的治理思想寄予了深切的期望，西方政治学家和经济学家赋予治理以新的含义，它不只局限于政治学领域，还被广泛应用于社会经济领域。

作为治理理论的创始人之一的美国学者詹姆斯·N. 罗西瑙（James·N·Rosenau）在其代表作《没有政府的治理》一书中把"治理"界定为：一系列活动领域的管理机制，它们虽未得到正式授权，却能发挥作用。治理，不等同于统治，指一种由共同目标支持的活动，这些活动的主体不一定是政府，也并不完全靠国家的强制力来实现治理的目标。① 英国学者格里·斯托克（Gerry Stoker）对有关治理的各种观点进行了梳理与整合，在《作为理论的治理：五个论点》一文中将各国学者的关于治理的观点归纳为五个方面：治理主体不完全是政府这个主体，还包括其他社会主体；治理的目的是解决一些经济问题、社会问题等，但治理主体职责界定不清；治理主体彼此间存在着权力的依赖；治理主体间构筑成一个自组织网络；治理的手段和方法不再局限政府的权力等，还存在其他的方法和技术。② 全球治理委员会在 1995 年《我们的全球伙伴关系》中对治理概念的界定较有权威：治理是各种机构或个人管理其共同事务多方面的总和，调解不同利益主体并相互合作实现目标的持续过程。既包括迫使人们服从的正式制度和规则，也包括各种人们为实现共同目标而达成的非正式的制度。其特征是：治理不是一整套固定的规则，也不是一种活动，而是相互协调的过程；治理过程不是建立在控制之上，而是协调；治理不仅涉及公共部门，也包括私人部门；治理不是一种政治制度，而是持续的互动。③

从上述各种关于治理的定义中可以看到，治理理论者们发现，政府并不完全垄断一切合法的权力，承担维持秩序、调节经济和协调社会发展职能的，既有政府组织，也有社会组织等其他的治理主

---

① [美]詹姆斯·N. 罗西瑙：《没有政府的治理》，江西人民出版社2001 年版，第 4~5 页。

② [英]格里·斯托克：《作为理论的治理：五个论点》，载《国际社会科学杂志》1999 年第 1 期。

③ 俞可平：《全球化：全球治理》，社会科学文献出版社 2003 年版，第9 页。

体。它们一起构成了国家的和国际的某种政治、经济和社会调节形式；这些主体相互依存，以共同的价值观为指导，以达成共同立场为目标进行协商和谈判，通过合作的形式来解决各个层次上的冲突问题。西方学者之所以提出治理概念，主张"善治"，即用良好的治理替代统治，是他们在社会资源的配置中既看到了市场的失效，又看到了国家的失效。正是鉴于国家的失效和市场的失效，愈来愈多的人热衷于倡导培育新的公共行政主体，以协同治理对付市场或国家协调的失败，更好地适应现代社会的发展，顺应社会的潮流和民众的需求。

善治就是使公共利益最大化的社会管理过程。善治的本质特征是政府与公民对公共生活的合作管理，是政治国家与公民社会的一种新颖关系，是两者的最佳状态。善治的基本要素包括合法性、法治、透明性、责任性、回应性、参与、有效、稳定、廉洁、公正等。① 善治的根本在于国家的权力向社会回归，善治的过程就是一个还政于民的过程，就是一个实现政府与社会良性互动与合作的过程。

(二)社会治理创新理论

近年来，针对当前我国社会发展的新形势，在"科学发展观"的指导下，中共中央和我国政府在加强社会建设上经历了从"社会管理创新"到"社会治理创新"的认识过程。

党的十六大以来，加强和创新社会管理日益成为执政之要。2004年6月，党的十六届四中全会，正式提出"社会管理创新"；2007年党的十七大报告提出要"建立健全党委领导、政府负责、社会协同、公众参与的社会管理格局"；在2009年底举行的全国政法工作电视电话会议，强调深入推进"社会矛盾化解、社会管理创新、公正廉洁执法"三项重点工作；2010年3月，温家宝总理在《政府工作报告》中指出，要适应新形势，推进社会管理体制改革和创新，合理调节社会利益关系；2011年2月19日，胡锦涛总书

---

① 俞可平：《中国公民社会的兴起及其对治理的变迁》，社会科学文献出版社2002年版，第12页。

记在省部级主要领导干部社会管理及其创新专题研讨班发表的讲话中强调，要"扎扎实实提高社会管理科学化水平，建设中国特色社会主义社会管理体系"；2011 年 3 月，"社会管理创新"一词首次以重要篇幅写入《政府工作报告》，并在国家"十二五"规划纲要中单独成篇；2011 年 7 月出台的《中共中央国务院关于加强社会创新管理的意见》是我国第一份关于社会管理创新的正式文件；2012 年党的十八大报告提出"在改善民生和创新管理中加强社会建设"，"要加快推进社会体制改革，围绕构建中国特色社会主义社会管理体系，加快形成党委领导、政府负责、社会协同、公众参与、法治保障的社会管理体制，加快形成政府主导、覆盖城乡、可持续的基本公共服务体系，加快形成政社分开、权责明确、依法自治的现代社会组织体制，加快形成源头治理、动态管理、应急处置相结合的社会管理机制"；2013 年党的十八届三中全会，在《中共中央关于全面深化改革若干重大问题的决定》中明确提出，要"加强党委领导，发挥政府主导作用，鼓励和支持社会各方面参与，实现政府治理和社会自我调节、居民自治良性互动"，而"创新社会治理，必须着眼于维护最广大人民根本利益，最大限度增加和谐因素，增强社会发展活力，提高社会治理水平"。这是中央文件首次提出"社会治理"，既与"完善和发展中国特色社会主义制度，推进国家治理体系和治理能力现代化"的全面深化改革总目标相呼应，又顺应了新时期我国经济转轨、社会转型的形势要求和人民群众的新期待。

　　社会治理不仅意味着管理者本身需要自我治理与完善，还包含了更深、更全面的含义，即：政府要通过行使管理权，真正转变职能，提供优质服务，让人民群众受益获利。相对于社会管理而言，社会治理是一种优化、良性、多元、多角度、高层次的管理。社会治理有以下五个基本理念，体现为五个转变：①

　　一是治理主体由单一转变为多元。政府组织、社会组织、事业单位和社区组织都是合法权力来源，社会治理注重发挥多元社会主

---

　　① 《中共中央关于全面深化改革若干问题的决定辅导读本》，人民出版社 2013 年版，第 4、49 页。

体的作用，任何一个单一主体都不能垄断社会规范和治理。二是治理过程由指令转变为合作。社会治理通常被看作是各主体之间的合作过程，在多元行为主体之间形成密切、平等的网络关系。其发展趋势是在现代社会，原先由国家和政府承担的责任将会越来越多地由各种社会组织、私人部门和公民自愿团体来承担。三是治理精神由被动转变为主动。社会治理融入了民主精神，突出各方地位平等，鼓励引导参与者自主参与、自由表达、协商对话。社会治理参与者拥有更多的话语权、知情权和决策权，通过平等民主协商达成共识，从而形成符合社会公共利益的公共政策。四是治理维度由单向转变为多向。治理运作模式的单向性、强制性和刚性，导致管理行为的合法性易受质疑，有效性也较难以保证。治理的运作模式是复合的、合作的、包容的，治理行为的合理性受到更多重视，其有效性大大增加。社会治理在运用权力之外，形成了市场、法律、文化和习俗等多种治理方法和技术。例如民间组织和社会较多承担治理之责，企业日益成为改善社会治理的重要因素，市场也越来越发挥更重要的力量等。五是治理方式由人治转变为法治。由从一元单向治理向多元交互共治的结构性变化，意味着我们不仅于思想观念上不再走人治的老路，而且于政治生态上铲除了人治隐形存在的可能，最终使那种仅停留在口头上的法治无所依凭。

政府治理与社会治理，既是两个相互交叉又是两个相互区别的概念与理论范畴。

首先，政府治理与社会治理有交叉。政府治理是指以政府作为治理主体的治理形式，是政府职能的全面实现。具体而言，政府治理是政府履行政治、经济、文化、社会等职能的全部体现。在当前，主要是指经济调节、市场监管、社会管理和公共服务四个政府职能的实现。而社会治理则更多地可以理解为对作为一个领域或社会分系统的社会的治理，政府治理中包含了政府对社会的治理。同时，社会治理的治理主体之一即为政府。

其次，政府治理和社会治理有着明显区别。一是主体不同。政府治理的治理主体具有单一性，即政府。而社会治理的主体具有多元性，政府、社会组织、企事业单位、公民个人都可以成为社会治理的主体。二是改革目标不同。政府治理改革的目标非常宽泛，包括发展社会主义市场经济以推动经济发展，推行行政体制改革以实现服务型政府，完善文化管理体制以实现社会主义文化发展繁荣，进行社会治理改革以保障和改善民生并促进社会公平正义，加快建立生态文明制度以建设美丽中国，等等。而社会治理创新的目标是增进社会公平和社会福利，或者说是保障和改善民生，促进社会公平正义。三是法治程度不一。就政府治理而言，法无明文规定则不得为之，法律保留、法律优先等基本原则必须得到贯彻。但社会治理中，由于治理权力的来源不一，法治程度就会有所区别。除政府作为治理主体的治理必须遵照前述原则外，其他治理主体的治理虽然也有合法性的要求，但是由于允许内部规章、被治理主体的同意或授权作为治理依据，这样，合法性的要求就大大降低了，或者说合法性中的"法"的外延将大大拓展。值得一提的，实现社会治理的过程也应当是实现法治社会的过程，同时应实现与法治国家、法治政府的一体建设。①

　　我国社会治理改革经历了一个逐步发展的过程，不同的历史时期社会治理改革的侧重点有所区别。随着社会的发展与我党治理能力的提升，社会治理改革创新日益受到重视，且改革任务逐步系统化、清晰化。总体而言，当前社会治理创新的主要任务就是保障和改善民生，促进社会公平正义，增强社会发展活力，促进社会和谐稳定。完成这些任务必须推进社会事业改革创新和创新社会治理体制。推进社会事业改革创新，一是加快转变政府职能，强化政府在基本公共服务供给中的主体责任；二是推广政府购买服务，凡属事务性管理服务，原则上都要引入竞争机制，通过合同、委托等方式向社会购买；三是发挥法治的作用，为社会事业建设保驾护航。创新社会治理体制，其一是推行合作治理，实现多元主体的合作共

---

　　① 江必新等：《国家治理现代化——十八届三中全会〈决定〉重大问题研究》，中国法律出版社2014年版，第253~254页。

治；其二是强调依法治理，善用法治思维和法治方式进行治理。①

二、社会治理创新理论与社区警务的内存联系

　　全面深化改革的本质就是全面推进治理创新，是从国家管理、政府管理、社会管理到国家治理、政府治理、社会治理的全面提升。从管理到治理，一字之别，却充分体现了党治国理政理念的升华。党的十八大以来，中央多次强调要"加快形成党委领导、政府负责、社会协同、公众参与、法治保障的社会管理体制"，社会建设领域的治理理念初步形成。从《中共中央关于全面深化改革若干重大问题的决定》关于推进社会事业改革创新、创新社会治理体制这两部分的内容可以看出，社会治理创新是党在治国理政理念升华后对社会建设提出的基本要求。与此同时，社会管理虽然强调以人为本，但是人民仍然是被管理和服务的对象。而在社会治理创新中，人民成为了改革和创新的主体，而不再仅仅是被管理和服务的对象。《中共中央关于全面深化改革若干重大问题的决定》指出，"要坚持党的群众路线，建立社会参与机制，充分发挥人民群众积极性、主动性、创造性，充分发挥工会、共青团、妇联等人民团体作用，齐心协力推进改革"。此外，治理还强调多主体的协调和互动，突出社会组织和个人在治理中的作用。作为社会治理主体的人和人民团体、社会组织，其自主表达、协商对话、参与互动、合作共治都将得到充分实现，治理的有效性将大大提升。

　　从对社区警务的不同定义可以看出，社区警务既是一种哲学和理念，也是一种战略和模式，它体现了警察机构与社区的合作互动，通过社区伙伴关系和多主体的参与来共同解决问题，提高社区生活质量。因此，在我国，社区警务是通过将警力下沉到基层，警务下放到社区，以社区民警为主导，依靠社区党组织和社区自治力量，利用社区资源，通过广泛发动群众，开展管理与防范的警务活

---

　　①　江必新等：《国家治理现代化——十八届三中全会〈决定〉重大问题研究》，中国法律出版社 2014 年版，第 242~247 页。

动。它所反映的是警察与当地政府和社区成员之间共同参与、合作互动的过程。

从社区警务的战略目的来看，"社区警务"缘起于对传统专业化打击警务的质疑和反思。传统警务由于过分强调警察工作的专业化，因而忽视发动公众的广泛参与，忽视建立良好的警民关系。社区警务改变了原先以打击犯罪作为核心的警务目标，从增进公共安全利益的角度来谋划和开展警务工作。与传统的警务相比，社区警务是一种主动的以预防为主的警务模式。它把工作的重点从以打击犯罪为主转移到以预防犯罪为主；从强调警察的专业打击转移到重视社区基础、改善警民关系，通过广泛发动公众参与，充分利用社区资源共同预防犯罪，将犯罪遏制在发生之前；以公众的满意度和安全感来衡量和评价警察工作。社区警务工作不仅从根本上拓展了传统的警务工作模式，而且有效地增强了警察与公众之间的互信、互动，增加了公民的安全感，并在一定程度上有效地控制和减少了犯罪。

从社区警务实施的主体来看，在现有警务机制中，社区民警是实施社区警务的主导力量，基层的群众性自治组织——居(村)民委员会、物业管理市场供方的主体——物业管理公司、小区的自组织管理组织——业主委员会、其他政府部门在社区的派出机构(如工商所、税所、环卫所、粮管所等)以及其他机构和组织(如医院、学校、商业团体等单位、机构，社区服务中心、社区志愿服务组织、心理卫生中心等社会组织，社区矫正、禁毒、青少年等各类司法社工队伍)等都是开展社区警务工作的重要依靠力量。此外，诸如治安、巡逻、综合其他警种以及综合治理协管员、社保队员、社区治安志愿人员等都是社区警务开展的主要依靠力量。实施社区警务的效果不仅需要依靠上述主体之间的互动、合作与共同努力，还要依赖于主体之间具有良好的运行机制。

社会治理创新理论，就是要在我国社区警务实施过程中遇到的前所未有的困难、挑战甚至"瓶颈"提供理论指导，同时，进一步完善西方社区警务理论存在缺陷和我国社区警务理论运行或应用中的不足。

三、社会治理创新理论在社区警务改革与建设中的运用

可以说，我国的社会治理创新理论是在充分汲取了国内外社会治理理论的基础上，结合我国社会治理的实践而提出来的。创造性地提出了要实现"党委领导、政府负责、社会协同、公众参与、法治保障的社会管理体制"，必须改进社会治理方式，激发社会组织活力，创新有效预防和化解社会矛盾体制，健全社会公共安全体系。其对创新我国的社区警务改革与建设具有重要的指导意义。

(一)不断改进社区警务的治理方式

改进社会治理方式，就是要在加强党委领导，发挥政府主导作用基础上，坚持系统治理、依法治理、综合治理、源头治理，努力实现政府治理和社会自我调节、居民自治良性互动上切实取得成效。① 就社区警务而言，一是坚持系统开展社区警务改革与建设，从政府包揽向政府主导、社会共同治理转变。要加强党委领导，充分发挥各组党委的领导核心作用，总揽全局、协调各方，确保社区警务改革与建设的正确方向；要充分发挥各组政府的主导作用，既发挥政府的基本职能，又确保政府不越位、借位、缺位；要鼓励和支持社会各方参与，发挥社会组织的作用，整合社区警务改革与建设资源，积极推动建立社会协同的治安防范网络；要创造公众参与社区警务改革与建设的条件，拓宽公众参与的渠道，健全公众参与机制，形成社区警务改革与建设人人参与的局面。二是坚持依法开展社区警务改革与建设，实现治理方式从管控规制向法制保障转变。要不断强化法治理念，善于用法治思维和法治方式开展社区警务改革与建设；要切实加快社区警务改革与建设领域的立法工作，依靠法律法规规范社区警务各类主体行为，协调社会关系，监督公共权力，保护公民合法权益，并将各项社区警务改革与建设工作纳入法治轨道。三是综合开展社区警务改革与建设，从单一手段向多种手段综合运用转变。要将法治与德治结合起来，规范社会行为，

---

① 《中共中央关于全面深化改革若干重大问题的决定辅导读本》，人民出版社 2013 年版，第 312 页。

调节利益关系，协调好社会关系，关于运用群众路线、民主方式、服务方式，通过平等对话、沟通、协商、协调等办法解决社区警务改革与建设工作存在的问题，化解社会矛盾。四是坚持源头开展社区警务改革与建设工作。要从人民群众的安全需要出发，坚持以网络化治理、社会化服务为方向，健全基层社区警务改革与建设综合服务平台，把社区警务改革与建设触角延伸到社会末梢，把社区警务改革与建设工作做到群众身边。

(二)不断激发社区警务各类组织的活力

激发社区警务各类组织的活力，关键是正确处理政府与社区警务各类组织的关系，加快政社分开，进一步明确社区警务各类组织的职责，鼓励、引导社区警务各类组织依法自治、发挥作用。一是要创新社区警务各类组织的培育扶持机制。政府的职责是为社区警务改革与建设提供公共治理和基本公共服务，非基本公共服务领域应该更多更好地发挥社区警务各类组织的作用，也就是说，适合由社区警务各类组织提供的公共服务和解决的事项，交由社区警务各类组织承担。因此，政府要加快政府职能的转变，积极扶持相关社区警务各类组织如治安保卫委员会、保安服务公司、行业协会和商会以及治安志愿者组织等，公平对待社区警务各类组织提供的公共安全服务。二是加快实施政社分开。要按照政社分开、管办分离的要求，分类推进行业协会商会与行政机关脱钩，尊重社区警务各类组织的主体地位，保障其合法权益，促进其依法自治并独立承担责任。三是提升社区警务各类组织的服务功能。要按照社会主义市场经济的要求，加快推进协会商会、治安志愿者组织等社区警务组织的改革，发挥其服务企业、规范行业、发展产业、助推安防等方面的作用，满足城乡人民日益增长的多元化、多层次公共安全需求。四是严格依法监督管理。要加强对社区警务各类组织的管理，规范引导社区警务改革与建设组织的各种活动。特别是公安机关要加强对社区警务改革与建设组织的监督和指导。

(三)不断创新社区警务改革与建设的体制机制

社区警务改革与建设改革与创新是一个系统工程，建立和完善相关体制机制、制度至关重要。一是实行社区警务的主体制度。社区警务改革与建设主体格局包括：党委是社区警务改革与建设中总揽全局协调各方的领导核心；政府是社区警务改革与建设的主导者；社会组织是社区警务改革与建设的中坚力量；居民是社会基层（社区）治安防范的主体。其中，最核心的问题是各主体权力的配置与制衡。二是实行社区警务公开制度。社会治理的主体是多元的，任何一个单一主体都不能垄断规范和管理的实践过程。① 为防止各主体滥用权力，实现对社区警务实施过程的有效监督，有必要将善治理念中的透明性要素②贯彻到整个过程中。公开制度的内容有：基本信息（包括各主体的基本信息、重大事项的基本情况、社区警务建设的目标以及依据等）强制披露，互动过程（包括公众参与并通过磋商、协商、谈判、指导等过程）公开和互动结果公开。三是协商制度。社会协商作为协商民主的有机组成部分，是实现政府与社会良性互动、社会自治的重要手段，也是社会权力对国家权力进行有效制约的重要方式，已经成为社会治理创新活动的重要发展方向，也必将社区警务改革与建设创新活动的重要方向。四是责任制度。各类社区警务建设主体在实施社区警务过程中均享有权力，那么也就必然承担相应的责任，这种责任可分为行政责任、民事责任和刑事责任。

（四）不断健全和完善社会治安防控体系

社会治安防控体系是适应社会治安环境的变化而建立的，而构建社会治安防控体系是一个全新的课题。根据近年来的实践和探索，社会治安防控体系是指公安机关在党委、政府统一领导下，从维护社会稳定需要出发，充分发挥职能作用，运用各种手段科学整合现有的各种警力和社会资源，运用科学的工作机制，把防范、控制、管理、服务等多种措施有机结合，实现统一指挥、整体联动、

---

① 陈家刚：《从社会管理到社会治理》，载《学习时报》2012 年第 10 期。

② 善治即良好的治理，其基本要素包括合法性（legitimacy）、透明性（transparency）、责任性（accountability）、法治（rule of law）、回应（responsiveness）、有效（effectiveness）。见俞可平主编：《治理与善治》，社会科学文献出版社 2000 年版，第 9~11 页。

快速反应，对社会治安实施全方位动态防控的一项系统工程。社会治安防控体系是在现代警务理念指导下，以控制发案、打击现行为重点的积极防范警务工作系统。① 随着社会治安形势的变化和我国深化改革的需要，党的十八届三中全会作出的《中共中央关于全面深化改革若干重大问题的决定》明确提出，加强社会治安综合治理，创新立体化社会治安防控体系，依法严密防范和惩治各类违法犯罪活动。社区警务改革与建设作为社会治安防控体系和立体化治安防控体系的一部分、一个子系统，其组织结构是否合理、指挥系统是否健全、网络信息是否互通、技术装备是否到位、预警预案是否科学，与社会治安防控体系和立体化治安防控体系是否衔接、联动，决定了社会治安防控体系和立体化治安防控体系构建的是否科学、优质。因此，加强社区警务改革与建设，是不断健全、完善社会治安防控体系和立体化治安防控体系的重要内容。

第二节 基层民主理论与运用

社区警务的实施是社区治理的重要内容和组成部分，而社区治理的过程也是基层民主实践的过程，基层民主的有效推进也是社区实现善治的重要基础。因此，用基层民主理论来研究社区治理和社区警务，也是推进社区警务改革与建设的重要前提或基础。

一、基层民主理论的基本内容

（一）西方民主理论

在西方，古希腊雅典时期就有民主实践，并且有思想家探讨民主问题；近代适应民主实践的需要形成了"代议制"民主理论和"参与式"民主理论；现当代针对民主实践中出现的问题，又提出了多种民主理论。今天，西方主要有六种代表性的民主理论，即"参与式"民主论、"代议制"民主论、平等民主论、精英民主论、多元民

---

① 熊一新：《论社会治安防控体系建设》，载《中国人民公安大学学报（社会科学版）》2004 年第 4 期。

主论、"程序制"民主论(或协商民主论)。①

"参与式"民主论。西方最早的民主实践是雅典的直接民主，西方的"民主"(democracy)一词就是那时产生的，其本意是"人民统治"。雅典民主的特点是所有自由民都直接参与城邦国家管理。由于这种民主不适合大范围的国家、没有法治作保障以及效率低等问题，直接民主在雅典持续不久并且在此后的西方没有再在国家范围内出现过。但在近代，卢梭则主张这种直接参与式民主，并提出了著名的"人民主权"论，认为要克服社会不平等，建立新的社会平等，每一个人都有参加社会一切事务的权利，社会成员必须订立社会公约。卢梭的这种直接参与式民主理论由于没有解决雅典民主制的问题而在西方未能被付诸实践，而且遭到了诸多的批评。针对现当代西方代议制存在的诸多问题，特别是少数利益集团对政治权力的控制问题，一些思想家又试图复兴参与式民主，其代表人物有柯尔(George Douglas Howard Cole，1889—1959)、佩特曼(Carole Pateman，1940—)等人。他们根据新的历史条件重申真正的民主是所有公民直接充分参与的民主，并提出了一些参与式民主的创新制度。② 桑德尔(Michael Sandel，1953—)、泰勒(Charles Margrave Taylor，1931—)、瓦尔泽(Michael Walzer，1935—)等社群主义者在民主问题上也基本上持共和主义态度，认为国家有干预和引导个人选择的责任，个人也有积极参与国家政治生活的义务。社群主义要求的是"强国家"，认为一个缺少共同利益的社会即使再公正，也不是一个好社会；而只有国家所代表的公共政治生活才能促进公共利益的实现，所以为了国家和社群的利益甚至可以牺牲个人的利益。③

"代议制"民主理论。"代议制"民主理论是适应近代西方市场

---

① 江畅：《在借鉴与更新中完善中国民主理念——西方民主理论的启示和警示》，载《中国政法大学学报》2014 年第 5 期。

② 江畅：《在借鉴与更新中完善中国民主理念——西方民主理论的启示和警示》，载《中国政法大学学报》2014 年第 5 期。

③ 何霜梅：《正义与社群——社群主义对以罗尔斯为首的新自由主义的批判》，人民出版社 2009 年版，第 32~189 页。

经济和民主政治的需要而产生的在西方占主导地位的民主理论。通常认为其创始人是洛克，经过孟德斯鸠、潘恩等人，到约翰·密尔那里达到成熟。"代议制"民主理论的突出特点是以个人的自由权利至高无上为前提，强调政府的权力不仅是公民赋予的有限权力，而且在任何情况下都不得干涉公民在法律范围内的自由。20世纪上半叶，自由主义政治哲学内部虽然发生了分歧，凯恩斯、罗尔斯等人适应新的历史条件提出国家适度干预经济和社会生活的带有平等主义的主张，而这种主张立即遭到哈耶克、伯林、诺齐克等人的强烈反对，他们坚定捍卫洛克开创的古典自由主义。不过，在实行代议制民主这一点上，两者都是态度一致的。他们从各自不同的角度针对其他学派对代议制民主的批评对其作了进一步的阐发和完善。在今天西方，代议制民主理论仍然是占主导地位的政治哲学和意识形态。

平等民主论。平等民主论是英国民主理论家托克维尔（Alexis de Tocqueville，1805—1859）提出的一种民主理论。托克维尔在对美国民主进行了为期九个月的考察后，根据美国民主实践的经验和教训，提出了一种基于平等（特别是身份平等）的民主理论。他认为，对于民主来说，平等，特别是身份平等，是根本性的，而且是美国民主社会的根本特征。平等是与民主相伴随的，"民主制度唤醒和怂恿了永远无法满足的要求平等的激情"①。而且，民主所追求的就是平等。在他看来，人人都将完全平等，所以人人也将完全自由；反过来说，因为人人都将完全自由，所以人人也将完全平等。"民主国家的人民所追求的，就是要达到这个理想的境地。"②当然，平等并不意味着人人都在政府里享有同等的地位，但是，平等要求人人都有权在社会上享用同样的享乐，参与同样的行业，到同样的地区居住。一句话，他们有选择同样的生活方式和用同样的

① ［法］托克维尔：《论美国的民主》（上卷），董果良译，商务印书馆1988年版，第224页。

② ［法］托克维尔：《论美国的民主》（上卷），董果良译，商务印书馆1988年版，第620页。

手段去追求财富的同等权利。

精英民主论。精英民主论可追溯到马克斯·韦伯，但使其产生影响的是美籍奥地利经济学家和社会学家熊彼特。熊彼特认为："民主是一种政治方法，也就是为达到立法与行政的政治决定而做出的某种形式的制度安排。所以其本身不能是目的，无论它在一定历史条件下所产生的是怎样的决定都是一样的。不管是谁要为民主下定义一定要以此为出发点。"①在他看来，民主不过是产生治理者的一个过程，而且并非必要的过程，无论人民参与民主的程度如何，政治权力始终都还是在精英阶层之中转让。他实际上不仅将民主限定为政治方法，而且认为这种方法主要限定为用于选民选举政府官员，社会或国家是由被选举出来的官员治理的，至于人民是否参与国家治理这是次要的。被选民选举出来的官员通常是社会的精英，正因为如此，他的民主理论被称为"精英民主"理论。这种理论就其基本立场而言还是"代议制"的，与卢梭所主张的人民直接参与国家管理的"参与式"民主是迥然有别的。②

多元民主论。美国民主理论家达尔（Robert A. Dahl, 1915—）针对麦迪逊民主和平民主义民主提出了多元统治（polyarchy）或多元民主（polyarchal democracy），而且对民主问题作了全方位的多视角、多层次的研究。他认为，在每一个民主的国家里，在现实民主与理想民主之间都存在着一条鸿沟。许多人试图参照极为接近理想的民主体系来证明民主，但理想的政治体系，特别是理想的国家从未存在过，现在也不存在，以后也几乎可以肯定不会存在。达尔提出，适合大型民主的政治制度或者说一个民主国家的最低要求有以下六个方面：一是选举产生官员；二是自由、公平、定期的选举；三是表达自由；四是多种信息来源；五是社团自治；六是包容性的

---

① ［美］熊彼特：《资本主义、社会主义和民主》，杨中秋译，电子工业出版社 2013 年版，第 230～231 页。

② 江畅：《在借鉴与更新中完善中国民主理念——西方民主理论的启示和警示》，载《中国政法大学学报》2014 年第 5 期。

公民权。① 在达尔看来，这六项政治制度所构成的不仅是一个新型的政治体系，而且还是一个新式的民选政府。

程序性民主理论。程序性民主理论是由哈贝马斯针对自由主义民主理论、共和主义民主理论而提出的，他认为，从法律的角度看，商议性政治的程序构成民主过程的核心。这种理解是同历来的民主模式把国家看作社会之中心的观点有关的，但"既不同于把国家看作是经济社会之监护人的自由主义观点，也不同于关于在一个国家中得到建制化的伦理共同体的共和主义概念"。② 其次，商谈性政治的成功并不取决于一个有集体行动能力的全体公民，而是取决于相应的交往程序和交往的建制化，以及建制化商议过程与非正式地形成的公共舆论之间的共同作用。通过民主程序或政治公共领域之交往网络而发生的那种理解过程，体现了一种高层次主体间性。最后，行政部门应该始终同一种民主的意见形成和意志形成过程保持联系，而这种过程不仅仅要对政治权力的行使进行事后监督，而且也要为它提供纲领。相对而言，公共领域的交往结构是一个分布广泛的传感器网络，它对全社会范围的问题作出反应，并激发出有影响的舆论。在哈贝马斯看来，民主程序是通过商谈和论辩实现的，他的民主论因而也被称为"协商民主"论。

在西方学者看来，民主并非像自由、平等、公正、和谐那样是纯然正面价值的理念，而是有其局限性的，对其作不正确的理解和运用可能导致消极的后果。因此，西方思想家在论述民主问题时提出了不少值得注意的问题。这些问题对于致力于民主制度建设的国家具有重要警示意义，归纳起来，有以下五个方面：第一，绝大多数西方思想家都认为民主制度虽然不是尽善尽美的，但却是到目前为止人类所可能选择的最好政治制度。第二，西方思想家大多都在肯定"代议制"的必要性的同时，也指出其局限性，因而主张对其

---

① ［美］达尔：《论民主》，李风华译，中国人民大学出版社 2012 年版，第 73~74 页。

② ［德］哈贝马斯：《在事实与规范之间——关于法律和民主法治国的商谈理论》，童世骏译，生活·读书·新知三联书店 2011 年版，第 367 页。

作必要的补充。第三，西方思想家普遍认为即使在民主制度下也需要对政治权力加以限制和监控，防止其僭越政治生活领域。第四，许多西方思想家都意识到民主制度本身存在着难以从根本上克服的缺陷或弊端，必须采取有效的措施加以防范。如少数人利益保护问题，"多数暴政"问题，利益集团操纵问题。第五，越来越多的西方思想家将民主主体的范围从作为社会成员的个人扩展到作为社会成员的组织。①

(二) 我国基层民主理论

民主是人类共同追求的价值观和共同创造的文明成果，它不仅包括国家民主还包括社会民主，而基层民主构成了社会民主的重要内容，是国家民主的重要补充。中国基层民主建设最伟大的意义就在于，它是公民在社会的最基层进行个人参与的民主化实验，通过在民主化实践中建立起一系列民主规则和程序，训练民众，培养民众的民主习惯，为民主创造内在的条件，逐步实现民主由少数精英的理念进入大众日常生活，成为人们所习惯的日常生活方式，这样的民主才是真正不可逆转的。②

社会主义民主的本质是人民当家作主。基层民主，是公民直接参与基层组织、实行民主管理的重要形式，是人民实现民主权利的最直接形式。基层民主建设作为中国特色社会主义民主最广泛的实践活动，是我国政治建设和政治体制改革的重要组成部分。我国的基层民主政治，发源于新民主主义革命时期，探索于社会主义建设时期，发展于改革开放新时期，逐渐成为我们党发展社会主义民主的一项基础性工作。

在新民主主义革命时期，我们党以争取民族独立和人民解放为目标，紧紧依靠广大工农群众，在革命根据地和解放区的局部执政环境下，确立了发展基层民主的原则，探索并开始实践基层民主政

① 江畅：《在借鉴与更新中完善中国民主理念——西方民主理论的启示和警示》，载《中国政法大学学报》2014 年第 5 期。

② 刘方玲：《基层民主：从政治形态到生活方式》，载《燕山大学学报 (哲学社会科学版)》2006 年第 8 期。

治建设的形式。在中央苏区、敌后抗日根据地以及解放区，我们党先后建立了苏维埃政权、抗日民主政权和人民民主政权，探索并实践了丰富的基层民主政治实践形式。具体内容包括：提出了民主建政的思想，并以制度建设保障人民群众的民主权利；初步建立了人民群众广泛享有民主权利的制度框架；鼓励选举参与，创新选举方法；创造了丰富的民主监督形式。

中华人民共和国成立后，基层民主政治建设成为党领导人民群众建立和巩固新生的人民政权、建设社会主义的重要措施。依靠和组织人民群众全面参与人民政权建设和民主改革；提出了社会主义基层民主政治建设的总体设想；探索了社会主义基层民主的实践形式。但是，从新中国成立到 20 世纪 70 年代末，由于权力过分集中的体制，特别是指导思想中"左"的错误思想影响，基层民主政治建设成效受到制约。尤其是在"文革"中，离开了党的领导和依法办事，基层民主演变为群众运动式的"大民主"，结果不仅没有真正实现和保障人民群众的民主权利，反而造成社会大动乱，给党、国家和人民都造成了严重的损失。这是我国发展基层民主需要吸取的深刻历史教训。

改革开放以来，随着中国特色社会主义事业的不断推进，我们党对基层民主政治建设的认识逐步形成科学体系，基层民主政治建设的制度化、规范化和程序化稳步推进，基层民主政治实践不断深化。这主要体现在以下三个方面：

第一，不断深化对社会主义基层民主政治建设的认识。改革开放以来，党的历次重要会议对基层民主政治建设的直接性、广泛性、制度化、组织依托、具体内容及其实践形式，作出了全面深刻的阐述，包括发展基层人民的直接民主，强调社会主义民主要广泛地扩展到政治生活、经济生活、文化生活和社会生活等方面，促进基层民主生活的制度化，以基层群众性自治组织为载体发展基层民主政治，科学界定了基层民主政治建设的内容、目标和方式，提出了科学发展观和构建社会主义和谐社会的重要理论，社会主义民主政治建设的重点在于"发展基层民主"，以及将"民主"作为社会主义核心价值观的核心理念，要"完善基层民主体制机制"，"推进基层治理民主化","推进社会管理民主化"等。

第二,着力推进基层民主政治的制度化、规范化和程序化。首先,通过根本大法《宪法》的形式,确认城乡基层群众性自治组织的地位,要求企业单位建立民主管理机制,并规定县、乡基层人大代表直接选举,使得基层民主政治建设有了明确的宪法依据。其次,制定了发展基层民主的具体法律法规。如《中华人民共和国选举法》《中华人民共和国村民委员会组织法》《中华人民共和国居民委员会组织法》《中华人民共和国全民所有制工业企业法》等法律法规以及各地制定了大量的地方法规,使得基层民主政治的制度建设更加健全。再次,积极完善基层民主政治建设的政策措施。如中共中央办公厅、国务院办公厅先后下发《关于在全国农村普遍实行村务公开和民主管理制度的通知》(1998年)、《民政部关于在全国推进城市社区建设的意见》(2000年)、《关于在乡镇政权机关全面推行政务公开制度的通知》(2000年)、《中共全国人大常委会党组关于全国乡镇人民代表大会换届选举工作有关问题的意见》(2001年)、《关于进一步做好村民委员会换届选举工作的通知》(2002年)、《关于健全和完善村务公开和民主管理制度的意见》(2004年)、《关于进一步推行政务公开的意见》(2005年)、《中共全国人大常委会党组关于做好全国县、乡两级人民代表大会换届选举有关工作的意见》以及《中共中央关于全面深化改革若干重大问题的决定》(2013年)等,使得基层民主政治建设更加完善。

第三,积极引导和支持基层民主政治实现形式的创新。伴随农村经济体制改革产生了村民自治这一农村基层民主实践形式。20世纪70年代末以来,随着农村家庭联产承包责任制的实行,村民自治活动已由普遍建立制度向着进一步完善制度、规范程序、提高实效的新阶段转变;在城市经济体制改革的过程中推进社区建设和发展社区居民自治,社区服务逐步扩展为社区建设。随着90年代中后期改革的深入,社区建设向重构城市基层社会管理体制的方向发展,经过全国社区建设试验区的探索,确立了扩大民主、居民自治的指导方针;在政治建设中推进县、乡人大代表直接选举,县、乡人大直接选举范围逐步扩大,候选人提名办法得到改进,选举程序和技术建设越来越具体、成熟，不断满足人民群众的日益增长的政治生活需要；推进基层民主向更广泛的领域扩展。比如，基层党内民主取得了新进展，基层政务公开全面推进，群团组织也在积极探索扩大民主的办法，基层社团组织得到培育和发展。

经过了长期的实践发展，我国基层民主逐渐形成了以下五个方面的基本特点：①

第一，主体的广泛性。我国的基层民主政治保障了最广泛的人民群众的民主参与权利，将我国绝大多数人口纳入基层的民主选举、民主决策、民主管理和民主监督的政治过程之中，体现出社会主义民主高度的人民性和广泛的参与性。村民自治、居民自治、县乡人大代表直接选举以及企事业单位的民主管理等基层民主政治实践，解决了在我们这样一个人口大国顺利推进人民群众的民主参与和保持国家政治稳定发展同步并进的世界性难题。

第二，内容的直接性。我国的基层民主政治的发展，有一条根本的思路就是始终坚持民主建设从与人民群众的切身利益密切相关的领域做起，从人民群众能够直接行使民主权利的领域做起，从能够做得到的地方做起，这样，使得基层民主的内容具有直接性的特点。这主要体现在两个方面。其一是基层民主政治的内容与人民群众的利益直接相关。这样，通过参与基层民主政治，人民群众能够获得看得见、摸得着的利益，能够表达自立的利益诉求，保护自己的各种权利不受侵犯。其二是行使民主权利的直接性，人民群众就在自己生活的范围内参与公共事务和公益事业的管理，使得民主参与具有切身的真实性和有效性。

第三，发展的主导性。我国的基层民主政治是在党和政府的领导下进行的，其途径是通过民主政治发挥人民群众当家作主的权利，达到基层治理的有效性和社会政治的稳定发展。因此，人民群众与党和政府具有一致的目标。从基层民主政治建设的方式来看，党和政府是主导力量，通过政治领导和法制建设，保障广大人民群

---

① 徐勇、刘义强：《我国基层民主政治建设的历史进程与基本特点探讨》，载《政治学研究》2006 年第 4 期。

众的民主权利得以切实实现；另一方面，广大人民群众积极参与到基层民主建设过程中，创造出了丰富多样的民主形式和切实有效的民主程序技术，推动了基层民主的发展。党和政府不断研究发展中的问题，出台推进基层民主深入发展的政策主张，主导着基层民主发展的进程和道路。在此基础上鼓励广大人民群众的参与和自发创造，但这种参与是有序的参与，是在法律制度规范下的参与。

第四，进程的渐进性。现代民主政治是一种高度制度化和结构化的政治运作机制，它的运行需要复杂的社会经济条件的支撑，更需要适合本国特点的政治程序和民主精神的保障。这些都不是能够毕其功于一役的，由此决定了社会主义民主政治建设的长期性，需要在渐进的民主建设过程中逐步发育和形成。我国的基层民主建设伴随着整个国家的经济社会体制转型而渐进发展。

第五，环境的适应性。我国的基层民主政治建设一直是作为我们党赢取政权、凝聚人心，组织和动员全社会力量来实现党在不同时期中心任务的重要举措。民主政治建设始终是社会发展的推动力量，是与社会经济发展相适应的。世界民主政治发展的一个基本事实是：凡是不顾自身的经济社会体制约束而意图发展高度民主的政治体系，都难以达到自己的愿望。我们在发展基层民主政治的过程中，始终以推动和保障党的中心工作以及经济社会发展为目标，以人民群众公共生活需要为动力，是与整体的政治和经济发展相适应的。

由此可见，我国社会主义基层民主政治建设适应了改革开放和社会主义市场经济体制发展的要求，既维护了人民群众的切身利益，又促进了党和国家的制度建设和政治稳定，并使得民主发展脱离了民主运动窠臼，进入切实的民主行动的范畴，开创出一条发展中国特色民主政治道路的有效途径。

（三）我国推进社会主义基层民主政治建设应当注意的问题

我国在推进社会主义基层民主政治建设过程中所取得的成绩是有目共睹，我国的民主政治制度在不断地改革和完善，但并未形成系统完备、科学规范、运行有效的政治制度体系，还需要使之更加成熟更加定型，而且在一些方面还存在不足和问题。正因为如此，党的十八届三中全会通过的《中共中央关于全面深化改革的若干重大问题的决定》，提出要"紧紧围绕坚持党的领导、人民当家作主、依法治国有机统一深化政治体制改革，加快推进社会主义民主政治制度化、规范化、程序化，建设社会主义法治国家，发展更加广泛、更加充分、更加健全的人民民主"。并进一步提出要"发展基层民主"，"畅通民主渠道，健全基层选举、议事、公开、述职、问责等机制。开展形式多样的基层民主协商，推进基层协商制度化，建立健全居民、村民监督机制，促进群众在城乡社区治理、基层公共事务和公益事业中依法自我管理、自我服务、自我教育、自我监督。健全以职工代表大会为基本形式的企事业单位民主管理制度，加强社会组织民主机制建设，保障职工参与管理和监督的民主权利"。因此，根据西方民主理论及其提供的启示和警示，我们在推进社会主义民主政治特别是基层民主政治建设时，应当注意的问题：①

第一，民主的主体不单指作为社会成员的个人，而且指作为社会成员的组织。人民当家作主是我国社会主义民主政治的基本原则。这条原则必须既适合中国国情，又有充分的理论依据。在改革开放前，我国社会的结构比较单纯，没有复杂的多元社会群体结构。而且，我们当时所注重的是社会的阶级划分，不太注重社会的不同群体结构，社会群体发育不充分，社会组织不是社会的独立主体，在某种意义上是社会整体的组成部分。改革开放以来，特别是实行市场经济体制以来，伴随着社会利益格局的多元化，我国社会成员的结构迅速改组分化，出现了社会主体复杂多元的局面。不仅社会成员个人是社会的主体，由不同个人组成的各种利益群体（如企业、事业单位、社会团体、政党组织、宗教组织等）也成为了社会的主体。"人民当家作主"就不再仅仅意味着社会成员个人是国家的主人，而且也意味着各种合法的独立社会群体也是国家的主人。

---

① 江畅：《在借鉴与更新中完善中国民主理念——西方民主理论的启示和警示》，载《中国政法大学学报》2014年第5期。

今天中国的民主必须考虑各种社会组织在社会生活中的主体地位，尊重它们的这种地位。这不仅仅是当代民主的新特点，而且对于推进我国的民主化特别是是基层民主化进程有着非常重要的意义。今天的社会成员个人大多已经成为不同社会组织的成员，不同的社会组织可以代表和反映他们的不同方面的愿望和要求，而且他们更方便、也更愿意参与这些组织。这就为社会成员参与社会政治生活提供了重要的路径。社会成员个人不仅可能通过选举自己的代表体现自己的政治意愿，可以通过各种途径(如媒体、会议等)直接反映自己的利益愿望、意见要求直接参与或影响政治决策，而且可以通过群体内的交流、讨论、商谈等形成比单独的个人更有影响力的群体"声音"，参与社会决策。肯定和尊重社会群体的民主地位，必将推动我国民主过程的拓展和深化。

　　第二，民主不只是指"代议制"，而且指公众直接参与政治对话协商。无论在西方还是在中国，将政治民主理解为"代议制"是一种习以为常的观念，而"代议制"则意味着民主选举，即选民选举自己的代表来代替自己行使国家权力，但这种"代议制"代表的产生很难体现选民的意愿，选举也很难体现代表的意愿，应当采取其他更丰富、更灵活的民主形式。我国的民主历来就不是单一形式的"代议制"民主，还有公众参与和政治协商。这是我国民主的中国特色和优良传统。但是，我们也注意到，我国"代议制"之外的这两种形式无论在广度上还是在深度上都存在着不足和问题。就公众直接参与而言，尚未建立公众个人和公众群体向国家立法机构和行政机构直接表达利益和愿望、意见和建议的专门渠道，没有这样的专门平台和园地，在媒体和会议上的一些零散表达又很难传达到国家有关机关。我国很早就建立了政治协商制度，而且有非常经常的政治协商活动。但是，这种政治协商主要局限于"政协"的范围，尚未形成社会各种组织间的普遍协商机制，而且我国的政治协商侧重于协商，缺乏对话磋商，特别是缺乏社会组织与立法机关和行政机关的对话渠道和机制。因此，我国公众直接参与和政治对话协商这两种民主形式还需要改革完善。其前提是要更新观念，在此基础上建立相应的法律制度和体制机制。如果在传统的"代议制"民主形式的基础上，(尤其在基层)再增加公众直接参与和政治对话协商这两种新的民主形式，我国的民主化进程会产生一个质的飞跃。

第三，民主不只在于民主主体行使主权(主要是立法权)，而且还包括民主主体对治理权的监控和重大决策的参与，防止治权的僭越和滥用，防止重大决策失误。长期以来，中西在对民主的理解上，更多关注的是民主主体作为主权者掌握和行使国家的立法权，而不太重视民主主体对治理权的监控权和对重大政治决策的参与权。当代社会公共管理日益复杂的情况下，作为国家主人的公众不仅要充分掌握和运用立法权，同时也要大力加强对治理权掌握者的有效监控，积极参与国家公共事务的重大决策。因此，应当在宪法和相关法律上明确作为民主主体的公众同时具有这三种权力，即立法权、监控权和参与权，建立相应的体制机制，确保将其落到实处。从当代社会的实际看，只有当社会公众真正行使了上述三种权力的时候，他们才真正地在当家作主。

最后，民主不只是指政治运行的过程，同时也是民主意识、民主能力、民主品质等民主素质提高的过程。公众(包括现有的和潜在的)的民主素质的提高是民主的题中应有之义，是民主制度中不可或缺的部分。缺乏这一过程的民主必定是不健全的、低水准的。因此，我们不能将民主只理解为现实的生活过程，而要将其理解为这一民主的现实过程和民主的准备过程的有机统一。我国历来重视公民的思想道德教育，其中包含有民主的教育，但也存在一些不足。一方面在思想道德教育的内容中民主教育的内容不突出，另一方面民主选举、监控和参与方面的训练不够。正因为如此，目前我国公众的民主素质普遍不高，民主意识不强，民主能力较弱，民主品质尚未养成。这一切是我国推进民主化进程的根本性的障碍。因此，在深化我国政治体制改革的过程中，要加大公民民主教育和培养的力度，尽快普遍提高全社会公众的民主素质。在这个过程中，我们可以根据西方参与民主理论家的思路，将政治民主进程与社会民主进程有机地结合起来，使公众不仅在学校，而且在单位、社区、社会都能得到民主的教育和训练，使整个社会成为公众民主培育的大学校、公众民主人格塑造的大熔炉。

二、基层民主理论与社区警务的内存联系

社区自治是居(村)民群众依法直接管理社会基层公共事务的一种民主形式，是社会主义基层民主在社区的广泛实践。

对社区自治，学术界有不同的看法，① 但一般认为，社区自治是政府、社区组织、居民合作治理社区公共事务的过程。"社区自治既不能简单地理解为政府管理与社区管理的简单割裂或冲突，也不能简单地理解为社区自治组织的自主管理，而应该作如下界定：所谓城市社区自治，是指不需要外部力量的强制性干预，社区各种利益相关者习惯于通过民主协商来合作处理社区公共事务，并使社区进入自我教育、自我管理、自我服务、自我约束秩序的过程。"② 或者，"社区自治是指社区居民在党和政府的领导下，通过一定的组织形式和参与途径，依法享有的对社区公共事务进行管理的权利，同时，它也是社区居民实现自我管理、自我教育、自我服务、自我监督的一种基层民主形式"。③ 社区自治是我国城市社会基层民主的重要内容。社区居民参与社区自治的途径主要是直接民主，即社区居民通过直接选举的方式对社区居民委员会成员的产生、任免以及社区内共同事务的管理行使民主选举、民主决策、民主管理和民主监督的权利。这种表述既反映了我国现阶段的实际，又不违背未来社会发展的趋势。

社区自治具有以下基本特点：一是自治的主体是居民。居民是

---

① 有学者认为，社区自治是政府管理之外的社会自治，"社区居民自己管理自己生活在其中的社区事务"。参见：桑玉成、杨建荣、顾铮铮：《从五里堡街道看社区管理的体制建设》，载《政治学研究》1999 年第 2 期。也有学者认为，社区自治就是地方自治，主张在街道或坊这样的法定社区由居民直接选举产生社区政府和社区议会。参见丁超：《全能主义架构中的城市社区与单位》，载《中国方域》2001 年第 3 期。

② 陈伟东：《社区自治》，中国社会科学出版社 2004 年版，第 156 页。

③ 邱梦华等：《城市社区治理》，清华大学出版社 2013 年版，第 38~39页。

社区建设的主体，社区居民有权决定社区内重大事宜，是社区居民自治的重要标志。只有社区居民广泛、直接地参与和治理，才能逐步培养居民的社区归属感、认同感和现代的社区意识，使社区自身的各类资源得到最有效的整合和最充分的利用，从而推动社区建设健康、有序发展。二是自治的客体是与居民切身利益相关的社区公共事务。公共事务主要包括公共服务事务、物业管理事务、居民互助事务和社区组织事，随着城市基层自治制度的功能日益健全，"社区公共事务正逐渐涵盖人口与物业管理、社区环境整治、社区生活服务、教体文卫发展、社会福利与安全保障的各个方面"。[①]三是自治的方式主要是居民通过选举自治组织并通过自治组织来实现自我管理。当前主要是通过居委会这个组织来实施。作为城市居民"自我管理、自我教育、自我服务"的一种"基层群众性自治组织"，法律赋予城市居委会在财产、财务、人事、社区公共事务的举办以及社区公共事务的决策处理等方面都拥有较大的自主权。四是自治的核心是社区民主自治。现代意义上的自治，尽管形式各异，但都离不开自治和民主这两个方面，没有社区人员真正意义上参与社区的民主选举、民主决策、民主管理、民主监督，社区自治就是一句空话，也不可能实现社区自治。五是自治的依据是自治法。社区自治的依据是自治法，它是政府权限与自治组织自治权利的划分依据，界定自治组织全体成员权利义务，也是自治组织职能设置和职能定位的基本依据。尽管目前我国尚未出台基层自治法，但《宪法》和《居民委员会组织法》等都对居委会的性质作出了明确界定。在实践中，两部法律的规定对促进城市居民民主选举、民主决策、民主管理、民主监督，推动城市居民的自治活动起了很大作用。六是自治的政治保障是加强党的领导。任何一个国家都不会允许基层自治组织与国家政权相脱节，我国也不例外，我国的基层社区自治是在执政党基层组织统一领导下，在政府的支持指导下依法实行的有限自治。

---

①　胡位钧：《20世纪90年代后期以来城市基层自治制度的变革与反思》，载《公共行政》2005年第9期。

社区警务是由公安机关和民政部门发起，基层社区民警通过立足社区、服务社区，与社区融为一体而建立的和谐、互信的长期协作关系，宣传、动员和组织基层社区组织和社区群众，以各种有效形式参与社区的治安防范和社区公共安全工作。它是社区组织、社区群众在社区警察的组织、引导和感召下，凭借各种人文、自然环境，采用各种方式方法，主动、系统、全面而长效地维护社区公共安全，是基层社区警察与社区组织、社区群众相互影响、相互作用的互动过程，是基层政府利用、挖掘社区资源以此治理基层社区的积极行为，是基层社区建设的重要组成部分。

社区自治是基层社区建设的方向，是基层民主政治建设的重要组成，实行社区自治对深化社区警务改革与建设具有不可替代的推进作用和意义。这种作用和意义，主要体现在：

一是通过社区自治增强社区认同，强化社区本身对于社区治安所应承担的责任。社区自治通过动员、宣传、教育和引导社区成员，增强社区成员不仅对社区经济、文化、社会的认同，而且对社区安全、社区治安和社区警务的认同，进一步强化社区本身对于社区治安所应承担的责任，提升社区共同开展社区警务的认识和能力。

二是通过社区自治激发公民参与社区建设，增强社区成员参与社区警务的积极性。社区自治是社区建设的方向，激发社区成员参与是实行社区自治的核心所在，社区成员的参与程度是社区建设的一个重要指标，是社区建设成功与否的重要尺度。在某种程度上，居民参与率及参与程度的高低也是衡量社区自治好坏的重要标志。通过社区自治，拓宽公民政治参与范围，保障公民参政渠道，在社区警察的积极规范和引导下，公民参与管理国家其他政治事务的能力也会得到不断提高，由此带来的，社区成员参与社会治安防范事务的能力也必然得到相应增长。[①]

---

① 肖飞：《社区自治与社区警务拓展》，载《北京人民警察学院学报》2007年第1期。

三是通过社区自治发展基层民主，让社区成员积极参与社区警务活动。民主是人民意志和利益得以平等而自由地实现的政治制度和政治生活，基层民主是广大人民群众在基层政权、基层群众性自治组织、企事业单位中依法直接行使民主选举、民主决策、民主管理、民主监督的权利。它是社会主义民主最广泛的实践，是人民当家作主最直接的体现，也是社区自治的灵魂所在。发展基层民主，能够最有效地落实人民当家作主的各项权利，能够最直接维护人民群众的切身利益。公安机关是政府部门的重要组成，社区警务在某种意义上可以说就是人民群众参与管理自己工作生活区域的社会治安事务，是公民自主责任的强化。社区自治并在社区自治中推行社区警务，让社区居民充当管理社区治安的主人，充分行使自己的权力，自主地维护着自己的合法权益，这是公民参与国家事务最直接也是最具体的政治活动，是社会主义民主政治建设最具体也是最有效的实践活动，并为今后发展直接民主和推进社区警务的改革与建设创造条件和奠定基础。

三、基层民主理论在社区警务改革与建设中的运用

社区自治对基层民主建设具有重要的意义，表现为：社区自治促进了政府与社会的分离，为基层民主建设创造了必要的社会条件；社区自治为扩大基层民主以及居民参与社区管理提供了一个重要平台；社区自治有利于化解基层的各种利益矛盾，促进社区的稳定与和谐，为基层民主建设提供良好的社会环境；社区自治制度的实践，成为居民接受民主教育、民主训练的大学校，极大地提升了居民的民主素质和民主能力，对基层民主建设具有重要的推动作用。① 因而，基层民主理论对推行社区警务改革与建设具有重要的指导意义。

（一）发展基层民主，实行社区警务的民主自治

社会主义民主的本质是人民当家作主。基层民主是公民直接参与基层组织或企业民主管理的重要形式，是人民实现民主权利的最

① 邱梦华等：《城市社区治理》，清华大学出版社 2013 年版，第 39 页。

直接形式。截至目前，我国已建立了以农村村民委员会、城市居民委员会和企业职工代表大会为主要内容的基层民主自治体系。广大人民在城乡基层群众自治组织中，依法直接行使民主选举、民主决策、民主管理和民主监督的权利，对所在基层组织的公共事务和公益事业实行民主自治。社区警务的根本目的是警察立足于社区，注重社区预防、控制犯罪机制的建设，实现警民携手、并肩合作，共同寻找分析并解决滋生犯罪的各种隐患或环境，治理日益严重的社会治安问题，还社区以安宁。不容置疑，社区警务建设、社区治安和社区安全治理，是基层组织的公共事务和公益事业的基本内容和要义。因此，必须且应当将社区警务建设、社区治安和社区安全治理作为社区自治的重要内容，并将其作为社区治理的重要内容，实行社区警务事务的民主自治。

(二)完善社区警务基层民主体制机制，进一步扩大社区警务的公民参与

社区警务和社区治安属于社会公共事务，其公共性决定了社会参与的社会性，是为了满足居住于社区的社会全体或大多数成员需要，体现其共同安全利益的工程，必须要做到多元主体的平等参与、共同参与和广泛参与。因此，加强和完善社区警务基层民主体制机制，是扩大社区警务的公民参与的保障。

加强和完善社区警务基层民主体制机制，一是要确定各参与社区警务职能主体的职责。包括职责性参与(基层社会治安综合治理委员会委员的成员单位领导，企事业单位、社会团体、社会组织中的保卫组织)、职业性参与(提供各类治安服务、参与维护治安的保安服务公司及其保安人员)、自治性参与(居民或村民委员会等自治性组织及其下设的治安保卫委员会和人民调解委员会)、志愿性参与(自愿地、不计报酬地参与社会治安的志愿者或组织)、协助性参与(各类治安协管员、辅警等)等社区警务职能主体的职责，明确各自履行社区警务的工作使命和承担的工作任务以及完成社区警务工作任务所需承担的相应责任。二是在社区范围内以社区为单位，各职能主体(包括社区民警)与社区居(村)民委员会签订社区警务岗位(或工作)责任状，由各职能主体在各自职责范围内广泛听取社区各单位、各小区和广大居(村)民对社区警务、社区治安和社区安全的意见，做到社区警务进单位、进小区、进家庭和每一个居(村)民。三是建立议事、公开、述职和问责等机制，做到社区警务(包括社区治安和社区安全治理)具体事务由各职能主体解决，共同事务由社区居(村)民委员会议事解决；做到各职能主体的社区警务工作内容、工作过程和工作结果(或效果)公开，主动接受群众监督；实行各职能主体的年中、年终述职与考核制度，实行绩效考核；对工作失职或群众不满意的相关职能主体，实行问责制，并依章依规或依法追究相应责任。

(三)推进民主协商，推动社区警务协商民主的广泛多层制度化

作为政治理论的协商民主延伸到社区警务领域，即协商民主可以是实施社区警务过程中自由平等公民通过对话、讨论、审视各种相关理由而赋予社区警务活动以理性与合法性的一种公共管理形式。协商民主的公共管理理念认为：现代社会的最显著特征就是多元化。多元文化民主面临的最大危险就是公民的分裂与对立。而协商民主是一种具有巨大潜能的民主治理形式，它尤其强调公共利益的责任、促进政治话语的相互理解、辨别所有政治意愿，以及支持那些重视所有人需求与利益的具有集体约束力的政策。作为民主治理形式的协商民主在本质上以公共利益为取向，主张通过对话实现共识，明确责任，进而做出得到普遍认同的决策。因此，推动社区警务协商民主，必须建立广泛多层的社区警务协商制度。这些制度包括：公安派出所与政府基层组织的协商制度、社区民警与社区基层组织民主协商制度、社区民警与治安保卫委员会民主协商制度、社区民警与小区物业公司民主协商制度、社区民警与辖区企事业单位民主协商制度，以及公安派出所(或社区民警)与辖区有关单位或组织的民主联席会议等，开展多种形式的社区警务基层民主协商，不断推进社区警务深入和发展，促进公民城乡社区警务、社区治理、基层公共事务和公益事业依法自我管理、自我服务、自我教育和自我监督，保障公民广泛参与社区警务和社会治安管理、监督的民主权利。

第三节　社会资本理论与运用

社区警务是社区治理的重要内容。而社区治理又是中国走向城市化、实现现代化的一个缩影，是中国地方治理的一个重要单元。用社会资本理论来分析社区警务的改革与建设，蕴藏着无限的理论生机与实践意义，这是因为社会资本的积累可以促进社区集体行动的达成以及社区公共利益的实现。

一、社会资本理论的基本内容

社会资本是 20 世纪 90 年代以后形成的为许多学科关注的热门概念和分析范式，并广泛应用于社会学、经济学、政治学、管理学乃至历史学等学科或领域。社会资本的广泛应用，一方面表明社会资本已成为一个具有较强解释力的跨学科分析框架，另一方面多学科的应用也直接导致了社会资本概念界定的不统一，使得社会资本成为争议最多的概念和理论之一。

(一)社会资本理论的演进过程

社会资本理论是近年来经济社会学理论研究的热点问题，是联系社会结构与社会行动的重要概念，促进了经济学与社会学的对话与交流。从资本理论形成的过程来看，先后形成了马克思的阶级资本理论、舒茨的人力资本理论、布迪厄的文化资本理论、科尔曼与普特南的社会资本理论和林南的社会资本理论。[①]

纵观"社会资本"百年发展历程，有学者根据国外社会资本理论在不同时期的问题指向，将社会资本理论分为市民社会的快速扩张时期、西方社会社区衰落时期、西方社会的"社区发现"时期等四个时期[②]。也有学者根据国外社会资本发展的每个阶段的代表人

---

① 吴海琳：《社会资本理论的局限与超越》，载《广西社会科学》2006 年第 12 期。

② 朱天义：《社会资本：理论边界、局限及适用性》，载《青海社会科学》2015 年第 3 期。

物以及呈现出不同的特点，将社会资本理论形成分为四个阶段，即
20 世纪 20 年代至 70 年代初的初创阶段，20 世纪 80 年代的发展阶
段，20 世纪 90 年代的扩展阶段以及进入 21 世纪至今的最新进
展。① 为便于全面考察国外社会资本理论的形成过程，分阶段介绍
如下：

1. 初创阶段："社会资本"专属称谓开始出现

1916 年，社区改革倡导者利达·汉尼范（Lyda J. Hanifan）在
《美国政治社会科学学术年鉴》上发表了题为"乡村学校社区中心"
的文章，他首次用"社会资本"这一概念。他认为，社会资本不是
指资本原有的含义，如房产、现金或其他财产等，而是指在人们日
常生活中占据重要位置且可被感受到的资源，而且是有利于个体和
社区发展的资源。也就是说，个体会在社团发展出的互助、同情和
友谊之中受益，社区将作为一个整体在其成员合作的基础上获得发
展。同时，他还把社会资本看作是与物质资源有着同等价值重要的
资源。除此之外，汉尼范还把互助和群体纳入到社会资本的分析中
来，使得"社会资本"这一概念从诞生之日起就具备了社会为中心
的属性特点。

1961 年，加拿大记者兼学者身份的简·雅各布斯（Jane Jacobs）
在《美国大城市的死与生》中开始运用社会资本这一概念来分析美
国大城市的衰退和复兴，并把"城市街区邻里网络"作为社会资本
的关键要素来分析。在她看来，街区邻里之间的网络也就等同于社
会资本。后来研究社会资本的许多学者都沿用了这种研究视角和方
法，包括布迪厄、科尔曼、普特南、格兰诺维特以及后起之秀武考
克和格鲁特尔特等学者，即把"邻里网络"作为社会资本分析重点。

初创阶段主要呈现以下特点：汉尼范第一次使用"社会资本"
这一概念，其对社区纽带重要性的分析和强调，使社会资本理论从
诞生起就具备了社会为中心的属性特点；雅各布斯定义的"城市街
区邻里网络"直接道出了社会资本的核心要素之一；同样，卢瑞把

---

① 吴军、夏建中：《国外社会资本理论：历史脉络与前沿动态》，载
《学术界》2012 年第 8 期。

社会资本与其他资本形式(如土地、货币、房屋以及机器等)地位重要性同等看待，为社会资本"生产性"属性提供了前提条件。尽管他们概括的社会资本概念和属性特点看上去有点"粗糙"，但他们的论述直指社会资本的核心特点，为其现代意义的确立和发展奠定了基础性工作。但是，初创阶段仅仅是诞生了"社会资本"这一专属称谓，并简要地指出了社区纽带、群体善意、城市街区邻里网络等构成社会资本的最初形态。然而，对于"社会资本"现代涵义和意义并没有展开论述。

2. 发展阶段："社会资本"现代意义的确立

社会资本现代意义的第一个系统诠释者，当属法国社会学家皮埃尔·布迪厄(Pierre Bourdieu)。1980 年，他在《社会科学研究》杂志上发表了题为《社会资本随笔》的短文，明确提出了社会资本的概念，即实际或潜在的资源集合，这些资源与拥有相互熟识和认可的、或多或少制度化的关系的持久网络相联系。1986 年，他在《资本的形式》一文将资本分为经济资本(以金钱为媒介，以产权为制度化形式)、文化资本(以文凭、学历、证书等为符号，以学位为制度化形式)、社会资本(以社会声望、名誉、权威和头衔等为符号，以社会契约为制度化形式)等三种基本形式。布迪厄在《布迪厄访谈录——文化资本与社会炼金术》中最为系统地阐述他的社会资本理论，他认为：社会资本是比较稳定、制度化和可持续的一种社会关系网络，这种网络可以提供一定的资源。它存在于亲属关系、职业关系、组织关系和邻里关系等之中，并通过制度化的网络关系和固定化的行为得到保障和加强。①

布迪厄眼中的社会资本除了资源性和社会关系网络特性外，还具有高度生产性的特点。即凭借社会资本，行动者可以直接获得经济资源，如补助性贷款、保护性市场以及投机取巧等；同时，它也能通过与专家或有知识的个体接触提高自己的文化资本，如物化的文化资本(Embodied Cultural Capital)；或者能够与可以授予有价值

---

① 布迪厄：《布迪厄访谈录——文化资本与社会炼金术》，包亚明译，上海人民出版社 1997 年版，第 202 页。

的信任状的机构建立联系，如制度化的文化资本（Institutionalized Cultural Capital）。①

确立社会资本现代意义的还有美国社会学家詹弗斯·科尔曼（James S. Coleman）。1988 年，科尔曼在《美国社会学杂志》上发表了题为《社会资本创造人力资源》的文章，通过大量实证研究来检验社会资本理论由微观层面到宏观层面的超越。1990 年，他又出版了《社会理论的基础》（Foundations of Social Theory）一书，用理性选择理论来进一步阐述了社会资本理论。他认为，社会资本理论框架能够实现微观和宏观的联接，即社会资本有助于解释微观现象的差别，又可以实现微观到宏观的过渡。与此同时，他还指出了社会资本的三个特性：第一，社会资本具有不可转让性（因为它是一种社会关系，与社会结构的特征一样，社会资本对其受益者而言，不是一种私有财产）；第二，社会资本具有公共物品性质（如信任、规范、信息网络等）；第三，社会资本与其他形式的资本（主要指货币资本和人力资本）地位同等重要（尽管资本形式不同，但它们都具有一个共同属性，即资本的生产性。正是具有生产性的特性，它使得行动者的目标取得变为可能，相反，如果缺乏社会资本，这些目标是不会实现）。

可以说，科尔曼是第一个明确地和系统地将社会资本从个人为中心（Ego-centric）的概念转向了社会为中心（Socio-centric）的分析中来，从而为后来普特南对社会资本理论现代意义的扩展奠定了理论基础。

3. 扩展阶段："社会资本"理论研究出现分化

伴随着现代意义的扩充，社会资本研究呈现出了泾渭分明的两支：即以社会为中心和以个人为中心。

"社会资本"理论研究以社会为中心的代表人物，包括罗伯特·普特南（Robert D. Putnam）、弗朗西斯·福山（Francis

① 亚历杭德罗·波特斯：《社会资本在现代社会学中的缘起和应用》，载李惠斌、杨雪冬：《社会资本与社会发展》，社会科学文献出版社 2000 年版，第 122 页。

Fukuyama)等，强调公民参与、共享规范和社会信任等元素与制度绩效、经济繁荣和社会发展的关联。

20世纪90年代以来，美国哈佛大学教授罗伯特·普特南先后发表了题为《美国社会资本的消失》等系列论文和出版了《使民主运转起来》《独自去打保龄球》等著作，对社会资本与公民参与、制度绩效等之间的关系进行了系统研究。他认为，社会资本是指社会组织的特征，诸如信任、规范和网络，它们能够通过促进合作行为来提高社会的效率。① 在他看来，密集的社会互动网络，以及自愿性社团的约束性机制，会减少机会主义、投机主义和"搭便车"现象，也容易产生公共舆论和其他有助于培养声誉的方式，是建立信任关系和信用社会的必要基础。②

美籍日裔学者弗朗西斯·福山(Francis Fukuyama)是继普特南把"公民参与"纳入到社会资本分析中之后，又为社会资本增添了一个新成员(即"社会规范")的学者。他先后发表的理论成果《信任：社会美德与创造经济繁荣》和《公民社会与发展》中都对社会资本做了比较深入的诠释。他认为：构成社会资本的规范应紧紧锁定在"必须能够促进群体合作"上来，而这种促进群体合作的规范往往与传统美德紧密相连，如严守诚信、遵守诺言、履行义务及互惠等，即对社会资本的理解应为促进经济繁荣和社会发展的价值规范，即普遍的社会信任。同时，他还在更宽广的层次来论述社会资本，如群体层面、国家和社会层面等，明确阐明了以社会为中心的社会资本的功能，即普遍的社会信任与经济繁荣之间的关系。③

"社会资本"理论研究以个人为中心的代表人物，包括亚历杭德罗·波提斯(Alejandro Portes)、麦克·格兰诺维特(Mark Granovetter)、林南(Nan Lin)等，强调个体如何在网络结构中进行

---

① 罗伯特·普特南：《使民主运转起来——现代意大利的公民传统》，王列等译，江西人民出版社2001年版，第195页。

② 燕继荣：《投资社会资本》，北京大学出版社2006年版，第79页。

③ 吴军、夏建中：《国外社会资本理论：历史脉络与前沿动态》，载《学术界》2012年第8期。

资源投资和回报。

亚历杭德罗·波提斯认为，社会资本的主要含义是：通过个体具有的成员资格身份在宽泛的社会结构（如组织、网络等）中获取的短缺资源的能力，而且，这种获取社会资本的能力不是固定不变的，而是存在于个体之间变动着的关系中；社会资本是嵌入的结果。① 既然把社会资本作为"嵌入"的结果，他还区分了理性嵌入和结构性嵌入。他认为，互惠的期待与可强制推行的信任二者都是借助于对约束因素的恐惧而推行的。通过从双方约束预期调节的社会联系向由强制推行的信任调节的社会联系的过渡，从而，他把社会资本概念从自我中心（Ego-center）层次扩展为更宏观的社会结构影响的层次。

继波提斯之后，林南又是以个体为中心社会资本的倡导者的典型代表。他在《社会资本——关于社会结构与行动理论》一书中，将社会资本定义为：社会资本——作为在市场中期望得到回报的社会关系投资，可以定义为在目的性行动中获取的，或被动员的、嵌入在社会结构中的资源。② 显然，林南社会资本的研究聚焦在"个体期望在市场中得到回报的社会关系投资"。

罗纳德·博特（Ronald Burt）把社会资本定义为网络结构给网络中的行动者提供信息和资源控制的程度，他称之为"朋友、同事以及更一般的熟人，通过他们获得使用金融和人力资本的机会"，亦即"结构洞的社会资本"。③ 马克·格兰诺维特（Mark Granovetter）也是社会资本研究中的典型代表，他在美国《社会学理论》杂志上发表的《弱连接的力量》一文中阐述了"弱关系"理论。

---

① Alejandro Portes：Economic Sociology and the Sociology of Immigration：A Conceptual Overview, in the Economic Sociology of Immigration：Essays on Networks，Etlinicity，and Entreprenersliip，ed. by Alejandro Portes，New York：Russell Sage Foundation，1995，pp. 11-13.

② 林南：《社会资本——关于社会结构与行动理论》，张磊译，上海人民出版社 2005 年版，第 24~28 页。

③ 张文宏：《社会资本理论争辩与经验研究》，载《社会学研究》2003 年第 4 期。

4. 最新研究前沿：争论与合理化分类

尽管以个人为中心和以社会为中心社会资本理论研究取向存在着争论和分歧，但是，进入 21 世纪后，这种争论和分歧才渐渐达成共识。这种共识的基础来源于对社会资本的一致性认识。这种一致性认识主要表现在三个方面：第一，他们会把"社会资本"看作是一种资源，并将其与物质资本同等地位看待；第二，社会资本属性具有生产性和不可转让性的认识基本达成一致（公共物品属性的争论存在于以社会为中心和以个人为中心分值流派上面）；第三，诸如信任、关系、网络和规范等因素，被作为社会资本的主要组成部分获得学者们的一致的认同。

这种共识推动了社会资本向更深入、更系统化发展。这主要表现在对社会资本的合理性划分和测量方面。这集中在两个维度上：一是二元划分法（结构性社会资本和认知性社会资本），二是三元划分法（微观、中观和宏观社会资本），其中以二元划分法居多。结构性社会资本是指相对客观和外部可观察到的结构性资源，诸如网络、社团、机构以及相应的规章制度等；认知性社会资本表现为比较主观和抽象，比如普遍的社会信任、互惠双赢的理念、共享的行为规范以及价值观等。①

国内关于社会资本理论的研究大致可以分为三个方面：一是从比较宽泛的经济与文化的角度所进行的研究；二是从制度经济学的角度研究制度、规范以及网络对于经济发展的意义；三是主要关注社会网络关系、直接以社会资本为对象的理论研究（李惠斌，2000）。从社会实践角度，主要是社会资本在家族企业管理、社会资本在社区资本和政府管理方面的应用研究。

20 世纪 90 年代以来，著名经济学家吴敬琏、樊纲等人从制度经济学角度对相关问题进行研究。由李惠斌、杨雪冬主编的《社会资本和社会发展》和曹荣湘所著的《走出囚徒的困境——社会资本与制度分析》，分别汇集了十几位国外知名的社会学家和经济学家

---

① 吴军、夏建中：《国外社会资本理论：历史脉络与前沿动态》，载《学术界》2012 年第 8 期。

对社会资本的研究成果，代表着国际上在该领域的最高水平，对于国外社会资本方面的研究成果在我国的传播起到了极大的推动作用。较早在中国提出并具体研究社会资本概念的是中国社会科学院社会学所的张其仔博士。他比较系统地研究了社会资本理论，并对社会资本与经济效益做了量化分析。香港学者边燕杰对社会资本进行了大量研究，侧重于社会网络方面的探索，并提出了"强关系"理论①。陈健民和丘海雄（1999）对民间社团的研究发现社团成员可以凭借其成员身份获得更多的社会资本，从而获取更多的资源。北京大学经济学教授张维迎（2001），侧重于信誉、信任和信用方面对产权方面影响的研究。中国人民大学的郑也夫教授致力于信任方面的研究，不仅自己著有《信任论》一书，还将大量国外有关信任方面的优秀作品译成中文。国内学者李惠斌、杨雪冬对社会资本综合理论进行了归纳总结和分析研究。桂勇、俞可平和赵延东等都对公民社会选举、城市再就业等方面社会资本有较深入的研究。

（二）社会资本理论的基本理解

1. 社会资本的基本含义

从以上分析看，社会资本概念上存在着混乱，社会资本究竟是社会关系的基础还是社会关系的内容，是资源还是获取这种资源的能力，抑或是二者的结合，均有不同的解释。现代也有学者试图对社会资本作出解释②，但笔者赞同并认为，社会资本是指处于社会网络或更广泛的社会结构中的所能调动的为自己（或组织）带来经济效益的社会资源。③ 社会资本是个人可动员的社会资源，而不是

---

① 边燕杰：《找回强关系：中国的间接关系，网络桥梁和求职》，载《国外社会学》1998 年第 2 期。

② 董少军等认为，社会资本是指人们在一定的社会规范或者规则的约束下，在一定的社会网络中出自信任与他人发生合作等从而获取或者提供资源，并且在这种信任关系的影响下促进社会的发展。参见董少军、王赟、刘倩、李蕙君：《基于社会资本理论的我国和谐社区建设的对策研究》，载《科协论坛》2012 年第 6 期（下）。

③ 顾慈阳：《社会资本理论及其应用研究》，天津大学 2004 年博士论文。

自己的能力。所有能够导致个人（或组织）的资源增加并影响未来货币收入的存在于个人（或组织）之外的各种因素，诸如社会关系网络、信任等，均属社会资本。

　　而且，对于个人、组织和国家三个群体，社会资本有不同的含义。就个人而言，其社会资本是指个体能够调动的能为其创造经济效益的一切社会资源，包括个人所具有的声誉、权力和地位等以及个人或家庭所有拥有的社会关系网络总和，诸如能给自己带来经济效益的亲属、同学、同事和朋友等；对于组织而言，其社会资本是指组织得以调动的能为其创造经济效益的一切社会资源，包括组织的信誉、规模、资金筹措能力等，以及该组织或者组织内的每一位成员拥有的、愿意而且能够为组织带来效益的社会关系网络总和，诸如协作单位、往来客户或者总经理的个人关系等；对于国家而言，其社会资本是指国家得以调动的能为其创造经济效益的一切社会资源，包括一个国家的国际地位、经济实力、政治制度、法律体系等以及国家拥有的国际关系或者本国全体公民拥有的、愿意而且能够为国家带来效益的社会关系总和。

　　2. 社会资本的构成

　　由于对社会资本的定义不同，针对的问题不同，各个学者对社会资本的构成认识也有差别。但大部分学者都把社会网络、规范、信任、合作看作是社会资本的构成要素。比如福山在《信任：社会美德与创造经济繁荣》一书中，将社会或群体中成员之间信任的普及程度视为一种社会资本，并认为社会的经济繁荣在相当程度上取决于该社会的信任程度的高低。奥斯特罗姆强调的要素是规范，布迪厄强调的是制度化的社会网络，普特南强调的是网络、规范和信任等①。综合而言，社会资本的构成主要由如下四个要素构成：②

　　一是社会信任。社会资本是由公民的信任、互惠与合作等一系

---

　　①　李东旭：《社会资本理论研究综述》，载《世纪桥》2010 年第 11 期。

　　②　袁振龙认为，社会资本具有规范、网络和组织等三大要素。参见袁振龙：《社会资本与社会安全——关于北京城乡结合部地区增进社会资本促进社会安全的研究》，载《中国人民公安大学学报（社会科学版）》2007 年第 3 期。

列态度和价值观构成的。信任是一切个人关系的基础，也是合作的基础。合作的过程虽然大部分合作是非零和博弈，但对于合作双方是互惠的。信任可以扩展为声誉、品牌、职位和权力等形式。信任是社会资本的基本内容和形成的基础。

二是社会网络。网络原本是一个电子学用语，意指在电的系统中，由若干元件组成的用来使电信号按一定要求传输的电路或者这种电路的部分，称作网络。社会学家将此概念引入社会科学，其表达的是人际关系网络，指的是人和人之间为了达成某种目标，所建立起的相互作用和影响的一种关系。社会关系是获取信息的重要途径，处于该关系中的行动者利用社会关系来获取信息，为行动提供便利，为资本的创造提供了可能。

三是社会组织。社会组织包括正式组织和非正式组织。正式组织与非正式组织(群体)之间的最大差别是正式组织的成员都是为了薪水而工作，非正式群体往往是志愿性的或因共同兴趣而工作。非正式组织(群体)是以信任为基础建立起的一个社会关系网络，社会团体中人们彼此之间的信任，蕴含着比物质资本和人力资本更大而且更明显的价值，在高信任度的社会组织中，组织创新的可能性更大。可见，社团中蕴含着巨大的社会资本。

四是社会规范。规范是指明文规定或约定俗成的社会行为标准。它通过一套机制惩罚自私自利的行为，奖励大公无私的行为，要求个体放弃自我利益而按公共利益行事，从而使某些社会行动目标更容易实现，由此构成了极其重要的社会资本。这类社会资本对组织目标的实现、社会秩序的维护乃至社会制度的成熟与发展都提供了有利的条件。

3. 社会资本的特征

虽然社会资本的内含广泛，但其有如下特性：

第一，价值的潜在性。社会资本是社会网络或更广泛的社会结构中的人们动员的能为自己(或组织)带来经济效益的社会资源，是一种无形的资本。社会资本既不像物质资本具有具体的形态，也不像人力资本存在于自身的体内，社会资本存在于社会关系之中，即存在于其他人的身上。

第二，难以测度性。由于社会资本的无形性，而且依附于自身以外的其他个体身上，所以更加重其难以测度性。

第三，个体私有性。就个体而言，社会资本具有私有性，可以拥有者由自身掌握。社会资本是否转让、租借和售卖给别人，可以有所有者自己决定。

第四，群体依赖性。社会资本不能独立的存在，它存在于其他的个体身上。社会资本建立在至少两人存在的社会群体之中，被镶嵌在其所有者拥有的社会关系网络之中。社会资本完全依赖其所有者拥有的社会关系存在的那个群体，在该群体之中才能存在，离开它，社会资本将不复存在。

第五，时效性。社会资本存在于个人的社会关系之中，这个社会关系靠个体的信誉和实力等因素维系着，一旦自己失去某种实力，社会关系网络不复存在，社会资本也将随之消失。社会资本具有典型的时效性，不便于长时间地保存，错过了一定期限或者一定的社会环境，其价值将大大减缩。

第六，社会资本具有不可完全转移性。社会资本与物质资本不同，不能完全地转移给其他的所有者。即使一个人可以利用物质资本或者社会资本等从其他人的手中换取到社会资本，但是不能获取到全部，只能通过其他人发挥作用。

二、社会资本理论与社区警务的内存联系

社会资本理论提出前，在早期的犯罪社会学研究中，尽管当时的学者们并没有明确地使用"社会资本"概念，但社会资本与社区治安或社区警务的关系已经被隐约提到。比如社区治安思想就强调要增强警察与社区成员之间的理解与信任；社区警务战略强调警方必须加强与社区的合作；社区管制理论提倡警察要鼓励当地居民积极地参与监控自己的风险，警察应与居民紧密合作来改善当地社区的规范和不文明行为；"破窗"理论和"零容忍管制"提示我们，如果警察和当地居民都不承担维护社区的责任，更多秩序混乱的迹象就会出现；"最小管辖"方法强调要由当地选出的警察当局对市民负责，从而努力使警察重新获得当地社区的信任；社会控制理论认

为，旨在防止越轨并鼓励遵从的努力就是社会控制，社会控制可分为内在控制和外在控制两种。内在控制就是那些引导人们自我激励并按遵从的方式行动的过程，外在控制是运用各种正式和非正式的社会约束来促使人们遵从的各种外在压力。① 显然，学者们往往是使用诸如社会态度、社会联系、常规传统、邻里机构、公共舆论、社会组织、睦邻关系、恶劣的环境、社会化强度、社会规范、信任、社会关系、文化冲突、社会控制、外部遏制等术语来讨论与违法犯罪或越轨行为的关系。

社会资本理论提出后，国内也有学者提出，可以用社会资本的概念和理论来研究分析我国的犯罪等社会问题，董少平将社会资本理论引入到社会治安中，提出了"社会治安资本"的概念。他认为，社会治安资本包括三方面的内容，即社会治安资本的政治资源、公民社会自治理的社会资源及单位体制的组织资源。② 袁振龙在研究北京城乡结合部地区的治安案件高发现象时指出，在城市化加速的进程中，该地区原有的社会关系网络受到强烈冲击，原有的社会管理模式难以应对人口剧增的压力，流动人口的大量涌入使得城乡结合部地区由原来相互之间较为熟悉的"熟人社会"变成了互不熟悉的"陌生人社会"。由于新的社会关系网络尚未形成，新的社会管理模式还未健全，新的社会规范尚未确立，社会信任也未建立，该地区的社会资本骤然下降，预防和应对各种社会风险的能力降低，以致治安案件高发。如果一个社区的社会资本要素增加，其治安形势就可能趋于好转。③ 此后，我国学者开始运用社会资本理论开展对我国社区建设、社区安全和社区警务的研究，且大多是从社会资本的某一要素角度考虑的，但无论如何，在国内运用社会资本理论

---

① 袁振龙：《社会资本与社区治安的相关研究综述》，载《新视野》2012年第2期。

② 董少平：《关于社会治安资本的几个理论问题探讨》，载《北京行政学院学报》2007年第3期。

③ 袁振龙：《社会资本与社会安全——关于北京城乡结合部地区增进社会资本促进社会安全的研究》，载《中国人民公安大学学报（社会科学版）》2007年第3期。

开展研究社会问题，这是一个好的开端。

就社区警务而言，社区警务作为世界第四次警务革命的成果已经成为很多国家警界的共识。对于社区警务内涵的理解，一般均从警民合作伙伴关系、社会治理以及群众路线新发展等理论层面去认识，并从社区警务室建设、社区警务机制建设等工作层面去实践。这本无可非议。然而，从社会资本的基本含义和要素以及社会资本之于社区警务的价值关系来看，用社会资本理论指导并开展社区警务活动，或许会成为社区警务的一个新颖而有效的切入点。

社区警务本质上是要求社区各种力量，共同参与，充分运用社区社会资本，预防各种侵害，维护社区治安，增加公民的安全感，努力建设和谐安定的社区环境。社会资本对于社区警务有着内在的、本质的价值一致性和联系。

社会资本核心要素之一的信任，是重要的社会整合力量，有利于社会良性运行。它是社区和谐人际关系的润滑剂，对维护社区协作秩序，增加社区居民归属感、认同感有积极意义。而社区信任是社会信任在社区层面的反映，主要是指社区成员对其他主体采取某一特定行动的主观可能性的评价。它包括制度信任、一般信任、普遍信任和特殊信任。① 社区信任的形成、社会资本的累积离不开社区频繁的互动和长期的交往，在此过程中往往体现为居民积极参与社区活动，彼此间熟悉程度和情感亲密度增加。一方面，在这种人与环境高度熟悉、亲密的社区情境中，是有利于回归传统社区中邻里守望、守望相助状态的；另一方面，充满人情味的社区也有利于消解矛盾纠纷，定纷止争。这无疑是一张隐形的社区安全防范网络，在消除治安隐患、提升社区安全防范能力的同时，也增加了居

---

① 袁振龙认为，制度信任主要是指社区成员对国家组织、正式的法律规章制度等的信任；一般信任主要是指社区成员对社区自治组织或基层服务机构的信任关系；普遍信任主要是指建立在契约关系基础上的信任关系，它不以情感的存在为前提，比如对陌生人的信任等。所谓特殊信任，主要是指建立在血缘、亲缘、地缘基础上，并以道德、意识形态等非制度安排为保证的信任关系。参见：袁振龙：《社区信任与社区治安——从社会资本理论视角出发的一种实证研究》，载《江西公安专科学校学报》2010 年第 5 期。

民的安全感。可以说，社区或社会信任与社区治安存在着较显著的相关性，一般来说，社区的信任水平越高，社区的治安状况越好，社区成员对社区治安状况的评价越好；反之，社区的信任水平越低，社区的治安状况越差，社区成员对社区治安状况的评价也越差。①

作为社会资本核心要素之一社会网络，是指联结社区行动者的一系列联系或社会关系，主要包括社区成员之间的联系、互动、互助及居民的志愿精神等，它是社区关系网络的总和，它属于整体网的范畴。在人际关系网络中，社会网络包括横联系和纵联系。横联系的网络是把具有相同或相近地位和权力的人们结合在一起。网络内的每一成员通常超越原有社会地位或者社会背景，相互之间是互惠的或者是共同受惠的，大家在网络中获取的利益是对称的。纵联系的网络是将不平等的行为者结合到不对称的等级和依附关系之中，在网络内的每一个体通常不能超越社会地位或者社会背景，成员们在网络之中获取的利益是非对称。因此，纵联系成员之间的地位是非平等的，获取的利益是差异的；横联系成员之间的地位是相对平等的，获取的利益是相近的。有学者从"邻里交往、志愿精神和邻里互助"三个维度，对社区网络与社区治安状况存在相关性进行实证研究，得出的基本结论是：如果一个社区的互动网络越稠密，社区成员之间的互动和互助越多，其治安状况越好；如果社区的网络越稀薄，社区成员之间的互动与互助越少，其治安状况越差。②

作为社会资本核心要素之一的社会组织——无论是正式组织（即在同一规范与目标的指引下协同活动的一种稳定组合，有其固定的组合形态），还是非正式组织或群体（即无规范的，不定型的，由一些自然因素使人们结合在一起的非稳定性组合），都是在利用

① 袁振龙：《社区信任与社区治安——从社会资本理论视角出发的一种实证研究》，载《江西公安专科学校学报》2010年第5期。

② 袁振龙：《社区网络与社区治安——关于北京社区治安状况的一个实证研究》，载《甘肃行政学院学报》2011年第1期。

社会资本将参与者凝聚在一起，并获取成员们的社会资本。当然，正式组织与非正式组织（群体）两者相互依存，后者往往在前者的基础之上而产生，并作用与影响着前者。社区是由彼此联系、具有共同利益或纽带、共存于同一区域的人们组成的群体。一方面，社区是社会资本存在的载体，为社会资本提供了存在的空间，社区的存在促进了社会资本的形成。密集的社会网络提供了民众参与且构成社会资本存在的条件，促进了社会资本有效形成。另一方面，社会资本将民众连接成一个社区，并促进了社区的发展。社会资本的粘合剂作用将社团成员聚集在一起，这种粘合剂的材料就是互惠与信任。社区警务工作的战略目标就是需要借助社会力量引入多主体参与，通挖掘社会资源来开展治安管理、提供公共服务，在良性互动的过程中形成公安机关与各类非政府行为体之间的合作共治关系，使公共安全利益最大化。

　　作为社会资本核心要素之一的社会规范，是人类社会日常生活中的一种行为准则，规范在社会理论中具有十分重要的地位。它是人们社会行为的准则，社会活动的准则，是人类为了社会共同生活的需要，在社会互动过程中衍生出来的，相习成风，约定俗成，或者由人们共同制定并明确施行的。① 社会规范包括正式的和非正式的。有效的社会规范是一种作用很大的社会资本。规范对个人行动起着重要的约束作用，它通过惩罚自私自利的行为，奖励大公无私的行动，要求人们放弃自我利益而依集体利益行事，从而使某些行动目标更容易实现，由此构成了极其重要的社会资本。而"社区社会规范"，主要是指社区内存在的各种正式和非正式的规范的总和，是人们参与社区生活的行为准则，主要包括道德规范、制度规范及社区成员对规范的评价等。有学者对社区社会规范与社区治安的相关性作过实证研究，并得出的结论是：如果一个社区的社会规范越有力，社区成员对社会规范的认同率越高，对社会规范的遵从程度越高，其治安状况越好；如果社区的社会规范越弱小，社区成

---

　　① 本书编写组：《大百科全书·社会学卷》，中国大百科全书出版社1991年版，第302页。

员对社会规范的认同率越低，对社会规范的遵从程度越低，其治安状况越差。①

三、社会资本理论在社区警务改革与建设中的运用

(一)培育社区社会信任，奠定社区警务的基础

社区警务改革与建设，离不开对社会信任的培育。社会信任是存在于居民之间、居民与组织、组织与组织之间的信任关系，通过培育上述三种关系之间的信任，以进一步培育社区社会资本，奠定社区警务改革与建设的基础。

一是培育居民之间的信任关系。社区在开展安全社区或社区警务建设之时，要依托自身各种(包括网格化管理)平台，对辖区群众进行有关安全社区或社区警务理念的宣传和教育，动员各级各类社区社会组织、社区志愿者、驻区单位等力量开展针对重点行业、重点场所、重点人群的安全宣传教育活动。通过形式多样的活动吸引、动员群众积极参与开设橱窗宣传，悬挂宣传横幅、安全责任牌、警示牌，张贴交通安全车贴，结合各社区组织的社区活动，将消防演练、安全知识竞赛、安全文化巡演、安全影片巡放等宣教活动纳入其中，形成"人人参与、共建共享"的良好氛围，全员参与、持续改进等安全社区或社区警务建设的理念深入人心。② 在开展安全社区或社区警务建设特别是参与社区安全宣传教育活动的过程中，调动居民参与的积极性，让共同参与社区安全事务的居民相互协商、交流，使得参与网络、利他互惠规则得以建立，同时，居民们在高频次的互动中增进熟悉度和亲密度，促进融合，增加信任，有助于积聚和扩展社会信任，提高聚合社会资本的能力。③

二是建立居民与社区组织之间的信任关系。在培育居民之间的

---

① 袁振龙：《社区社会规范与社区治安研究——从社会资本理论视角出发的一种实证研究》，载《北京人民警察学院学报》2011年第2期。

② 黄观林：《南京市栖霞区仙林街道网格化服务离不开社区社会组织这个细胞》，载《中国社会组织》2014年第8期。

③ 唐静：《社会资本与社区安全治理研究——以南京市Q区×街道为例》，载《云南警官学院学报》2016年第2期。

信任关系的同时，大力推行警务工作社会化，充分激励广大社区群众参加安全防范的积极性，加深对警务工作的了解和对警察以及警务工作理解和支持；通过公安机关的带领、指导和支持，积极筹措社会资金，开展群防群治工作，特别是通过加强基层社区组织、单位和个人的人防、物防和技防力量，更好地满足社区成员的安全需求；通过加强群防群治组织建设，积极开展创建安全文明社区活动，全面落实安全防范措施，提高居民群众的安全意识，促使居民群众由"要我安全"向"我要安全"、"我会安全"转变，并通过个人、家庭自我防范，单位自我防范和社区治安防范工作，使安全领域的事故与伤害明显下降，不断增强居民群众的安全感，在居民群众安全感、满意度提升的同时增强了居民对组织、政府的信任。

三是培养组织之间的信任关系。社区警务或安全社区建设，涉及街道、综治委、公安、信访、安监、质监、教育、住建、交通、卫生等相关职能部门和社区居(村)委会、派出所、辖区医疗机构、企事业单位、社会组织以及人民调解委员会、治保会、单位内保组织等。因此，在街道或社区应当建立一个由街道主导、多部门、多种力量组成的跨界合作协商组织，如街道安全社区促进委员会、社区议事机构等，协调、沟通辖区内各级各类社会组织和社会力量共同投身于社区警务或安全社区建设工作，并综合使用行政、市场、公益等方式手段动员、整合各方资源，各类组织结合自身组织资源，推进社区警务或安全社区建设工作。通过跨界合作协商组织或在跨界合作的过程中，街道与社区其他组织之间、社区其他组织之间平等协商、沟通，配合默契，从而建立良好的信任关系。

（二）建立健全社区互惠规范，构建社区警务的良好机制

社区互惠规范是指在长期的互动交流中，社区成员之间形成的被普遍接受的价值判断和有利于社会协调运转、良性运行的共识性认识，包括正式的和非正式的规范。① 社区互惠性规范的功能在于

---

① 唐静：《社会资本与社区安全治理研究——以南京市 Q 区×街道为例》，载《云南警官学院学报》2016 年第 2 期。

使社区居民能得到良好的需求预期，创造有序进行资源分享与提供的氛围。① 然而在社区警务改革与建设和社区建设中，建立健全社区互惠性规范，就是要使社区警务改革与建设和社区建设工作有章可循，有必要的制度性保障。

一是建章立制，建立正式规范。社区互惠正式规范是具有重要作用的社会资本。在社区警务改革与建设和社区建设工作中，要根据工作的需要，制定一系列必要的制度规范，包括各参与主体之间的信息交流制度、例会制度、教育培训制度、监督检测制度、档案管理制度、评估评价制度、志愿者制度等。完善的制度规范使各参与主体有章可循、明确各自权利边界和职责义务，规范各参与主体的行为，提高实践过程规范性，同时也保证了社区警务改革与建设工作的有效评估和持续改进。

二是居民参与，建立非正式规范。非正式规范主要是相对于各参与主体各项正式的规章制度而言，居民在共同参与安全社区创建或社区警务改革与建设过程中建立的非制度化的规范，如在社区公共安全事务中形成的社区矛盾纠纷的养犬、停车管理、群租房、消防安全等事项的居民公约；治安志愿服务中居民不计报酬、自发组成义务巡逻队协助小区物业进行巡逻防范的利他行为等。这些非正式互惠规范的形成，实质上是居民参与社区治安治理的过程中为解决矛盾纠纷、分配公共资源、协调人际关系的互动过程中形成的。特别是社区治安志愿服务的利他行为，感召着其他居民使之产生回馈他人的责任感，进一步促进非正式的社区互惠规范的生成。②

（三）积极构建社区参与网络，培育社区警务的社会组织

社区治安网络是社会资本的直观体现，社区治安网络结构、层次等方面的特征，直接反映了社区社会治安资本的多少。一般而言，社区治安网络可分为纵向社区治安网络和横向社区治安网络。

---

① 董少军、王赟、刘倩、李蕙君：《基于社会资本理论的我国和谐社区建设的对策研究》，载《科协论坛》2012 年第 6 期（下）。

② 赵罗英、夏建中：《社会资本与社区社会组织培育——以北京市 D 区为例》，载《学习与实践》2014 年第 3 期。

从静态角度看，纵向社区治安网络由街道——社区（居民或村民委员会）——各社区基层组织构成，横向社区治安网络由街道层面的街道办、综治委、公安、信访、安监、质监、教育、住建、交通、卫生等职能机构及社区层面的居（村）委会、派出所、辖区医疗机构、企事业单位、社会组织以及人民调解委员会、治保会、单位内保组织等组成，但从动态角度看，上述静态社区治安网络能否都参与到社区警务中来，关键在于参与机制的构建。这种参与机制的形成往往依赖于社区内生力和外部推力共同作用。换句话说，通过社区内生力和外部推力，使街道（政府）、社区社会组织、治安社会组织和居民在互动、合作，从而形成横向、纵向交错的社区网络，积累了社区社会治安资本，推动社区警务工作进程，并在这一过程中，培育社区警务的社会组织。

有资料显示①，通过项目引进或购买服务等，能建设纵向社区治安网络。如通过购买服务的方式，街道与支持类专业社会组织之间形成了合作网络。在合作网络中，街道（政府）负责提供资金和场地、管理、监督整个服务过程，支持类组织提供专业的组织孵化与督导、评估服务，这一创新模式显示出以简政放权思想为指导的涉及政府、市场、社会三方的合作与分权治理。也有通过提供专业社工支持，培育社区组织（社区居委会）与社区社会组织的横向联系，支持类专业社会组织形成了与社区组织、社区社会组织之间的合作网络，从而织密横向社区网络的。如在社区社会组织培育的过程中，支持类社会组织首先积极争取街道各居委会的信任与支持，共同发掘社区精英，开展针对性的培训提升其参与式社会工作的能力，指导他们进行项目策划、居民动员、项目实施并对其督导，使得社区社会组织得以孵化，在社区居委会的监督下能够根据社区居民的安全需求自主制订项目计划。这样，一改社区居委会与社区社会组织间传统的依附、管制关系，转而建立一种横向的指导与监督的关系网络。社区社会组织的培育与发展使得各社区居民之间的互

---

① 唐静：《社会资本与社区安全治理研究——以南京市 Q 区×街道为例》，载《云南警官学院学报》2016 年第 2 期。

动网络得以建立。社区居民通过参与、关注本社区的公共安全事务，增进了了解和互动，增加了社区的内在凝聚力，居民们团结起来，织密了社区治安横向参与网络。

第五章　我国社区警务运行模式
与机制研判

　　社区警务运行是指在社区治理环境中的现实运作过程，即通过一定的运行模式和机制，运用社区治安资源，解决社区治安问题，改善社区治安环境，强化社区自卫互助的过程。其中，模式和机制是社区警务运行的两个基本要素，其科学与否，直接影响到社区警务的运行及社区警务实施的效能。

第一节　我国社区警务模式分析

一、社区警务模式的内涵与要素

(一)社区警务模式的内涵

　　一般而言，模式即事物的标准样式，是对事物存在方式的高度抽象和概括，是经验与理论之间的一种知识系统。按照美国著名社区工作专家罗斯曼的看法，模式是较为具体的、详细的紧凑的内存形式或典范。模式处于较为松散的一般性取向和较为严谨的"思想类型"之间的位置。① 而每个模式都描述了一个在我们的环境中不断出现的问题，然后描述了该问题的解决方案的核心。通过这种方式，可以无数次地使用那些已有的解决方案，无需再重复相同的工作。模式至少应达到以下几个方面的标准：①模式应有一种制度化的稳定性；②模式应跟其他模式不同，具备独特性或称差异性；③模式一旦确立后能够被他人所模仿，学术的语言叫做有扩散性；④

---

　　① 邱梦华等：《城市社区治理》，清华大学出版社 2013 年版，第 73 页。

模式应不仅自己承认，还被他人认可。①

何谓社区警务模式，学界并没有形成一致的意见。有学者认为，所谓社区警务模式是指在社区中，社区警察在社区公共安全产品与服务生产方面扮演"掌舵者"、"催化者"、"组织者"与"促进者"的角色，在一定时间内引导、组织与促进社区人员由公共安全产品与服务的被动的单纯的消费者转变为主动的协作生产者共同防范或消除违法犯罪事件的发生，共同营造和谐安全的公共安全环境。② 但更多的学者则将社区警务模式视同社区警务的工作机制，更有学者从社区警务的工作方式、内部结构、警务理念、管理方式、构建措施或结构框架等角度来阐述社区警务模式的。

但究竟何谓社区警务模式？社区警务模式应是指对社区警务实践进行反思和概括得出的具有代表意义的典型形式，或者是可以使人参照执行的标准样式。具体可作如下理解：

第一，社区警务模式是指一种相对稳定的社区警务功能结构方式，也就是根据社区警务需求变化，把社区内部有关组织的功能进行优化组合，构成一套区域共同体一体化的社区治安的治理方式。

第二，社区警务模式是一种对社区治安治理参照性指导方案。此种方案式一旦确立后能够被他人所模仿，即具有扩散性，有助于高效完成社区警务任务，达到事半功倍的效果。

第三，社区警务模式包含"模型"和"范式"两层意义。从模型的角度看，模式具有理论意义，它是一种实施理论或操作理论；从范式的角度看，模式又具有实践意义，它是一种榜样或样式。

第四，社区警务模式是指如何推进社区治安治理或社区警务发展的实践操作化的工作模式。它是社区警务思想、理念的外化形式，是开展社区警务活动、落实各项工作措施的基本载体，是影响社区警务工作水平和质量的重要环节，是一个关乎社区警务绩效的核心命题。

---

① 王均平：《治安学》，武汉大学出版社 2016 年版，第 189 页。

② 王庆锋、肖佳：《城市静动态社区警务模式演进关系探析》，载《中国人民公安大学学报（社会科学版）》2009 年第 6 期。

(二)社区警务模式的基本要素

中国作为最早开展社区警务的国家,在社区警务运作方面进行了许多有益的实践探索,并借此形成其独特的社区警务风格与丰富的社区警务内涵,并形成了以下共同特点:一是按照一定的标准来构建,形成了较为规范的模式;二是群众性力量组织形式繁多,彼此交叉、互补,并形成一定的梯度和层次;三是普遍与社会治安综合治理等工作相衔接,并以创建安全文明社区等活动为载体;四是同一地区不同类型社区间具有差异性;五是在一些典型模式的示范效应和带动作用下,地区间存在模仿、复制现象。①

但综观当前社区警务运作,社区警务的基本要素,即区分或界定不同社区警务模式的要素,主要有:

1. 社区警务的社区环境与结构特征

社区警务的社区环境与结构特征,包括宏观社区环境、社区性质和类型、社区居民构成与年龄结构、社会价值观与制度环境等。这是社区警务模式的背景,主要说明社区警务模式的特定社区环境,将社区警务模式放到特定时空关系中进行动态考察。

2. 社区警务融入社区建设的程度

社区警务融入社区建设的程度,包括社区警务融入社区活动,纳入社区建设与发展的框架,社区警务建设与社区建设实行同步规划、同步实施,社区民警经选举后进入社区委员会领导班子,协助社区委员会开展工作等。

3. 警力的配置方式

警力的配置方式,包括合理配置警力,增进警种协同,力保警力前移,重心下沉。如社区警务室的建立,专职社区民警配置,一区一警、一区二警、一区多警等多种配置模式,机关警力联系社区,与社区民警工作相衔接,或者将巡警、治安警、刑警也同时引入社区,实行社区"四警合一"等。

4. 社区警务的工作内容与方式

---

① 葛志山:《关于当前社区警务运作模式几个问题的思考》,载《江西公安专科学校学报》2002 年第 6 期。

我国社区警务工作内容有社区情报信息、实有人口管理、安全防范、治安管理、群众工作以及打击违法犯罪六个方面，这些工作内容实施程度、符合社区警务运作要求的若干勤务方式，如巡逻时空控制、信息采集、邻里互防、社区联防、技防物防、教育引导、警情发布、预警机制、破窗理论、环境预防、治安宣传、专题培训、工作责任制等。

5. 社区民警的作用与角色

社区民警是社区警务与社区治安治理活动中最活动和最能动的因素。社区民警的作用与角色，包括社区民警年龄结构、受教育和专业化程度、社区警务工作目标与方法、对社区治安治理的影响与效果等。这主要说明社区民警在社区警务中发挥作用与扮演的角色。

6. 社区治安组织的地位与角色

以社区为基础的治安组织的地位与角色，包括社区居(村)民委员会、社会团体、单位内部保卫组织、业主委员会、物业公司、治安保卫委员会、治安志愿者、基金会乃至公民家庭等的治安职责情况。这主要说明社区治安组织在社区警务中所处的地位与扮演的角色，从社区治安组织与社区警务的关系角度分析社区警务的运行机制。

二、基于现实的社区警务模式之类型归纳与分析

经过几十年的研究实践，我国社区警务建设取得了初步成效。人们对于社区警务既在某些方面达成了共识，又在具体问题上存在着分歧。总的来说，研究在一定程度上起到启发思考和总结经验教训的作用。然而，从对社区警务研究论文的解读分析来看，在对社区警务的认知与实践中依然存在着很多突出问题，有学者归纳成了"人们对社区警务内涵的理解和把握依然存在着各种问题"，"相关部门、相关责任人对社区警务重视不够"，"关于社区警务的研究主要集中在警务上面，缺乏对作为社区警务工作对象的社区的研究"三个方面。[①]

① 薛向君：《社区警务研究的文献解读》，载《中国人民公安大学学报(社会科学版)》2015 年第 5 期。

从社区警务研究论文来看，就"社区警务模式"这方面研究的论文更少，绝大多数都是相关报道，而且都是基于 2006 年公安部《关于实施社区和农村警务战略的决定》的制度安排而作的延伸讨论或对制度安排的进一步完善。

（一）现实社区警务模式的类型归纳

1. 基本模式

基于 2006 年公安部《关于实施社区和农村警务战略的决定》的制度安排。主要包括：①社区和驻村民警的职责任务，即开展群众工作、掌握社情民意、管理实有人口、组织安全防范、维护治安秩序。②社区和驻村民警的主要工作方式是：走访调查、宣传发动、巡逻守护、实地检查、警情通报。③科学划分警务区和配置警力。市、县公安机关要综合考虑辖区规模大小、人口多少、治安状况、警力数量等因素，科学划分警务区，合理配置警力。在城市，原则上以社区为单位划分警务区。对于规模较小、治安平稳的警务区，实行一区一警，并以相邻警务区联勤的形式，加强协作配合；对于规模较大、治安复杂的警务区，实行一区多警。在农村，可以 1 个或多个行政村划分 1 个警务区，实行一区一警。有条件的地方，特别是对于城镇化水平比较高、治安复杂的地区，可以实行一区多警。④加强社区和农村警务室建设。在城区和县城镇，应当依托社区设立警务室，使社区警务室建设与社区建设同步规划、同步建设，并尽可能与社区居委会相邻。在农村，原则上 1 个警务区设立 1 个警务室。警务室一般应设在中心村或治安复杂的行政村，并尽可能与村委会相邻。在市、县范围内，警务室要做到标识统一、配置统一。⑤社区和驻村民警的工作年限、管理制度、考核标准。

在基本模式的支撑下，我国社区警务逐步走向"规范化"和"专业化"，社区警务在我国进一步开展。

2. 完善基本模式型

这种类型是基于社区警务的基本模式，对基本模式制度安排作出的进一步完善。如六个警务理事会主导社区管理，用 QQ 和 E-mail 与群众互动；① "1+N"模式：社区警务社会化的创新之举；② 设置社区警务副书记模式；③ 建立以社区民警为主体、包村民警为补充的"一村一警"警务模式；④ 村屯警务；⑤ 推行社区民警驻区制、直属派出所等警务创新模式⑥；建立反恐维稳社区警务新模式⑦等；但更多的是新闻媒体的介绍，诸如《最大限度激发社会创造活力，锡山警方探索多元化社区警务模式》、《本溪河东派出所：创新"一警带三员"社区警务模式》、《荆门市虎牙关社区："1+N"警务模式有效扭转社区民警单打独斗局面》、《"一体化"运行"网格化"管理——市公安局积极探索社区警务新模式》、《创新带来新效能新引擎新亮点：文成公安打造社区警务"山区样板"》等⑧。

3. 延伸基本模式型

这种类型虽然是基于对社区警务的基本模式的完善，但更多的是对社区警务基本模式的理论探讨和延伸研究。如有学者提出我国

---

① 王晶晶：《警务理事会、民警博客、QQ 群等均首开全国先河——"荷坳模式"创新社区警务》，载《人民公安报》，2008 年 1 月 17 日第 7 版。

② 刘良军、云柞华：《"1+N"模式：社区警务社会化的创新之举》，载《公安教育》2012 年第 10 期。

③ 张鹏：《永川区创新村(社区)警务副书记模式》，载《决策导刊》2014 年第 4 期。

④ 司仲鹏：《"一村一警"警务模式解读》，载《河南警察学院学报》2015 年第 3 期。

⑤ 李维国、郭太生：《农村社区警务模式的探索与实践——以大连庄河市局"村屯警务"为例》，载《辽宁警察学院学报》2015 年第 1 期。

⑥ 刘涛：《着眼"两最"目标，创新警务模式，推动社区警务工作发展》，载《北京警察学院学报》2015 年第 2 期。

⑦ 董大全、王淑华：《反恐维稳社区警务新模式研究》，载《沈阳工程学院学报(社会科学版)》2015 年第 2 期。

⑧ 分别参见：《无锡日报》，2007 年 11 月 21 日第 1 版；《人民公安报》，2010 年 9 月 15 日第 8 版；《人民公安报》，2014 年 2 月 12 日第 8 版；《朝阳日报》，2015 年 12 月 29 日第 2 版；《浙江法制报》，2016 年 1 月 19 日第 8 版。

社区警务模式的建构，要遵循渐进发展和多样并存的内在要求：一是要弄清其在目前集合性警务模式中的地位，二是要弄清其对我国社会转型期社区发展的依赖性，三是要弄清现行公安体制和中国传统警务思想对其构建的规定性。① 有学者根据 2006 年公安部《关于实施社区和农村警务战略的决定》对社区警务模式作出了展望：坚持警务配置规范化、后勤保障有力化，以专门队伍来开展社区警务工作；坚持警务模式实战化，工作内容标准化，以明确责任来落实社区警务工作；坚持警务管理人性化，警员学训制度化，以过硬素质来推进社区警务工作；坚持警务督察经常化，绩效考核科学化，以硬指标来检验社区警务工作；② 也有学者基于社区人员是否稳定、警民互动时间长短等要素，将社区警务模式划分为静态社区警务模式和动态社区警务模式两类，其中，静态社区警务模式构成要素主要包括静态社区即警务区域、静态社区人员、静态社区警察、静态警民互动时间四个要素；当社区警务模式界定中的社区人员变为并非总是恒定的流动人员、社区变为特定的空间或场所以及一定时间变为较短的情形时，它即为动态社区警务模式；③ 更有学者鲜明提出，构建社区警务模式必须具有中国特色，实施社区警务必须具有预防犯罪协作、警察有限作用、社区载体支撑、警察民众角色互换、警察社区服务、警察与民众互动以及预防为主等中国特色的基本理念，并确立以科学发展观为指导，注重以人为本、以防为主，利用综合治理的优势来推进实施社区警务模式指导思想，把握立足社区、预防为主、综合治理、警察与社区互动、专群结合、民生导向等社区警务模式基本原则，要求从我国社会治安综合治理的实际出发，确立社区警务模式，并和社会治安综合治理的基本要求

---

① 王庆利：《我国社区警务模式的渐进性多样性建构》，载《上海公安高等专科学校学报》2003 年第 1 期。

② 李培刚、杨用引：《关于社区警务模式的四个构想》，载《人民公安报》，2007 年 6 月 6 日第 8 版。

③ 王庆锋、肖佳：《城市静动态社区警务模式演进关系探析》，载《中国人民公安大学学报（社会科学版）》2009 年第 6 期。

186

和基本作法有机融合，体现出中国特色来设计社区警务模式实践路径①等。

（二）对现实社区警务模式类型的基本分析

综观上述社区警务模式的归类，可以说是笔者的"牵强附会"，也多是学者的分析或实践部门的经验报道，如果按照社区警务模式的要素来分析，根本谈不上是"社区警务的模式"。直白地说，我国社区警务模式的研究，仅仅处于对2006年公安部《关于实施社区和农村警务战略的决定》的解读或对《决定》所述基本模式的完善研究，还没有真正从社区警务构建的基本要素上去考虑。出现这种情况，一是基本原因，即缺乏对模式的基本理解，特别是要素的理解，从而缺乏深入探讨；二是更深层次的原因，即公安机关（或警界学者）总是从身自身（实践或研究）的角度研究社区警务，未能真正将社区警务融入社区考虑，自说自话的多②。正如有学者在分析1992年以来（截至2014年）的全国社区警务相关论文的文献研究后，尖锐地指出：目前关于社区警务的研究主要集中在"警务"上面，缺乏对作为社区警务工作对象的"社区"的研究。一些研究虽然以社区问题为分析对象，却极少将其与社区警务建立起联系。换句话说，目前对"社区"的研究和对"警务"的研究是割裂的，缺乏关于社区警务如何解决具体的社区治安问题的实证研究。③

三、基于要素的社区警务模式之类型展望与分析

如前所述，社区警务的模式有社区警务的社区环境与结构特征、社区警务融入社区建设的程度、警力的配置方式、社区警务的工作内容与方式、社区民警的作用与角色、社区治安组织的地位与角色6个要素。其中，如果只考虑"警力的配置方式"、"社区警务

---

① 刘建华：《社区警务模式的中国特色思考》，载《公安研究》2011年第3期。

② 王彩元、刘力毅：《深化社区警务改革与建设思考》，载《中国人民公安大学学报（社会科学版）》2013年第5期。

③ 薛向君：《社区警务研究的文献解读》，载《中国人民公安大学学报（社会科学版）》2015年第5期。

的工作内容与方式"、"社区民警的作用与角色"3个要素，所谓的"社区警务模式"仅仅是公安机关"一厢情愿"的警务模式，而非真正意义上融入社区建设(或社区治理)的社区警务模式。也就是说，真正意义上的社区警务模式，是融入并与社区建设(或社区治理)相"匹配"社区警务模式。换句话说，公安机关推行的社区警务，其各项业务与内容是否与社区建设(或社区治理)融为了"一体"并形成了"一体化"的运行机制？是否考虑了所在社区的社区环境与结构特征？社区建设或治理是否充分发挥了社区治安组织的功能和作用？如果答案是肯定的，就形成了真正意义上的"社区警务"，如果答案是否定的，就不是真正意义上的"社区警务"。只有真正融入并与社区建设(或社区治理)相"匹配"社区警务，才算社区警务模式而不是社区警务、社区建设(或社区治理)"两张皮"。

(一)我国当前几种典型的社区治理模式

社区警务作为社区建设(或社区治理)的重要内容，是社区建设(或社区治理)"家庭中的一员"，其模式应当与社区治理模式保持一致。只有与社区治理模式保持一致，才能真正体现并包含社区警务模式的6个要素。而在社区建设的实践中，政府和学术界都认同社区建设(或治理)不仅是一项单一的社会工程，更是一项重构社区管理体制、实现城市社区现代化、建设社会主义政治民主的基础性工程。在历史经验、现实挑战和未来发展的三重碰撞下，中国的社区治理出现了政府主导型、自治型与合作或混合型等三种典型的社区治理模式，即上海模式、沈阳模式和江汉模式。①

1. 上海模式

上海模式属于政府主导型社区治理模式。上海把社区建设(或治理)与"两级政府、三级管理、四级网络"的城市管理体制相结合，注重政府在社区发展中的主导作用，强调依靠行政力量，通过街居联动发展社区各项事业。上海将社区定位于街道，形成"街道社区"，增强街道办事处的综合协调能力，强化街道办事处的权力、地位和作用。将居民委员会纳入"四级网络"体系(市—区—街

---

① 邱梦华等：《城市社区治理》，清华大学出版社2013年版，第83页。

道—居民委员会），加强居民委员会在基层党建、精神文明建设和社区综合治理中的职能。上海模式形成了领导系统、执行系统和支持系统相结合的社区组织体系。其中，社区管理领导系统，由街道办事处和城区管理委员会构成；社区管理执行系统，由市政管理委员会、社区发展委员会、社会治安综合治理委员会、财政经济委员会4个工作委员会构成；社区管理支持系统，由辖区内企事业单位、社会团体、居民群众及其自治性组织构成。

上海模式把市、区两级政府相当一部分管理职能分离出来，街道层面延伸、加强第三级管理：其一，转变政府职能，在街道建立"大部制"，加快区街的角色定位。其二，以居民自治为目标，打造一支专业化、职业化的社会工作者队伍。其三，调整理顺关系，建立科学的决策、执行、监督、协商的行政运行机制。但上海模式也存在一定的不足，表现为其将居民委员会纳入到行政组织的基层网络中，街道将相当多的行政工作往下转移到居民委员会身上。街居一体使街道成为社区，模糊了行政组织与自治组织的行为边界，混淆了两者的定位与功能，不符合社区自治总体发展方向。①

2. 沈阳模式

沈阳模式在社区划分、社区组织体系建设、社区居民自治运行机制上都表现出鲜明特色。在社区划分上，沈阳市借鉴国外社区划分经验，依据地缘关系、心理认同感等社区构成要素，按照有利于群众自治和管理、优化资源配置、提高工作效能的原则，重新划分社区，使社区结构更为合理、区域边界清晰、人员结构精简、定位更加准确。在社区组织体系上，沈阳模式改变了原有居民委员会的组织模式，在社区层面创造性地形成了以党组织为核心的"领导层"、以社区成员代表大会为组织形式的"决策层"、以社区（管理）委员会为办公机构的"执行层"和以社区协商议事委员会为智囊团的"议事层"，从而形成"议行分离、相互制约"的互动机制。在社区居民自治运行机制上，沈阳社区建设明确了社区居民和社区组织

① 丁茂战：《我国城市社区管理体制改革研究》，中国经济出版社2009年版，第120~122页。

的自治性，社区治理的主体是社区自治组织与社会组织。社区自治使社区居民和社区组织等非政府性机构和个人共同形成一个自主性不断增强的权威网络，并在社区公共事务方面与政府展开对话与合作，分担一定的行政管理职责。同时，政府通过与社区组织合作，逐渐提高社区组织的自治能力，使社区组织真正成为承担社区公共事务管理与决策的自治性组织。

沈阳模式被视为是自治型的模式。所谓自治是以自我管理、自我教育、自我服务、自我发展为核心。沈阳所搭建的社区治理的组织架构的重心就在于调动社区各方的积极性、主动性，参与社区治理，成为社区发展的主体。沈阳模式回答了中国社会发展的一个战略性课题，即如何促进基层民主的发展，昭示了一种基层社会生活与社会管理的发展前景和方向。但是沈阳社区管理模式仍然处于探索阶段，在实践中还存在很多难以解决的问题，有许多值得进一步研究和完善的地方。首先是居民自治的体制环境问题，即没有明确界定政府与社区自治组织的关系，社区居民自治仍然缺乏良好的体制环境。其次是居民自治的运行机制问题，即社区居民直接参与社区公共事务决策、管理、监督的规则、程序及机制尚未建立起来。再次是社区组织的运行机制尚不健全、不完善。①

3. 江汉模式

江汉模式被认为是一种政府与社区共生、互补和双赢的机制，是政府依法行政与社区依法自治相结合、行政机制和自治机制相结合、政府功能与社区功能互补的社区治理模式。江汉区以改革城市管理体制为突破口，围绕合理调整划分社区、组建社区组织、转变职能和强化社区民主自治功能、大力发展社区服务等关键环节，全面推进社区治理。②

江汉模式的特点主要体现在以下几个方面：一是治理主体多元化。该模式把政府行政性管理与居民自治性管理有机结合起来，政

① 邱梦华等：《城市社区治理》，清华大学出版社 2013 年版，第 85 页。
② 陈伟东：《武汉市江汉区社区建设目标模式、制度创新及可行性研究》，载《理论月刊》2006 年第 12 期。

府在培养、指导和协调社区组织过程中逐渐让位于社区和社会组织，社区治理的主体由政府扩展到社区内的自治组织与非政府组织。二是合作治理的运作模式。政府以主动转变职能为核心，遵照"权责统一、事费统一"的原则，通过授权和权力下放，把由政府组织和承担的社会职能交由社区内的社会组织来承担，从而促成政府与社区组织的制度化合作和良性互动。三是推进社区自治的发展。"江汉模式"效仿"沈阳模式"的社区管理架构，按照领导层——社区党组织、决策层——社区成员代表大会、执行层——社区居民委员会、议事和监督层——社区协商议事会的机构设置，坚持"公开、公平、公正"的原则，根据民主选举程序，组建了社区党组织、社区成员代表大会、社区居民委员会、社区协商议事会四个主体结构。

但现实中，江汉模式也并非十全十美，其不足主要表现为：低程度的社区居民参与与社区发展的要求不相适应。江汉区社区建设基本还是处于政府主导阶段，社区居民与社区单位大多数游离于社区公共事务和公共活动之外，参与社区建设的广度和深度都不高，成为了社区建设向纵深推进的瓶颈。①

除上述模式外，也有学者在此基础上提出了社区治理另外还有6种模式，② 分别是：

1. 深圳(盐田)模式

深圳模式就是社区工作站模式。它是为了实现政府职能社区化，在社区设置承接社区行政事务和社区公共服务的新型制度安排。以深圳为代表的"居站分设"模式，其创新之处，就是在社区党组织、社区居委会以外，引入了一个新的管理主体，即独立设立

---

① 邱梦华等：《城市社区治理》，清华大学出版社2013年版，第86页。

② 邓念国：《城市基层社会管理模式的演变与比较：从"上海模式"到"杭州模式"》，载《中共宁波市委党校学报》2012年第2期。也有学者依据新公共管理中"政府再造"原则、战略与工具，为我国社区管理(治理)改革提供了可以借鉴的模式，即获得授权的社区、居民驱使的社区、协作型社区、企业型社区与竞争型社区。参见王菁：《社区治理模式改革探索——基于新公共管理理论》，载《南京审计学院学报》2011年第4期。

社区工作站，专门承担政府职能向社区的延伸。这样，社区内主体组织发生了结构性变化，从而以社区组织的多元化来满足社区需求的多元化。①

2002 年深圳市盐田区率先试水，2005 年彻底实行的"居站分离"模式，开创了社区居委会职能分离的先河，因此获得了第三届中国"地方政府创新奖"。新世纪以来，在深圳模式的启发下，社区工作站模式逐渐成为城市基层社会管理的主导模式，各地都纷纷掀起了创建社区工作站的浪潮。

2. 北京模式

2005 年，北京市根据其对于社区治理结构的理想设计，构建"四轮驱动、一辕协调"的社区管理模式，将社区公共物品的直接提供者概括为四类组织：居委会(组织体系)、业主委员会、社区服务类组织(以社区服务中心为载体和平台)、物业管理公司。前两类是提供管理性公共物品的主体组织，后两类是提供服务性公共物品的主体组织，它们分属市场和社会两大领域。居委会与国家基层政权相联系，业委会与房产所有权相联系，物业公司与市场经济的自治权相联系，社区服务中心等非营利组织与社会自主权相联系，他们分属不同的关系体系，分别以行政关系、产权关系、社会关系、市场关系为基础，按照各自的运作规则开展活动、提供特定的社区公共物品，即所谓的"四轮驱动"。居民在日常生活中有具体需求，需要解决具体问题时，可以直接找相应的职能性组织来解决。当需要职能性组织共同解决问题、联合提供某种公共物品时，由社区党组织出面，促进协调、协商解决，即所谓的"一辕协调"。②

3. 桃源居模式

来源于深圳市桃源居社区的"桃源居模式"。从体制上来看，

① 李璐：《制度与价值：解读社区组织管理创新的两个视角》，载《云南行政学院学报》2010 年第 2 期。

② 王雪梅：《社区公共物品与社区治理：论城市社区"四轮驱动、一辕协调"的治理结构》，载《北京行政学院学报》2005 年第 4 期。

可以看作是"党组织引导和支持下的社区自治"。桃源居社区治理模式弘扬了社区"自治"精神，但更为根本的是，这种自治是在党组织的领导下进行的。从自治上看，它是建立在开发商与居民双赢基础上的机制。从党组织领导和支持上看，桃源居先后成立了社区党委和社区工作站，构成了社区的党政核心，在这个核心的统筹之下，居委会、业主委会、物业管理公司，各种社会组织以及其他驻社区单位加上全体社区居民形成了合力，共同承担社区的治理责任。正是由于党组织整合了这样一个发达的非官方的系统，大大节省了政府的人力资源，这个拥有近5万人的社区，只配备了8位警察，警力的配备相当于深圳平均配备水平的1/10，可以说由于充分发挥了群众自治组织的作用，桃源居社区已形成了小政府、大社会的治理格局。①

4. 遵义模式

遵义模式是将管理与服务联结起来，寓管理于服务之中，通过推进服务型党组织创建，实现对社会的有效管理与服务，做到基层党建与社会管理相融互动。

遵义模式的主要做法，一是服务型党组织建设与服务站点建设的有机统一，构建立体综合服务平台。自2009年2月，遵义市在全市范围开展服务型党组织创建，着力建设服务基层群众的中心、站、点，充分发挥基层党组织和党员的作用，切实把工作落实在服务上，坚持每季度在县(区、市)召开一次现场调度会，总结交流各地好的经验做法。两年来，遵义市各级投入经费4000多万元建起100%全覆盖的县、乡、村、组四级党建服务网络，已搭建了广泛覆盖、点线结合、上下互动、横向联动的立体综合服务平台，为群众提供了全方位、多层次、宽领域的服务。截止到2010年年底，全市建成了14个县(区、市)党务服务中心、243个乡镇(街道)党务政务综合服务中心、1976个村(社区)党员群众综合服务站、6990个片区便民服务点。二是落实党员为民服务的机制，发挥党

---

① 辛向前：《深圳又出了个"桃源居模式"》，载《学习时报》2009年12月14日。

员为民办实事的作用。党组织、党员的作用凸显出来，随处都有党员真诚的服务。四级服务机构累计为党员群众代办事项 55 万多件，解决纠纷 1.7 万多件，开展各类政策、法律和实用技术咨询 180 万余人次。[①]

5. 舟山模式

舟山市的"网格化管理、组团式服务"是在社会管理中引入网格化的理论，实行精细化管理的一项举措，它在浙江等地得到全面推广。

从 2004 年起，舟山市开始在桃花镇开展"网格化管理、组团式服务"试点工作，尝试整合基层公共管理资源，后来于 2008 年 8 月在全市推广"网格化管理、组团式服务"工作。舟山模式的主要做法是：一是网格化定位。现在舟山市 43 个乡镇（街道）已划分为 2464 个管理服务网格，形成市、县（区）、乡镇（街道）、社区、网格五级管理服务体系。二是立体化组团。以网格为单位，组建管理服务团队，每个管理服务团队一般由乡镇（街道）、社区（村）干部、辖区内公安边防、医疗卫生、学校等行政事业单位工作人员组成，吸收各级人大代表、渔农科技人员、渔农村老党员、老干部、优秀联户党员、义工组长等力量加入，形成专群结合的服务团队。三是信息化管理。以市信息中心的信息平台为依托，充分利用市属各部门的局域网和数据库，形成了相互兼容、资源共享的数据库，建立"网格化管理、组团式服务"信息管理系统，将信息网络连通到县（区）、乡镇（街道）和每一个社区（村）。四是多元化服务。各服务团队通过上门走访、蹲点住家、发放联系卡、电话联系等形式，采用拉家常、交心谈心等方法，收集、解决或上报涉及群众切身利益、事关民生民计的意见建议；通过医生、民警、渔农技术员、教师等团队人员的多元化来满足群众需求的多样化；定期召开社情民意沟通会，现场处理群众提出的热点、难点问题；推行"主题化服务"，每月确定服务主题，任务分解到团队成员。五是常态化保

---

① 杜兴旭：《遵义党建融入社会管理新内容》，载《贵州日报》2011 年 4 月 6 日。

障。舟山市专门成立"网格化管理、组团式服务"领导小组及办公室，并成立了综治平安组、团队管理组、城区工作组、渔农村工作组、技术保障组等五个专项组。建立完善基层网格管理服务工作制度，定期对网格团队人员进行教育培训，落实网格服务队员考核奖惩机制。①

6. 杭州模式

从 1999 年杭州被确定为社区建设试验区之后，杭州市探索社区管理的体制创新，率先将传统社区调整重组为新型社区，率先在社区建立党委，率先在社区设立帮扶救助服务站、劳动保障服务室，率先将志愿者队伍和志愿者活动延伸到社区。将党组织的领导功能延伸至社区，加强党在城市社区的执政基础，建立党员服务社区群众的平台，在全国率先创立了党领导城市基层社会管理的模式，促进了社区建设的初步转型。2008 年，杭州市又着手在全市社区建立社区公共服务工作站，构建社区党组织、社区居委会、社区公共服务工作站"三位一体"、交叉任职、合署办公的社区管理新体制，形成了党组织领导的城市基层社会管理的"杭州模式"，这是继杭州市将传统社区调整重组为新型社区之后，杭州社区管理体制的又一重大创新，推动杭州社区建设再上新台阶。

杭州模式最突出的特点就是充分发挥"三位一体"的体制优势，使党组织的领导核心功能、政府的主导力量功能、社会组织的协同配合功能、居民的自治参与功能均得以有效发挥，通过体制的重构，实现了功能的整合与互补，达到了社会管理的良好效果。杭州市创新社会管理体制，充分发挥了基层党组织的五大功能，即核心领导功能、示范动员功能、利益聚合功能、资源整合功能、服务协调功能，提高党组织引领社会、组织社会、管理社会、服务社会的能力。②

---

① 中共浙江省委宣传部、中共舟山市委宣传部：《网格化管理组团式服务：舟山市基层社会管理模式的新探索》，载《求是》2010 年第 24 期。

② 邓念国：《城市基层社会管理模式的演变与比较：从"上海模式"到"杭州模式"》，载《中共宁波市委党校学报》2012 年第 2 期。

(二)对基于要素的社区警务模式类型的基本分析

从要素或理论上说，社区警务模式应当与社区治理模式基本保持一致，也应当有与之相适应的典型的上海模式、沈阳模式和江汉模式以及深圳(盐田)、北京、桃源居、遵义、舟山和杭州模式等其他补充模式。之所以没有出现上述模式，除前面有关章节所叙述的"实施社区警务的前提条件不充分，良性互动不理想"、"社区警务的体制机制不健全，主动融入社区或社会管理有'硬伤'"、"社区警务的能力建设不到位，工作效率与社会效果的提高受制约"以及"社区警务理论阐释不全面、不系统，理解与运用有偏差"和相关理论缺失等原因(详见本书第三章的第二节"新时期我国社区警务改革与建设的现实诉求"的内容)外，还有下列一些原因：

1. 对社区警务基本理论认识上有偏差

从根本上说，我国学界和实践部门对社区警务的理论基础和自身的理论以及社区警务的概念并未达成真正的共识，即使部分达成了共识，但在理解和运用中有偏差[1]。更有学者指出，尽管社区警务包含着警方与社区互动、共同发现和解决问题、采取各种合法措施、强化社区自治等构成要素，但一些研究者或实践者在展开具体论述或操作的过程中，常常会不自觉地陷入旧有思维，暴露了其潜意识中依然把"警务"仅仅视为警察之事的根深蒂固的观点。[2] 将社区警务定义为基层公安机关的设置、警力配置、警种分工与组合的基本结构模式形态，无论是理论界还是实务部门都还有很大的市场！这是导致社区警务模式构建不起来的根本原因。

2. 对社区警务模式的基本要素认识不到位

如前所述，社区警务模式构建的基本要素包括社区警务的社区环境与结构特征、社区警务融入社区建设的程度、警力的配置方式、社区警务的工作内容与方式、社区民警的作用与角色以及社区

---

[1]　王彩元、刘力轶：《深化社区警务改革与建设思考》，载《中国人民公安大学学报(社会科学版)》2013年第5期。

[2]　薛向君：《社区警务研究的文献解读》，载《中国人民公安大学学报(社会科学版)》2015年第5期。

治安组织的地位与角色等，但长期以来，警学界或实务界由于对社区警务基本理论认识上有偏差，在社区警务实施过程中，紧紧围绕"警力的配置方式"、"社区警务的工作内容与方式"2个要素"作文章"或讨论的多，其次兼顾了"社区警务融入社区建设的程度"、"社区民警的作用与角色"2个要素，而对首要要素"社区警务的社区环境与结构特征"几乎忽视，未能将社区警务模式放到特定时空关系中进行动态考察，对宏观社区环境、社区性质和类型、社区居民构成与年龄结构、社会价值观与制度环境等这一社区警务模式构建的背景，缺乏关联性的研究，警学界或实务界所描述的"社区警务模式"也仅仅是社区民警的"工作模式"和"运行机制"的混合体，并非真正意义上的社区警务模式。

3. 我国社区治理模式还没有完全定（成）型

我们在讨论和分析我国社区治理模式时，出现了如下现象：最先出现或形成的是上海模式、沈阳模式和江汉模式3种，后又总结并归纳出了深圳（盐田）模式，之后又不断地推出了北京、桃源居、遵义、舟山和杭州模式，即社区治理模式是动态的，处在不断的变化甚至更新之中。由于社区治理的一个重要方面就是充分利用社区资源，实现社区公共利益的满足。不同的社区所拥有的资源禀赋和基础条件不同，社区发展的路径和特色也各不相同，在社区治理的各种模式中，无论采取哪种治理模式，都要立足本社区的资源禀赋和社会关系作出判断。自社区建设开始以来，我国社区治理变革的发展特征表现为由一元到多元、从集权到分权、从人治到法治、由管制到服务的过渡性发展过程。随着西方治理理论和社区实践对我国社区建设影响的加剧，我国社区治理的运作模式和发展路径越来越与西方国家的社区治理路径"趋向"社区治理方式也越来越强调多元治理、政府权力下放以及公共服务需求导向等特征。它反映了我国社区建设的新趋向，即多元合作式的社区整合发展或可成为中国社区治理的未来走向。①

① 邱梦华等：《城市社区治理》，清华大学出版社2013年版，第90~91页。

不容置疑，社区警务模式的构建在我国才刚刚起步，但必须指出的是，社区警务模式的构建应当立足于社区具体的实际状况在充分分析当地资源、经济、技术、制度等因素的基础上对具有典型代表性的社区警务进行集中反映和高度概括，使之能形成经验与启示的迁移在相同类型与条件下得到扩散和推广。

我国地区地域辽阔，分布广泛，各地在生态类型、区位分布、资源禀赋、人力资源状况等方面各不相同，导致各地的政治、经济、文化、社会发展水平差距较大，各地社区警务会有不同的模式，不可能去寻找什么可资普遍借鉴的社区警务模式。因此我们必须因地制宜，统筹兼顾，实行分类指导。首先，要充分考虑在本地区是否一定要构建社区警务体系或模式，要因地制宜，要从本地区的实际出发，量力而行，量体裁衣。其次，构建哪种形式的社区警务也要因地制宜，不能千篇一律，搞一刀切。要考虑当地的实际情况，挖掘出当地社会治安的优势资源，充分利用，合理整合当地可动员的群众性可控资源，调动其积极性、主动性，共同打造一方平安。近些年来，为了保障和谐社会建设的稳步推进，提供稳定的经济社会环境，各地加大了对社区警务的力度。在社区警务过程中，结合自身区域发展，根据本地实际情况，积极进行实践探索，逐渐摸索出许多适合于自身的社区警务的途径与模式。

第二节　我国社区警务运行机制与创新

一、社区警务机制与运行机制的内涵分析

(一)社区警务机制的内涵

我们知道，机制是由不同层次的若干要素构成的，这些要素之间相互联系、相互制约的过程，决定了机制的整体功能。所谓机制，原指机器的构造和动作原理，在医学和生物学上广泛运用，即了解它的内存工作方式，包括有关生物结构组成部分的相互关系，

以及其间发生的各种变化过程的物理、化学性质和相互关系。① 而在社会科学上,《现代汉语词典》从四个方面对机制下了定义,其中第四个定义,机制是"泛指一个工作系统的组织或部分之间相互作用的过程和方式",如我们通常所说的市场机制、竞争机制、环境保护机制等。也有学者认为,机制是引发研究对象发生规律性变化,决定研究对象存在状态的作用原理和作用过程。②

而社区警务机制,不同学者有不同的解释或理解,如社区警务机制是指在社区警务战略思想的指导下,通过科学建立警务工作机构、规范警务职责、合理配置警务资源、优化警务运作方式,以较小警务成本投入获得较大警务绩效的警务工作过程,社区警务机制是一个系统工程,它涉及警务工作的方方面面,是由多个具体的工作机制构成的,包括社区警务的实施机制、保障机制和评估机制等;③ 社区警务机制是指在社区警务战略思想的指导下,适应主动提前型警务的要求,而建立的一种全新的、科学的警务工作系统,便警务工作机构和资源配置合理,各个方面的工作的运行协调,以较小警务成本投入获得较大警务绩效,实现警务工作的目标,它包括运行机制、执法监督机制和保障机制;④ 社区警务机制是指在社区警务战略思想的指导下,适应主动提前型警务的要求,而建立的一种全新的、科学的警务工作系统,它包括运行机制、执法监督机制和警务保障机制靠等。⑤

在借鉴语义学关于机制的定义和理论界对社区警务机制内涵研究成果的基础上,笔者认为:社区警务机制,是指社区警务系统各

---

① 夏征农:《辞海》(缩印本),上海辞书出版社 1989 年版,第 1408 页。

② 邱伟光、张耀灿:《思想政治教育学原理》,高等教育出版社 1999 年版,第 205 页。

③ 杨瑞清、王淑荣:《社区警务》,中国人民公安大学出版社 2015 年版,第 92 页。

④ 岳光辉:《社区警务实用教程》,中南大学出版社 2004 年版,第 122 页。

⑤ 刘兴华:《社区警务教程》,中国人民公安大学出版社 2009 年版,第 47 页。

构成要素之间相互联系、相互作用的过程和方式。这一定义对我们研究社区警务机制有三点启示：

一是社区警务机制要研究社区警务系统各构成要素之间的结构。研究社区警务机制首先要考察该系统由哪些要素构成，它们之间是什么关系，在此基础上才能进一步探讨社区警务机制的其他问题。

二是社区警务机制要研究社区警务系统各构成要素之间相互联系、相互作用的过程。探讨了这一问题，才能了解社区警务机制的功能，充分发挥社区警务机制的作用，提高社区警务的效果。

三是社区警务机制要研究社区警务系统各构成要素之间相互联系、相互作用的运行方式。对这一问题的研究能够帮助我们揭示社区警务机制的运行规律，深化对社区警务机制的研究。

（二）社区警务运行机制的内涵

关于社区警务运行机制，不同学者有不同的看法。有学者认为，社区警务运行机制是指构成社区警务的各个组成部分有机联系、相互促进、共同推进社区警务发展的一系列制度，包括警务工作机制、警务监督机制和警务保障机制。[1] 有学者认为社区警务运行机制就是社区警务的实施机制。社区警务战略的实施，需要建立与之相配套的社区警务实施机制。根据《公安派出所正规化建设规范》和公安部关于实施社区警务战略的文件精神，社区警务的实施机制，主要包括建立新型的社区警务工作机制、多警联勤警务运行机制和群防群治社会防控机制三个方面。[2] 有学者认为，社区警务运行机制就是社区警务的各项工作内容和工作方法的先后顺序安排，包括启动机制、推进机制、维持机制和考评机制。[3] 也有学者认为，社区警务运行机制是社区警务工作机制的一部分，社区警务

---

① 陈君武等：《社区警务专题研究》，中国人民公安大学出版社 2014 年版，第 141 页。

② 杨瑞清、王淑荣：《社区警务》，中国人民公安大学出版社 2015 年版，第 95 页。

③ 尹伟中、张满生：《和谐社会理论视野下的社区警务》，中国人民公安大学出版社 2007 年版，第 231 页。

工作机制包括社区警务运行机制、监督机制和保障机制，而社区警务运行机制则包括政府推动机制、警务责任机制、警务合作机制、安全防范机制和绩效考评机制。① 必须指出，社区警务运行机制和社区警务工作过程机制是既有区别又有联系的不同机制。社区警务运行机制，是指在社区警务工作矛盾转化过程中，其内在各构成要素由于某种机理的作用而产生的有效性因果联系或运作方式，而社区警务工作过程的运行机制的构建，依据的是社区警务自身的规律和运作方式。在一定层面上讲，社区警务工作过程机制也是社区警务运行机制的一个有机的组成部分。社区警务运行机制的有效运行，必然会影响和带动社区警务工作过程的运行机制，社区警务工作过程的运行机制的运行，同时又加快和推动了社区警务运行机制的速度，是其运行的推力和动力源。

笔者认为，社区警务运行机制就是指社区警务在运行或实施过程中，构成社区警务基本要素之间由于某种机理形成的因果联系和运转方式。在这里"某种机理"是人们关注和研究的重点。正是因为"某种机理"的作用，其机制的运行价值才得到充分的显现。

这一定义至少包含三层含义：

1. 社区警务运行机制是由构成社区警务基本要素的总和

综观社区警务，构成社区警务运行机制的基本要素应包括以下六个方面：第一，运行的主体。就是社区警务运行机制运行过程中，实施和启动机制的机构和人员，它在社区警务的诸要素中是居于主导作用的要素。第二，运行的客体。客体与主体是相对存在的范畴，凡是主体作用的对象都是客体，当然，在某种意义上看，主客体之间有时地位也可能是交错存在的，如社区群众性治安防范组织虽然属于运行主体，但实际中往往也是治安民警的指导对象即客体。第三，运行的环境。就是指社区警务运行机制在运行过程所处的物质和文化的环境。环境本身的变更，会影响到社区警务机制的有效的运行，社区警务运行机制总是在一定的环境之中的，是离不

---

① 刘兴华：《社区警务教程》，中国人民公安大学出版社 2009 年版，第 47 页。

开环境因素的制约的。第四，运行的动力。就是指推动社区警务机制自我运行，稳定前行的动力。动力源可以是多样的，无论是内在动力，还是外在的推力，动力因素是保证整个系统运行的关键要素。第五，运行的管控。在机制的运行过程中，可能由于某种原因，导致运行的状态和目标的指向不一致，这就需要管控。第六，运行的保障。这是保证社区警务运行机制正常运行的内外部条件，如社区治安资源(人力、物力、财力)等。以上这些要素，构成了社区警务运行机制的有机整体的主要要素，其中每个要素都是必不可少的。它们各自的状态，要素和要素之间的联系等都会对社区警务整个机制产生影响。

2. 社区警务运行机制功能的发挥有赖于相关因素的耦合

耦合作为名词，原本是通信工程、软件工程、机械工程等工程中专门术语，是指两个或两个以上的电路元件或电网络的输入与输出之间存在紧密配合与相互影响，并通过相互作用从一侧向另一侧传输能量的现象。近年来，耦合一词被广泛应用于社会学、生态学、生物学、经济学、地理学研究，其含义一般是指两个或两个以上的体系或运动形式之间互动作用下的动态关联关系，也是指在相互磨合、匹配的过程中会对另一方的发展产生增加或减小的作用。因此，耦合是指两个(或两个以上)系统或运动形式通过各种相互作用而彼此影响的现象。[1] 从耦合的内涵可以看出：第一，耦合各方必须存在某种关联，这是耦合的基本前提；第二，耦合的结果是耦合各方的属性会发生变化(即原有的属性会被缩小和放大)。

社区警务运行机制功能的发挥有赖于社区警务运行的主体、客体、环境、动力、管控和保障等各构成要素间的相互衔接，协调运转，使得整体的功能得到发挥。换言之，社区警务运行机制功能的发挥，不仅要依靠公安机关，而且要充分发动各级特别是社区党的组织与国家政权机关、社会职能组织、社团群体、基层单位、社会各界的力量，甚至是要鼓励每个公众个体都参与到社区警务中来，

---

① 周宏等：《现代汉语辞海》，光明日报出版社 2003 年版，第 820~821 页。

这就意味着社区警务应当是由多元的防控主体所构成的统一整体，相互衔接，相互协调，高效运转，整合各种社会治安资源，加强治安巡逻和监控、管理，做到点、线、面结合，人防、物防、技防结合，动静结合，警民结合，形成全方位、多层次、深触角、无空隙的社区治安防控网络，从而最大程度地压缩违法犯罪的发生和发展空间，实现社会治安的良性循环。

3. 社区警务运行机制是一个不断运动变化的动态过程

社区警务的耦合关系就是公安机关推行的社区警务与社区警务环境的两个子环境之间相互作用、相互制约形成的，这种耦合关系就形成了社区警务运行机制的"某种机理"。在其运行过程中，在"某种机理"作用下，社区警务不断地修正和完善，围绕整体目标，按照一定的方式有规律性地运行。这一社区警务运行过程，随着社区警务的社区环境与结构特征、社区警务融入社区建设的程度、警力的配置方式、社区警务的工作内容与方式、社区民警的作用与角色以及社区治安组织地位与角色的变化，其机制的构建也随之变化，因而，社区警务运行机制是变化的、动态的，是一个不断运动变化的动态过程。

二、当前我国社区警务运行机制的缺陷

(一) 我国社区警务运行机制的现实类别与主要内容

如前所述，关于社区警务运行机制的表述因不同学者或实践部门的不同理解，对机制的类别也不尽相同，从总体上说，归纳起来有实施(或工作)机制、监督机制、保障机制和评估机制等。各类别的主要内容如下：

1. 实施机制[1]

社区警务实施机制主要包括了社区警务工作机制、多警联勤的警务运行机制、群防群治的社会防控机制等。其中，社区警务工作机制主要包含了社区警务责任机制、弹性工作制度、绩效考评机

---

[1]　杨瑞清、王淑荣：《社区警务》，中国人民公安大学出版社 2015 年版，第 95~100 页。

制、警民合作机制等；多警联勤的警务运行机制的主要内容包括，公安工作的各个层面需要上下联动，多警种协同配合，并加强治安信息共享，全面构建防控体系；群防群治的社会防控机制的主要内容包括，要大力开展宣传教育活动，提高群众安全防范意识，加强群防群治组织建设，全面落实安全防范措施等。

2. 监督机制①

社区警务监督机制包括内部监督和外部监督。其中，内部监督主要有督察制度、行政监督（复议）；外部监督主要有立法监督、司法监督、社会监督（公民监督、社团监督和媒体监督）等。

3. 保障机制

社区警务保障机制，是指公安机关及人民警察为了履行职责、行使职权，保证社区警务战略的实施而制定的法律、人力、物质、技术等方面的制度与措施，是社区警务建设的基础与保障。社区警务的保障机制主要包括法制保障机制、制度保障机制、警力保障机制、物质保障机制和权益保障机制等。② 也有学者认为，社区警务保障机制包括制度保障和基础保障机制，其中，制度保障包括法律制度保障和战略部署保障，基础保障包括警力资源保障、警务资金保障和警务设施保障。③

4. 评估机制④

社区警务评估机制，是指公安机关为实现社区警务工作的目标，运用科学方法而制定的，对社区警务的实施过程与结果进行有效评价的制度和措施。社区警务的评估是检验社区警务工作成效的重要手段，是社区警务运行的关键环节，也是解决"干与不干、干

---

① 陈君武等：《社区警务专题研究》，中国人民公安大学出版社 2014 年版，第 148～160 页。

② 杨瑞清、王淑荣：《社区警务》，中国人民公安大学出版社 2015 年版，第 100 页。

③ 陈君武等：《社区警务专题研究》，中国人民公安大学出版社 2014 年版，第 160 页。

④ 杨瑞清、王淑荣：《社区警务》，中国人民公安大学出版社 2015 年版，第 104～105 页。

多干少、干好干差一个样"、"大锅饭"现象的良药。社区警务的评估，应当坚持全面性、实效性、导向性和公正性原则，根据《公安派出所正规化建设规范》的要求，针对社区民警工作(开展群众工作、掌握社情民意、管理实有人口、开展安全防范和维护治安秩序)所开展的评估。

(二)我国社区警务运行机制的现实缺陷分析

虽然社区警务运行机制因不同学者或实践部门的不同理解，对机制设计成了实施(或工作)机制、监督机制、保障机制和评估机制四个方面，看似合理、完美和健全，但在我国现行行政管理体制下，与社区警务运行密切相关法律、组织、人事和工作四个方面仍有诸多不足或缺陷。① 具体体现在：

1."一体化"的法律规范严重滞后

社区管理(治理)的法制化，需要以相应的法律规范为基础。社区警务以其管理社区治安的主要职能，为社区管理(治理)的其他工作提供治安保障，是整个社会管理(治理)工作的基础，对维护社会稳定起着至关重要的作用。然而，目前对社区管理(治理)事务包括社区警务的规定大多以党政文件、领导人会议讲话或部门内部规章形式出现，权威性、有效性明显不足，具有统领社区管理(治理)功能的法律法规更是处于空白状态。纵然在现有屈指可数的与社区管理(治理)相关的法律法规中，针对社区管理(治理)的内容也是"零打碎敲"或顾此失彼，有的甚至没有体现社区警务的内容和要求，因而社区管理(治理)缺乏系统性、整体性和可靠性的制度设计，从而导致社区管理(治理)事务职责不明与混乱，或者因"多头管理"变成"空头管理"。不容置疑的是，在我国相当长的一段时间内，对社区治安的管理既不能缺失政府的主导和引导职能，也不能忽视培育和发展居民自治的自我管理功能。由于社区管理(治理)的法律缺失，缺乏对基层政府中承担社区管理职能的部门以及社区居民自治组织的相关责任作出明确规定，很难保证社区

---

① 广东省江门市公安局课题组：《社区警务运行的制度问题研究》，载《公安研究》2013 年第 4 期。

建设和社区治安管理在法制的轨道上运行，从而难以真正形成"党委领导、政府负责、社会协调、公众参与"的社会管理格局。

2. 社区警务组织制度有缺失

现行的与社区警务明确相关的组织制度，大多散见于政府部门颁布的规范性文件之中，其中由中央政府部门颁布的主要有：《关于在全国推进城市社区建设的意见》(2000 年)、《关于加强社区警务建设的意见》(2002 年)、《关于进一步加强公安派出所建设的意见》(2004 年)、《关于实施社区和农村警务战略的决定》(2006 年)、《公安派出所正规化建设规范》(2007 年)，各省(市、自治区)政府的相对应部门也依惯例，发布了相应的"实施办法"或"实施细则"等类似的文件。但社区警务仍然存在与现行组织制度缺失的问题。一是社区治安事务的工作关系尚未理顺。在社区中，与社区治安事务直接相关的组织除公安部门派设的社区警务室之外，还有城镇街道办或乡镇政府主管的居(村)委会及其治保会、司法部门设置的人民调解委员会、民政部门登记管理的各种行业协会等，而现行文件对这些组织及其主管部门在社区治安事务方面的工作关系，缺乏合理有效的组织制度予以规范，因而导致社区警务这项战略性工作一直处于公安部门孤军奋战状态。二是社区警务工作条件的保障责任未能落实。社区警务的工作条件包括设置社区警务室必需的办公场所、办公经费和办公设备，现行文件对这些工作条件的保障问题，只有公安部门和民政部门提出，并未涉及应当归口承担主要责任的城乡建设部门和财政部门，许多地方公安部门设置的特别是农村的社区警务室，只有挂起牌子充数。三是社区警务人力资源的配置计划难以实施。尽管现行文件中关于社区警务室配备"一室一警"、治安复杂和较多人口社区"一室多警"，以及聘用协警人员辅助警务室工作的人力资源配置计划是合理的，也是符合现实需要的。但由于这一计划并未作为政府人事部门增加警员编制和列入财政部门经费预算的规范，许多地方公安部门原本就警力紧张和经费拮据，因而计划往往停留在"纸上"。

3. 社区警务人事调配有"硬伤"

科学合理的人事调配是社区警务顺利实施的基本条件，也是激励社区警务专职人员安心社区扎实工作的基本措施。社区警务人事调配的缺陷主要表现在：一是警力不足，无法配齐配强专职社区民警。虽然公安部和省级公安机关的相关文件都要求"根据社区规模大小、治安状况等因素，以一名民警负责管理实有人口 3000 人左右为基本标准，配齐配强社区民警"，但绝大多数基层派出所现有警力不足，应对日常值班执勤和上级下达的指标任务已是捉襟见肘，难以按照配备标准再将有限的警员专职派驻到社区；基层政府人事部门由于当地公务员编制限额，无法为公安机关增加社区警务所需的大量警员编制；县市公安机关自身机构臃肿以及警力配置不合理，导致机关警力需求膨胀而挤占了派出所警力。在这种种因素困扰下，有些地方公安机关对实施社区警务往往雷声大雨点小，开个会发个文件以应付上级检查，或搞几个试点做个样子，或象征性地挂个牌子，或名义上安排几个社区民警充个数字。二是动力不足，社区警务缺乏内生性的持续动力保障。尽管《关于实施社区和农村警务战略的决定》(2006 年)提出："对在社区(农村)警务室连续工作 10 年、15 年和 20 年以上，符合职务晋升条件的民警，可以分别享受相当于副主任科员、主任科员和副处级层次的职务待遇。"但许多地方政府人事部门并不认可，因而大多基层公安机关在人事部门非领导职数限额制约下，无奈使这一规定成了"空头支票"。三是经费不足，难以落实社区治安员聘用及提高民警待遇。公安部和一些省级公安机关都在实施社区警务的相关文件中，提出要按照"政府出资招聘、公安机关管理使用"的思路，但是，多年来却未见规定"政府出资"的经费来源渠道，只靠基层公安机关各自"化缘"或"处心积虑"地"找米下锅"。同样，公安部以及地方公安机关对于"提高社区民警各类津贴、补贴标准"的相关规定，也由于没有得到地方政府财政部门的认可，一直处于"画饼充饥"的尴尬境地。①

4. 社区警务目标管理欠规范

---

① 广东省江门市公安局课题组：《社区警务运行的制度问题研究》，载《公安研究》2013 年第 4 期。

社区警务目标管理具有导向功能，能激发社区民警和其他各社区警务主体的积极性和创造性，为社区警务注入持续稳定的工作动力。就社区民警而言，社区警务目标管理欠规范主要体现在：① 一是对社区民警工作目标的管理存在导向偏差。尽管社区民警的工作目标是"发案少、秩序好、社会稳定、群众满意"，但长期以来，由于许多地方公安机关受困于"打不胜打、防不胜防"的局面，仍然热衷于按人头给派出所下达破案数和处罚数等硬指标，民警破案多、处罚多就是业绩好。这种硬指标"指挥棒"与工作目标相悖的导向偏差，在客观上使民警为了完成硬指标而忽视了社区警务的基础性工作，大部分社区民警对责任区的社情民意无法及时掌握、对辖区实有人口漏管失控、对社区治安问题不能及时处置等现状，都与对派出所和社区民警工作目标的管理存在偏差直接相关。二是对社区民警工作目标的考核流于"表面文章"。当前对社区民警工作目标的考核指标主要是"五率"（群众见警率、情况熟悉率、信息采集率、辖区发案率、群众满意率），应该说，以"五率"去考核社区民警的工作是科学合理的，也基本上能够反映民警的工作业绩。然而，不少地方公安机关对社区警务的考核只看"表面文章"，在年终考核时满足于抽查几本台账或在办公室看汇报材料，既没有对台账记录作严格核实和分析，也没有深入社区细致了解群众对民警工作的评议，致使社区警务在"假、空、软"的考核中，淡化了以工作目标引领民警日常工作的导向功能。就其他社区警务主体而言，主要体现在社区警务根本没有纳入其他社区警务主体目标管理，更谈不对社区警务目标的进行考核。

三、社区警务运行机制的创新与构建

（一）社区警务运行机制创新与构建原则

1. 导向性

导向性的原则，体现的是在社区警务运行机制的建构过程中，

---

① 广东省江门市公安局课题组：《社区警务运行的制度问题研究》，载《公安研究》2013年第4期。

要充分体现社区警务的目标性和目的性。社区警务的运行机制是一个不断运动的系统体系，在运动的过程中，这一系统体系总是围绕着公安派出所的"发案少、秩序好、社会稳定、群众满意"的工作目标，和社区警务要"建立平安社区、和谐社区，维护社区良好治安秩序"的特定目标，并协调各组成要素，推动构成要素实现合目的性的整合与联系，从而推动社区警务过程的结果趋向实现目标。这一导向性，不仅规定了各构成要素的运行方位，也规定了社区警务的目标方位。导向性应该是社区警务运行机制运行的起点和出发点的指向，是运行过程中的目标方向，是结果效能的归宿。导向性原则要求，在社区警务运行机制的建构过程中，各构成要素的目标方向应该统一于整个运行机制的大方向，并在运行的过程中不断修正，紧密围绕目标运行，其运行的方位应该始终与机制的总目标保持一致性。因此，在构建社区警务运行机制的过程中，目标的导向性是在建构运行机制时对各组成部分要素的总体方向要求，也是实现社区警务根本任务的前提和基础。任何偏离了方向、偏离了总目标的运行机制都是徒劳和无效的。这是在构建社区警务运行机制时，必须首先要考虑的前提条件。

2. 整合性

社区警务运行机制是由各构成要素的结合组成的，如何将这些要素组成的系统的功能作用最大化地发挥，就需要对这些构成要素进行必要的整合。无论是社区警务运行机制的内部系统体系，还是社区警务的外部环境体系，都必须进行整体性的统一和协调，才能让整个运行机制处于良性循环的运行状态。事实上，社区警务的内部系统体系是不可能脱离外部环境体系而存在的，只有通过整合达到融合性，才能内外协调，相互关联，相互促进，形成社区警务共同的着力点，实现目标的合力，推进社区警务运行机制的高效能的运转。因此，在构建社区警务运行机制时，一方面要注重方向目标的整合，因为无论是外部系统体系，还是内部的系统体系，其构成的要素都是自己的运行的目标和方位，只有通过管控整合，才能形成一个有机的整体，才能形成作用点和方向性一致的有机体；另一方面，体现于其内部构成要素的整合。社区警务的内部构成要素一

209

般体现的是资源、人员、制度体系等社区警务内在的系统体系。要通过整合，将社区警务的目标任务与社区警务原有的系统和运转体系进行渗透和融合，形成一个共同的整体运行机制。此外，对社区警务的外部系统的构成要素以及外部与内部的结合要素也要在总目标方位的指导下，进行整合。通过这种整合，使得构建的社区警务的运行机制能够减少内耗，从而高效快速运转，并产生最大的效益。

3. 动态性

社区警务的运行机制不是一个孤立的封闭系统，它是一个不断与外界环境进行互动的一个能动系统，它是一个动态的系统体系。这种动态性源于社区警务机制在运行过程中局部目标的调整和变化，源于其运动过程中，周围环境条件的变化而引发的机制内部主体要求的变化，源于其运行过程中保障机制的不断优化而对整个运行机制产生的调整、整合等变化。这种动态性的特征，体现了社区警务运行机制的能动性和自觉性。因此，在构建社区警务的运行机制时，要充分认识到这一动态的特征和要求，根据不断变化的形势和任务的要求，根据内外部条件的变化的新情势，及时调整各构成要素，在运动中，构建社区警务的有效运行机制，并时刻保持社区警务运行机制动态平衡和源源不断的活力，增强前进的动力，使社区警务的运行机制从适应到不适应，从不适应到新的适应的过程中，动态前行。

（二）社区警务运行机制的创新与构建

1. 构建全员社区警务的主导机制

全员社区警务的主导机制主要是指在社区内部建立统一领导、齐抓共管、多位一体、专兼结合的全员社区警务的治理机制。这一机制的确立是从社区警务的主客体要素出发，依据导向性和整合性原则审视和建构的。

在全员社区警务主导机制的构建中，首先，在确定基层政府的主导地位。在现阶段的社区治理中，基层政府依然是社区警务的主要推动力。社区警务的战略措施是否有效，战略目标能否实现，关键在于基层政府的相关部门必须各司其职，密切配合。因此，应当明确确定基层政府的主导地位，规定基层政府各部门在社区治安事务中的职责和权限，约束各部门在社区警务中正确行使权力，做到既不缺位也不越位。其次，要注重对社区警务骨干中坚力量的教育和培养培训。在社区，综治办、社区居(村)委会主任、社区民警、司法员、辖区单位负责人等是社区警务的中坚力量。特别是注重加强对社区警务骨干中坚力量队伍的建设，加强社区警务骨干中坚力量的教育和培养培训，并形成一套选拔、培养、使用、考核等制度体系和运行机制。第三，要明确治保会主任、业主委员会主任、物业公司负责人、保安人员等在社区警务中的重要作用，充分调动并发挥他们在社区警务中的骨干作用。通过建立一系列社区警务激励机制，让他们树立起社区警务的使命感和责任感，自觉践行社区警务。第四，充分发挥广大居(村)民群众参与的积极性。充分发挥广大居(村)民群众和各级组织在社区警务实践过程中的自我教育、自我管理、自我服务的重要作用，这不仅是社区警务全员机制建立的内在要求，也是以人为本理念、基层民主理论和社会资本理论在社区警务中的具体体现。

全员社区警务的主导机制强调的是社区每个成员和组织在社区警务中肩负的重要职能。尽管每成员和组织所承担的任务和要求不一样，但其目标体系是一致的。要围绕社区警务的整体目标，通过整合，上下一心，共同努力是形成这一机制的关键，任何一方的缺失和削弱都可能影响到主导机制的运行，从而阻碍社区警务目标和任务的实现。

2. 构建全过程社区警务的整合机制

这是从社区警务的动力、管控和动态要素出发，基于导向性、整合性的构建原则，确立的运行机制。建构这一机制，要做到并做好如下两点：

(1)要对社区警务内部机制的整合。尽管我国社区划分因各地的实际情况不同而不尽相同，而且社区治理的模式也不尽相同。但从社区警务运行机制的内部系统看，一般而言，涉及的主体有社区警务室(社区民警)、社区居(村)委会、驻区单位保卫组织、治保会、其他治安辅助力量(小区保安、治安志愿志者等)以及公民个人和家庭等，并围绕社区警务(或社区治安治理)的功能形成了各成体系的运行机制——在公安机关特别是社区民警的推动下，已经基本形成①——其理想的发展趋势是由社区居(村)委会推动形成。这就有必要对这些机制进行整合，最终目的和归宿是落实到社区警务的运行机制上来。而在这个过程中，最重要的整合是社区警务模式的整合——目前还在进一步探索之中。在社区警务运行机制的建构过程中，要把社区警务工作的理念、途径、方式、方法融入到社区治理的各项工作之中去，体现在为社区警务解决实际问题上来。在社区内部，要建立健全社区警务的组织领导、制度激励、过程管理、评估考核的体系。

通过组织领导建立起全过程社区警务的领导体系。组织领导就是要求社区通过合理的分工，明晰领导职责，建立健全社区警务目标和任务实现的有效的领导方式。第一，社区要从社区警务理念上确立起社区警务在社区治理中的重要地位，在社区的诸多职能中，要明确社区警务是和谐社区、幸福社区、平安社区的基础，必须要把这一理念贯穿于社区的发展规划，贯穿于社区改革发展的全过程和各个环节中去，在社区的精神文化中体现这理念，并在全社区达成共识。第二，要经常研究和分析影响社区警务运行机制运转的制约因素，有针对性地制定和完善相关的社区警务管理制度，把社区警务的目标和任务纳入社区治理制度运行的轨道。靠制度为社区警务目标的实现提供保证。第三，进一步明确职责分工，把社区警务的任务和阶段的目标进行细化和分解，并有机地渗透到社区治理的各个方面，有布置，有检查，有落实，确保扎实有效。

通过完善制度激励，建立健全全体居民的动力保障体系。需要激励制度是实现社区警务目标和任务的又一基本保障。行为科学指出，积极源自需要，需要在人的心理活动中处于核心地位，是人的心理和行为活动的内在驱动。需要激励就是从满足人的需要出发，

---

①　参见杨瑞清、王淑荣：《社区警务》，中国人民公安大学出版社 2015年版，第 104~105 页；陈君武等：《社区警务专题研究》，中国人民公安大学出版社 2014 年版，第 148~160 页。

通过制定和实现科学的激励制度、树立典型示范等来调动社区全体成员在社区警务过程中的积极性和主动性。首先，要从人的安全需要出发，建立起一系列的激励和奖励制度体系，如"社区安全防范先进个人(家庭)奖励办法"、"社区见义勇为奖励办法"、"社区治安综合治理先进单位奖励办法"等；其次，在社区内大力弘扬社区警务的先进典型，用榜样的力量昭示和影响广大居民，激励起居民正确的社区治安认知、自觉的社区警务养成和积极的社区警务实践。

通过过程管理，建立健全动态的监控体系。过程管理就是社区警务实施过程中，建立健全社区警务实施各个环节(包括组织领导、实施方案的制定、岗位责任制的履行、安全防范工作的开展、协同与协作的落实、各项制度的执行等)动态的监控体系，通过对社区警务实施各个环节的监控和监督检查发现问题并及时进行指导和修正，确保社区警务工作的正常、有效运转。

通过评估考核建立健全评价体系。社区警务实施效果如何，往往不是很直观或短期内就能看出来，而是需要从多方面进行考察、评价，并根据考评的情况来确定，这就需要建立社区警务的考评机制，并根据社区警务的实施效果，建立健全科学的社区警务评价体系。建立健全社区警务的考评机制和评价体系时，必须注意的是，评估考核与评价体系的构建，必须坚持全面性、实效性、导向性和公正性原则，既要考评社区民警也要考评社区警务的其他主体，既要考核社区警务的理念也要考核社区警务的操作，既要考核社区警务的模式构建也要考核社区警务的运行机制，既要考核社区警务的运行过程也要考核社区警务的运行结果，只有这样，评估考核和评价体系的构建才能科学合理，才能解决社区警务工作目标的管理存在导向偏差和考核流于"表面文章"的问题，才能有真正的实效。

总之，在这些体系的建构过程中，有目的、有计划地把社区警务的目标和任务渗透和分解到社区内各个部门、单位和人员(包括家庭和个人)，在社区警务内部系统的整合机制建构过程中，实施社区警务。

(2)要整合起社区警务的外部协同机制。社区警务的目标和任

213

务的实现，不仅是公安机关和社区警务运行机制内部系统各部位、单位的责任，也是全社会特别是社区警务的外部相关部门和单位的共同使命和责任。要整合社区警务运行机制的内部系统体系和社区警务的外部相关部门、单位的运作体系，建立起社区警务运行机制的内部与外部系统共同实施的社区警务的外部协作机制。在这一过程中，要特别注重目标导向的一致性，要注重双向或多向的沟通，通过请进来或走出去等方式实现资源的共享共用。通过整合形成一个社区警务机制运行过程中的内外系统的连贯性，推动社区警务工作的进展。

在社区警务运行过程中，与社区警务工作最为直接的外部相关部门和单位主要有街道、综治、公安、司法、民政、城乡建设、人事和财政等部门和单位。要根据中央相关文件有关的职责分工，相应地确定各部门在社区警务中的责任，形成社区警务的外部协同机制，即由主管社区建设的民政部门(或街道)统一领导、综治部门协调社区警务工作，社区治安事项由公安部门承担首问责任、司法部门配合，城乡建设部门负责筹划社区警务办公场所，人事和财政部门分别负责社区警务相关的人事规划与经费安排等，实行各部位、单位的社区警务工作的协同与联动，落实社区警务缺场所、缺人力、缺经费的责任，切实解决社区警务场所不足、警力不足和经费不足的问题。

3. 构建全方位社区警务的保障机制

这是从社区警务运行机制构成的环境、动力等要素出发，依据其构建的基本原则而确立的又一机制。它立足于调动多方积极因素，利用多方资源条件为社区警务目标和任务的实现建立的保证机制。构建这一机制，应从法制保障、制度保障、警力保障、物质保障和权益保障等环境和动力角度入手，以形成全方位的社区警务保障机制。

(1)法制保障。社区警务战略的实施是一项复杂的系统工程，必须将其纳入法制化轨道，做到有法可依、有法必依、执法必严、违法必究。社区警务法制保障体系的建立，应该以《宪法》为依据、以《人民警察法》为主线，以包括《刑法》、《治安管理处罚法》、

《人民警察使用警械和武器条例》、《公安机关监督条例》、《公安机关组织条例》、《公安派出所正规化建设规范》、《公安部关于实施社区警务若干问题的规定》等法律、法规为指导①外，要尽快制定一部规范社区基本管理制度的《社区治理法》，以实施社区治理的基本法律依据或形式对社区治理中的重大问题作出规定。《社区治理法》应当明确社区治理的目标、任务和基本原则，确定各参与主体的法律地位和法律责任，有效地破解现代社区"碎片化"的治理难题，建立起政府管理与居民自治相结合的社区治理新模式。同时，《社区治理法》应当就维护社区治安的工作，对基层政府中承担社区治理职能的部门以及社区居民自治组织的相关责任作出明确规定，充分体现社区警务(社区治安)政府的主导和引导职能，以及培育和发展居民自治的自我管理功能，使社区建设和社区警务(社区治安治理)在法制的轨道上运行，从而真正形成"党委领导、政府负责、社会协调、公众参与"的社会管理格局。

（2）制度保障。没有制度保障，管理活动就不能有效地进行。根据有关法律、法规的规定，我国社区警务制度除公安机关(包括派出所和社区民警)自身要建立警民联系、警务公开和治安防范等制度外，社区警务制度还应当在社区治理法律制度的原则指导下，一方面要明确民政(街道)、公安、司法、城乡建设、人事和财政等部门和单位与社区警务的关系，取得社区警务在场所、人力和经费的支持与保障，另一方面要明确规范社区警务与社区自治组织包括居(村)民委员会和下设的治安保卫委员会、人民调解委员会，以及城镇居民住宅区的业主委员会和各种行业协会的工作关系，并根据法律赋予居民委员会对本区域内其他自治组织的管理职权，确定社区民警在居(村)民委员会支持下，对社区治安事务的专业性工作具有统一管理和实施指导的职权。

（3）警力保障。社区民警无疑是推动社区警务工作的重要支撑力量和主力军。科学合理配置警力是社区警务工作顺利实施的基础

---

① 杨瑞清、王淑荣：《社区警务》，中国人民公安大学出版社2015年版，第100页。

和保证。为切实目前我国许多地区还存在社区警力不足和警力资源严重浪费的问题，除公安机关自身在加大警务改革力度，本着精简、统一、高效和依据属地管辖的原则，通过政策倾斜、提高待遇，改善环境、稳定队伍，确保警力下沉、警务前移外，各级公安机关要积极推动各级人民政府就社区警务相关人事制度进行顶层权威设计，统一规划警力配置编制，配齐、配足、配强社区民警，确保社区警务工作顺利实施。

（4）物质保障。物质保障是开展社区警务工作的基础条件。常言道"巧妇难做无米之炊"。没有充分的物质保障，社区警务的工作效率就会受到巨大影响。因此，建立经费和装备的社区警务保障机制，已经成为我国现代警务工作的重要内容。各级公安机关要积极推动各级人民政府就社区警务的经费和装备保障制度进行顶层权威设计，统一规划，将社区警务经费的"政府出资"、"专款专用"落到实处，并按现代警务工作的要求，将警用通信设备、计算机、公安内部网络等列为社区警务室的基本配置，同时，加大社区警务的人力、物力、财力的投入，提高社区警务工作的效率，以确保社区警务工作顺利实施。

（5）权益保障。从事社区治安事务，维护好社区治安秩序，不仅仅是公安机关和社区民警的事，也是社区全体公民和组织应尽的责任和义务。因此，一方面要强化社区民警的社会保障和生活保障，如任何拒绝、阻碍人民警察依法执行职务的行为，都要承担相应的法律责任，保证警察的社会地位和职业尊严。根据国家的相关规定，人民警察除享有国家公务员工资和警衔工资外，还应当且必须享受包括养老保险、人身保险（伤残保险和死亡保险）、疾病保险等的保险保障，以及探亲制度、困难补助制度、取暖补贴制度、交通费补贴制度、年休假制度为主的福利制度和抚恤优待保障制度等。建立全方位、多层次的教育培训体系，以保证社区民警能够得到及时有效的培训，全面掌握最新的法律法规知识和行政管理手段，从而更有效地开展社区警务工作。另一方面，强化从事社区警务工作的社区公民和组织的社会保障和生活保障，包括社区居（村）委会、社区（村）综治站、驻区单位保卫组织、治保会、其他治安辅助力量(小区保安、治安志愿志者等)以及公民个人和家庭等的社会保障和生活保障,其中尤其是治保会成员、社区保安人员和治安志愿志者社会保障和生活保障,在进一步明确修订或规范他们的职责和要求的基础上,确保他们的应有的工资、保险、福利、抚恤优待保障,以及岗位教育培训,不断提高他们的福利待遇和业务水平,从而使他们更好、更有效地开展和积极参与社区警务工作。

第六章 我国社区警务主体的定位 完善与绩效考评

我国社区警务主体不仅是社区警务的最终实践者，也是社区警务价值、制度与行为三位一体的承载者，而且还是社区警务最根本的推动力，对社区警务改革与建设的效能起着决定性作用。因此，科学的界定和厘清社区警务各主体的结构、权限与趋势，不仅更加明确社区警务各主体的责任，科学考评社区警务各主体的工作绩效，也有利于社区警务决策部门制定更加合理的警务对策。

由于城市和农村都开展了社区警务，而社区警务在城市(镇)实施与运行时间较早，农村推进社区警务尚处于初始阶段，因此，为方便论述，故本章主要考察或研究城市(镇)社区警务主体的定位完善与绩效考评，并对农村社区警务具有示范或借鉴作用。

第一节 我国社区警务主体的职能(责) 定位与完善①

如前章所述，从社区警务内部与外部运行机制看，涉及内部运行机制的社区警务主体有社区居(村)委会、社区民警、驻区单位的保卫组织、治安保卫委员会、其他治安辅助力量以及公民个人和

---

① 社区警务主体涉及社区各级党组织，由于基层党委的派出机构——街道党工委是包括社区警务在内各项上级事务的"倡导者"、"监督者"和"决策者"，社区警务工作主要靠街道办事处、公安派出所等具体部门或单位执行、落实，而各基层党组织(党支部、党小组)则主要通过组织本级党组织的党员、干部结合不同岗位发挥战斗堡垒和党员的先锋模范作用来推动社区警务工作。因此，本节内容不涉及社区各级党组织。

家庭等，而涉及外部运行机制的社区警务主体主要有街道、基层综治委(或街道综治委)、基层司法所(或街道司法科)、公安派出所，以及城乡建设、人事和财政等部门和单位。

一、目前社区警务主体的职能(责)定位

(一)社区警务外部运行主体的职责

1. 街道办事处

1954 年 12 月 31 日，我国全国人大代表常务委员会第四次会议，通过了《城市街道办事处组织条例》，明文规定了街道办事处的作用与功能以及所处的行政地位和执行的作用。即，街道办事处的身份具有双重性，它既需要对上级政府负责，作为上级政府机关下达命令的传达者和执行者，同时它又需要对所在辖区内居民负责，作为该行政区域内社会事务的服务者与管理者。虽然街道办事处的基本职能在《城市街道办事处组织条例》中进行了规定，但该条例在延用了 55 个年头之后，于 2009 年由全国人大宣布废止。除《中华人民共和国地方各级人民代表大会和地方各级人民政府组织法》2004 年和 2015 年两次修订，只明确规定"市辖区、不设区的市的人民政府，经上一级人民政府批准，可以设立若干街道办事处，作为它的派出机关"①外，街道办事处此后并无专门的法律法规对其职能和性质定位进行规定和管理。

根据《城市街道办事处组织条例》规定及实践，在城市管理机构中，街道办事处是最基层的管理机构，是与城市居民群众生活直接发生联系的管理机构，是不设区的市或市辖区人民政府的派出机关，是城市的基层政权组织，处于我国行政体制的末端。因此，街道办事处是街道层面的政府机构，负责街道各个领域的管理工作，其职能涉及范围广泛，管理工作具有综合性和复杂性。有学者对街道办事处的治安职能作了分析，认为治安职能只是街道办事处诸多职能的一部分，具体来说，与治安职能相关的街道办事处职能主要

① 《中华人民共和国地方各级人民代表大会和地方各级人民政府组织法》第 68 条。

包括：负责街道管辖范围内的维护稳定及社会治安综合治理工作，依照有关规定做出租屋和外来暂住人口的管理工作；负责民事调解、法律服务工作，维护居民的合法权益等。①

2. 基层综治委

按照 2003 年中央社会治安综合治理委员会、中央机构编制委员会办公室《关于加强乡镇、街道社会治安综合治理基层组织建设的若干意见》要求，基层一般要建立由街道党政主要领导担任主任的治安综合治理委员会。该委员会由街道办事处各职能部门包括司法、市政、民政、计划生育等部门以及公安派出所、居委会、企事业单位代表组成，下设综合治理办公室。基层综治委的主要职责任务包括：①贯彻中央和上级社会综治委的工作指示，研究、拟订本辖区的工作计划、阶段性工作反馈和措施，提交社会治安综合治理委员会讨论决定，并负责组织实施。②掌握、分析辖区内的治安形势和工作动态，及时向上反馈信息，重大问题提请党委、政府(办事处)及社会治安综合治理委员会研究解决。③组织、协调各有关部门共同解决辖区内突出的治安问题。④指导、检查、督促基层党支部、村(居)委会和辖区内的企事业单位开展社会治安综合治理工作，对存在问题的单位提出整改意见，并视情况提出行使一票否决权的建议。⑤协助有关部门，指导治保会、调解会和各种形式的群防群治队伍的工作。⑥开展调查研究，总结推广先进经验。⑦组织开展社会治安综合治理的创建、达标活动。⑧办理上级交办的有关社会综合治理工作的其他事项。

2009 年 3 月，中央办公厅、国务院办公厅转发了中央综治委《关于进一步加强社会治安综合治理基层基础建设的若干意见》，明确了乡镇、街道综治办作为协助党委和政府维护社会治安和社会稳定的职能部门，要在乡镇、街道党委、政府和综治委领导下，牵头组织协调，整合公安、司法行政、民政、社会保障、信访、人民法院等基层维护社会治安和社会稳定的资源和力量，通过各有关部

---

① 郭春甫：《社区治安网络：结构、过程与绩效》，中国社会科学出版社 2013 年版，第 75 页。

门集中办公,建立协作配合、精干高效、便民利民的工作平台。通过这个平台,落实工作例会、首问责任、情况报告、分流督办、检查考核等工作制度,建立健全协作联动工作机制,实现社会治安联合防控、矛盾纠纷联合调解、重点工作联勤联动、突出问题联合治理、基层平安联合创建。

3. 公安派出所

公安派出所是市、县公安机关直接领导的派出机构,是公安机关打击违法犯罪、维护社会治安、服务人民群众、保卫一方平安的基层综合性战斗实体。根据公安部《公安派出所正规化建设规范》(公通字[2007]29号)文件规定,公安派出所原则上与乡、镇、街道行政区划相对应设立;城区公安派出所每所民警不少于20人,城镇公安派出所民警每所不少于10人,乡公安派出所民警每所不少于5人;公安派出所设所长、政治教导员各1名,副所长若干名;公安派出所应当根据工作需要设立社区(农村)警务、巡逻防控、治安管理、案件办理、综合内勤等工作岗位,警力较多、治安情况复杂的城区派出所,可以建立社区警务队、巡逻防控队、案件办理队和综合内勤室。警力少、治安情况相对平稳的农村派出所,实行一人一岗或一人多岗。

《公安派出所正规化建设规范》明确规定,公安派出所有9大职责,主要包括:收集、掌握、报告影响社会政治稳定和治安稳定的情报信息;管理辖区内的实有人口;管理辖区内的重点行业、公共娱乐场所和枪支、弹药、爆炸、剧毒等危险物品;指导、监督辖区内的机关、团体、企业、事业单位的内部治安保卫工作;宣传、发动、组织、指导群众开展安全防范工作;办理辖区内发生的因果关系明显、案情简单、一般无需专业侦查手段和跨县、市进行侦查的刑事案件,并协助侦查部门侦破其他案件;办理治安案件,调解治安纠纷;参与火灾、交通、爆炸、中毒等治安灾害事故的预防工作;接受群众报警、求助,为群众提供服务。①

4. 基层司法所

---

① 《公安派出所正规化建设规范》第2条。

基层司法所是司法行政机关最基层的组织机构，是县（市、区）司法局在乡镇（街道）的派出机构，负责具体组织实施和直接面向广大人民群众开展基层司法行政各项业务工作。司法所实行县（市、区）司法局和乡镇人民政府（街道办事处）双重管理，以司法局为主的管理体制。在基层政法机构体系中，司法所是基层政法组织机构之一，它与公安派出所、法庭共同构成我国乡镇（街道）一级的政法体系，成为我国基层司法运行机制中不可缺少的重要组成部分。在基层社会治安综合治理机构体系中，司法所是司法行政系统参与基层综合治理工作的重要成员单位，处在化解人民内部矛盾、预防和减少犯罪的第一线。

根据 2009 年司法部《关于进一步加强司法所规范化建设的意见》，基层司法所的职责主要有：指导管理人民调解工作，参与调解疑难、复杂民间纠纷；负责社区矫正工作，组织开展对社区矫正人员的监督管理、教育矫正和社会适应性帮扶；协调有关部门和单位开展对刑释人员的安置帮教工作；指导管理基层法律服务工作；组织开展法治宣传教育工作；组织开展基层依法治理工作，为乡镇人民政府（街道办事处）依法行政、依法管理提供法律意见和建议；协助基层政府处理社会矛盾纠纷；参与社会治安综合治理工作；完成上级司法行政机关和乡镇人民政府（街道办事处）交办的维护社会稳定的有关工作。

5. 住房与城乡建设、人事和财政等部门和单位

住房与城乡建设、人事和财政等部门和单位，虽然不直接从事社区警务工作，但与社区警务密切相关的工作条件如社区警务室的建设、办公场所、办公设备、办公经费等，以及社区警务工作人力资源的配置等，都需要住房与城乡建设、人事和财政等部门和单位大力支持，为社区警务的工作条件和人力资源提供保障。

（二）社区警务内部运行主体的职责

1. 社区居（村）委会

居民委员会是居民自我管理、自我教育、自我服务的基层群众性自治组织。《中华人民共和国城市居民委员会组织法》依据宪法的规定，为居民委员会规定了六大任务，即政治整合、公共服务、

民间调解、治安维护、政务协助、民意表达。① 《城市居民委员会组织法》同时规定"居民委员会根据需要设立人民调解、治安保卫、公共卫生等委员会。居民委员会成员可兼任下属的委员会的成员。居民较少的居民委员会可以不设下属的委员会，由居民委员会的成员分工负责有关工作"。② 社区(村)居民委员会在街道(乡镇)综治委的指导下开展社区治安工作。

在与基层治安密切相关的社区组织中，居民委员会地位十分重要。从国家与社会的关系来看，由于"行政化"的影响，我国大部分居民委员会都呈现出官僚化倾向，居民委员会逐渐成为国家实施行政管理的最基层组织。居民委员会是治安工作的落脚点，是社区巡逻队、治保会、居民小组、看楼护院的实际载体，是社区警务工作的关键节点。

2. 社区民警

根据公安部《公安派出所正规化建设规范》规定，社区民警的主要职责有7项：收集掌握、上报影响社会政治稳定和治安稳定的各类情报信息；开展人口调查登记工作，了解掌握辖区实有人口情况；进行法制和安全宣传教育，发动辖区单位和群众开展安全防范工作；了解掌握辖区重点行业、公共娱乐场所和重点单位、重要部位的基本情况；协助办理各类案件；物建、管理、使用治安耳目；提供便民服务。③

3. 驻区单位的治安保卫组织

单位治安保卫组织是指在机关、团体、企业事业单位为维护内

---

① 《中华人民共和国城市居民委员会组织法》第3条规定，"居民委员会的任务：(一)宣传宪法、法律、法规和国家的政策，维护居民的合法权益，教育居民履行依法应尽的义务，爱护公共财产，开展多种形式的社会主义精神文明建设活动；(二)办理本居住地区居民的公共事务和公益事业；(三)调解民间纠纷；(四)协助维护社会治安；(五)协助人民政府或者它的派出机关做好与居民利益有关的公共卫生、计划生育、优抚救济、青少年教育等项工作；(六)向人民政府或者它的派出机关反映居民的意见、要求和提出建议。"

② 《中华人民共和国城市居民委员会组织法》第13条。

③ 《公安派出所正规化建设规范》第12条。

部生产、工作、教学、科研和生活秩序，按照规定依法设立的一种专业化社会治安防范力量，主要包括纳入单位机构编制管理序列的保卫处、科等内部管理部门。单位治安保卫组织在单位的党委和行政的直接领导下开展工作，在业务上接受公安机关保卫部门的指导和监督。① 根据《企业事业单位治安保卫工作条例》（2004 年）规定，单位内部治安保卫工作贯彻预防为主、单位负责、突出重点、保障安全的方针。单位内部治安保卫工作应当突出保护单位内人员的人身安全，单位不得以经济效益、财产安全或者其他任何借口忽视人身安全。

根据《企业事业单位治安保卫工作条例》规定，单位内部治安保卫机构、治安保卫人员应当履行下列职责：开展治安防范宣传教育，并落实本单位的内部治安保卫制度和治安防范措施；根据需要，检查进入本单位人员的证件，登记出入的物品和车辆；在单位范围内进行治安防范巡逻和检查，建立巡逻、检查和治安隐患整改记录；维护单位内部的治安秩序，制止发生在本单位的违法行为，对难以制止的违法行为以及发生的治安案件、涉嫌刑事犯罪案件应当立即报警，并采取措施保护现场，配合公安机关的侦查、处置工作；督促落实单位内部治安防范设施的建设和维护。②

4. 治安保卫委员会

治安保卫委员会是依法律法规规定，设置在基层单位，用以维护社会治安的不脱产的群众性治安保卫组织，是公安机关联系群众的桥梁和纽带。治安保卫委员会根据设置基层单位不同，可分为城镇社区治安保卫委员会、农村治安保卫委员会、内部单位治安保卫委员会和行业治安保卫委员会 4 种形式，均由民主选举产生。依据1952 年公安部公布了《治安保卫委员会暂行组织条例》（1980 年公安部重新修订后再次公布该条例）和现行《宪法》第 111 条第 2 款规

① 王彩元、刘力钹：《治安社会防范教程》，武汉大学出版社 2016 年版，第 43 页。
② 《企业事业单位治安保卫工作条例》第 11 条。

定，治安保卫委员会具有属地性、群众性、自治性和治安工作性的特点。

根据《治安保卫委员会暂行组织条例》的规定和当前治安工作形势的实际需要，治安保卫委员会的具体职责和工作任务有：宣传、教育群众增强法制观念和安全防范意识；组织群众开展治安巡逻、安全检查等社会治安群防群治工作；落实以防盗、防火、防破坏和防其他治安灾害事故、防矛盾激化为主要的内容的安全防范措施；及时向公安机关反映敌社情动态和可能造成危害社会治安的民间纠纷及闹事苗头，并协助政府和有关部门做好控制、教育、疏导、化解工作；注意调查、发现吸毒人员和毒品原植物；对有轻微吸毒行为人员进行帮助教育，责令其自行戒毒，对已戒断毒瘾人员进行跟踪监督、考察、防止复吸毒品；对有轻微违法犯罪行为和"两劳"释解人员进行帮助、教育；对依法被判处管制、剥夺政治权利和假释、缓刑、监外执行的罪犯，依法进行教育、监督、考察、改造；协助公安机关及时保护案件现场，积极提供破案线索；对现场违法犯罪分子进行控制或将其扭送公安机关；协助公安机关管理民用枪支、公共复杂场所、特种行业；协助公安机关管理常住人口、暂(寄)住人口、房屋出租户和居民身份证；向政府及公安机关反映人民群众对社会治安管理工作的意见、建议和要求。①

5. 社区其他治安辅助力量

社区其他治安辅助力量主要包括社区辅警(或治安巡防组织)、物业管理组织、小区或物业保安员、治安志愿者组织等。

(1)社区辅警。社区辅警(或治安巡防组织，下同)是指由公安机关组织管理，社区民警直接领导、使用的警务辅助力量。我国"辅警"在过去称谓很多，也不规范，有治安联防队、治安巡逻队、护街队、护村队、护校队、工人纠察队、交通协管员、协警、治安巡防队等。特别是20世纪90年代，由于各地对辅警的管理极不规范，实际工作中的问题层出不穷，有的借参与执法之机侵害群众权

---

① 王彩元、刘力辄：《治安社会防范教程》，武汉大学出版社2016年版，第41~42页。

益、甚至实施违法犯罪活动等。从 2004 年起，公安部部署开展专项辅警的清理工作，各地公安机关根据公安部的要求对辅警队伍区别不同情况作出了清退、培训留用等处理。自 2006 年《公务员法》①和 2007 年《公安机关组织管理条例》②的实施，过去辅警的各种称谓被规范化，目前逐步固定为"辅警"。③ 由于目前全国没有统一规范的辅警制度或管理办法，各地公安机关规定执法辅助人员的录用、管理、职责、待遇、纪律等也均不尽相同，但都未对社区辅警的职责作相应的具体规定。

根据 2012 年《苏州市警务辅助人员管理办法》、2013 年《长沙市警务辅助人员管理办法》、2014 年《哈尔滨市警务辅助人员管理办法》、2015 年《大连市警务辅助人员管理办法》、2016 年《徐州市警务和城管辅助人员管理办法》、2016 年《广东省公安机关警务辅助人员管理办法》等各地颁布的法规和规章，归纳起来，辅警的职责主要有：①协助公安机关开展社区治安巡逻和安全防范工作，协助社区民警组织、带领义务治安巡防力量开展群众性治安防范活动；②协助公安机关开展治安值勤、巡逻、安全检查，维护辖区内的治安秩序；③协助公安民警在指定的地区设卡堵截、查缉、追捕各类违法犯罪嫌疑人；④协助公安派出所做好户与户、单位与单位、地区与地区之间的治安联防，及时发现和消除各种安全隐患；⑤协助公安机关保护现场、提供有关情况、线索，查破案件，发现现行违法犯罪嫌疑人扭送当地公安机关；⑥配合有关部门及时疏导和调解民间纠纷，积极参加各种抢险救灾活动；⑦收集涉及社会稳定和社会治安的各类情报信息以及对社会治安工作的意见、建议和

---

① 《公务员法》第 95 条规定，机关根据工作需要，经省级以上公务员主管部门批准，可以对专业性较强的职位和辅助性职位实行聘任制。

② 《公安机关组织管理条例》第 22 条规定，公安机关根据工作需要，经中央公务员主管部门或者省、自治区、直辖市公务员主管部门批准，可以对专业性较强的职位和辅助性职位实行聘任制。

③ 由于历史原因，有的地区对辅警和社区治安巡防组织（队）的录用、管理、待遇等方面还存在不同规定，出现了"辅警"和"社区治安巡防队"并存的现象，但两者的职责却基本一致。

要求，及时报告公安机关；⑧协助社区民警做好流动人口和房屋出租户的登记管理工作；⑨协助社区民警开展安全文明、无毒社区以及平安社区和和谐社区的创建活动；⑩完成政府和公安机关布置的其他工作任务。

（2）社区物业管理组织。物业管理是业主通过选聘物业服务企业，由业主和物业管理企业按照物业服务合同约定，对房屋及以配套的设备和相关场地进行维修、养护、管理，维护相关区域内环境卫生和安全秩序的活动。物业管理组织是改革开放以来我国兴起的一种服务性企业。我国在总结物业管理的实践经验和广泛征求意见的基础上，国务院于 2003 年颁布了《物业管理条例》，2007 年又对《物业管理条例》进行了修改。《物业管理条例》明确了业主、物业公司和物业开发建设单位之间的关系及各自的义务和权利，规范了物业管理企业、业主大会、业主委员会各自的职责和运作方式，对维护物业管理区域内的治安秩序发挥了巨大作用。

根据《物业管理条例》规定，业主委员会履行下列职责：召集业主大会会议，报告物业管理的实施情况；代表业主与业主大会选聘的物业服务企业签订物业服务合同；及时了解业主、物业使用人的意见和建议，监督和协助物业服务企业履行物业服务合同；监督管理规约的实施；业主大会赋予的其他职责。① 同时，业主委员会应当配合公安机关，与居民委员会相互协作，共同做好维护物业管理区域内的社会治安等相关工作。在物业管理区域内，业主委员会应当积极配合居民委员会依法履行自治管理职责。

根据《物业管理条例》规定，物业管理企业应当按照物业服务合同的约定，提供相应的治安服务。物业服务企业未能履行物业服务合同的约定，导致业主人身、财产安全受到损害的，应当依法承担相应的法律责任。对物业管理区域内违反治安管理方面法律规定的行为，物业服务企业应当制止，并及时向公安机关报告；物业服务企业应当协助做好物业管理区域内的安全防范工作，发现安全事故时，物业服务企业在采取紧急措施的同时，应当及时向有关行政

---

① 《物业管理条例》第 15 条。

管理部门报告，协助做好救援工作。

（3）社区或小区保安员。社区或小区保安服务是指为满足社区或小区公民、法人和其他组织的安全需求，依照法律、法规、规章和国家有关规定，由依法设立的企业、组织提供的专业化安全防范服务及相关服务的行为。按照 2010 年实施的《保安服务管理条例》规定，我国的保安服务包括以下三个方面：一是保安服务公司根据保安服务合同，派出保安员为客户单位提供的门卫、巡逻、守护、押运、随身护卫、安全检查以及安全技术防范、安全风险评估等服务。二是机关、团体、企业、事业单位招用人员从事的本单位门卫、巡逻、守护等安全防范工作。三是物业服务企业招用人员在物业管理区域内开展的门卫、巡逻、秩序维护等服务。①

依据《保安服务管理条例》规定，保安员的工作内容有：查验出入服务区域的人员的证件，登记出入的车辆和物品；在服务区域内进行巡逻、守护、安全检查、报警监控；在机场、车站、码头等公共场所对人员及其所携带的物品进行安全检查，维护公共秩序；执行武装守护押运任务，可以根据任务需要设立临时隔离区，但应当尽可能减少对公民正常活动的妨碍。保安员应当及时制止发生在服务区域内的违法犯罪行为，对制止无效的违法犯罪行为应当立即报警，同时采取措施保护现场。从事武装守护押运服务的保安员执行武装守护押运任务使用枪支，依照《专职守护押运人员枪支使用管理条例》的规定执行。②

根据 2006 年公安部颁布的《保安服务操作规程与质量控制》规定，保安员的职责有：①执行门卫、守护、巡逻、押运、随身护卫、人群控制、技术防范、安全咨询等保安服务任务；②利用科技手段和设备执行保安服务任务；③对发生在执勤区域内的不法侵害和治安灾害事故，及时报告客户单位和当地公安机关，采取措施控制事态扩大，保护现场，维护现场秩序；④落实防火、防盗、防爆炸、防破坏和防治安灾害事故等防范措施，发现执勤

---

①　《保安服务管理条例》第 2 条。
②　《保安服务管理条例》第 29 条。

区域内的安全隐患,立即报告客户单位,并协助予以处置;⑤对执勤区域内发生的不法侵害行为应及时制止,对不法行为人应移交公安机关或有关部门处理。支持、配合公安机关和其他执法部门依法执行公务。

(4)社区治安志愿者组织。社区治安志愿者组织,是指由具有公益意识志愿者组成,共同参与社区治安秩序维护和违法犯罪防控的社会组织。社区治安志愿者组织具有扶助、教化、凝聚的功能,是公民参与社会治安管理、为社会无偿提供治安服务的新颖形式,是弥补政府和市场提供安全防范服务不足的"第三只手"。志愿者在不追求物质报酬的前提下自愿贡献个人时间和精力,为推动人类发展、社会进步和社会福利事业而提供治安服务的活动。

2003 年公安部、团中央发布《关十在全国实施〈维护社会治安志愿者筑城行动〉的方案》的通知,要求发展志愿服务事业,提出社会治安志愿者应在公安民警的直接带领或具体指导下,依托社区基层组织和单位,以治安巡逻和看楼护院、邻里守望、法制宣传等为主要方式,参加维护社会治安秩序的活动。此后,全国各大城市纷纷组建了社会治安的志愿服务队。治安志愿者立足社区,积极参与社区治安活动,有效地震慑了违法犯罪,控制和减少了居民区可防性案件的发生,为创造良好的社区治安环境、维护社会治安稳定发挥了重要作用。

从全国来看,我国广东、吉林、四川、江苏、上海、重庆、湖南、湖北等省(市)以及杭州、福州等城市先后制定、颁布了"志愿服务条例",特别是 2016 年 5 月国务院法制办公室就《志愿服务条例(征求意见稿)》向全国公开征求意见。但是,我国治安志愿服务至今还没有相关法律法规的规定。然而,在现实中,治安志愿工作非常广泛,有参与社区治安防范,参与大型活动安全保卫,义务反扒,开展安全法律援助,安全心理疏导,安全应急救援和交通协管等主要工作。随着"互联网+"的迅猛发展,网络治安志愿工作也将会出现,开展检举涉毒、涉黄、涉暴等违法网站,协助职能部门处置网络热点舆情事件,帮助网瘾成瘾者戒除网瘾,举报网络违法犯罪行为等志愿工作形式。①

6. 公民个人和家庭

公民是指具有一个国家的国籍，根据该国的法律规范享有权利和承担义务的自然人。家庭是以婚姻关系、血缘关系或者收养关系为纽带结合成亲属的社会组织。公民是构成社会的细胞，家庭是构成社会最小的基本单位，家庭具有生育、经济、教育、保护与照顾等功能，同时具有社会治安防范的作用。家庭作为社会治安防范的最小主体，却是整个社会治安防范体系当中最细小的网格，为整个社会治安稳定起到不可忽视的作用。只要每个家庭做好安全防范，全社会的治安防范栅栏才牢不可破。因此，要重视家庭的安全防范功能，要善于调动家庭参与安全防范的积极性，激发其活力，采取有效措施维护社会治安。

但是，我国法律、法规并未对公民和家庭的社会治安责任作出明确规定，而综合国家相关法律、法规或规章的规定，公民和家庭的安全防范义务则主要有：高度重视安全防范工作，积极参与社区治安宣传活动，学习安全防范知识，提高安全防范意识；密切关注治安信息和治安动态，学习掌握预防人身、财产侵害的技能技巧；采用密码锁、磁弹子锁、IC 卡电子门锁，牢固门窗，安置智能家居控制系统、楼宇对讲、可视门铃等安全防范装置；对家庭的电视机、电脑、冰箱、摄像机等贵重财物进行标记，在特定部位标记上主人的姓名、地址、联系方式等，目的是有效防止犯罪分子进行销赃；保管好贵重财物，减少现金存放和携带数量，尽量使用银行卡进行消费；对陌生人保持高度警惕，网络交友一定要谨慎，不要单独与陌生人约会，夜间减少单独外出行动；不要理会利益诱惑的诈骗短信，不要将家庭成员的个人信息泄露给他人；养成良好的用火用电安全，做好人离火灭，人离电关；对家庭的电气线路、燃气管道定期进行检测，发现并消除安全隐患；配备灭火器、逃生绳等应急救援装备，掌握逃生自救的基本方法，灾害和危难来临时会应急

① 王彩元、刘力鞍：《治安社会防范教程》，武汉大学出版社 2016 年版，第 116 页。

处置等。①

二、社区警务主体定位之缺陷

(一)社区警务各主体地位关系不顺

社区警务的警务活动不能单纯理解为警察实施的行为,它既包括警察实施的维护社会治安的行为,也包括警民共同联合起来,团结一致,维护治安秩序而"共同开展的治安工作"。从社区警务内部与外部运行机制看,涉及内部运行机制的社区警务主体有社区居(村)委会、社区民警、驻区单位的保卫组织、治安保卫委员会、其他治安辅助力量以及公民个人和家庭等,而涉及外部运行机制的社区警务主体主要有街道、基层综治委(或街道综治委)、基层司法所(或街道司法科)、公安派出所,以及城乡建设、人事和财政等部门和单位。在上述诸多主体中,虽然我们提出社区警务必须在党和政府的统一领导下,在公安机关的具体组织、指导下,以社区建设(或社区自治,下同)为主导,通过警察与社区之间相互密切合作,共同研究社区治安问题、开发社区治安资源、改善社区治安环境、强化社区自卫互助,但社区警务各主体地位(主次)以及相互之间的关系到底如何,不仅理论界而且实务界都存在地位关系认识不到位或不顺的问题。

1. 理论认识问题

一是对社区治安管理主体与治安社会防范主体的认识不到位。从宏观上看,治安管理主体与治安社会防范主体截然不同。治安管理的主体,严格意义上来说仅指国家警察机关,在我国即为公安机关及其人民警察,而治安社会防范主体,它是指社会直接治安责任主体,即各类治安社会组织及公民家庭、个人;治安管理是一种国家行政行为,体现的是国家意志,治安社会防范则是一种社会自治活动,体现的是特定社会主体的治安需求。具体到社区警务而言,公安派出所及其社区民警属于社区治安管理主体,各类治安社会组

---

① 王彩元、刘力鞍:《治安社会防范教程》,武汉大学出版社2016年版,第52页。

织(含单位的保卫组织、治安保卫委员会、其他治安辅助力量等)及公民家庭、个人，则属于治安社会防范主体，街道办事处(含综治委科、司法科所等)、居(村)委会在街道和社区层面分别属于治安管理和治安社会防范的组织领导、综合协调、监督检查组织。但是，在2014年组织编写的"全国公安高等教育(本科)规划教材"中，相关专业教材分别将治安管理组织与"辅警"或治安巡防组织统称为"治安管理政府组织"，保安服务公司被称之为"治安管理市场组织"，其他治安防范组织(主体)则统称为"治安管理社会组织"，明显的将"治安管理"与"治安社会防范"混为一谈，导致将所有治安社会防范组织(主体)都归于"治安管理组织(主体)"。

二是对社区治安管理主体与治安社会防范主体之间的关系认识不到位。从宏观上看，任何社会，各种社会主体的活动都必须在政治权力主体即国家统治阶级的意志范围内进行，否则即为非法。这就决定了治安社会防范与治安管理地位的区别。治安管理是一种国家政治统治与社会管理行为，治安社会防范则是一种社会自治活动，必须接受国家治安管理机关的指导、监督。① 因此，《中华人民共和国人民警察法》明确规定，公安机关的人民警察按照职责分工，"指导和监督国家机关、社会团体、企业事业组织和重点建设工程的治安保卫工作，指导治安保卫委员会等群众性组织的治安防范工作"。② 然而，具体到社区警务工作，理论界和实务部门尚未彻底认识到治安志愿者组织、公民家庭、个人等主体也应当且必须接受国家治安管理机关的指导、监督，这也是治安志愿者组织、公民家庭、个人等主体在实施治安防范工作时应尽的义务。

三是社区警务各主体之间的关系认识不到位。社区警务主体涉及社区所有单位、部门或组织及公民家庭、个人，除社区治安管理主体与治安社会防范主体及其关系上存在认识不足外，街道办事处(有的含综治委科、司法科所等)与居(村)委会、街道办事处与公

---

① 李健和：《治安学原理》，中国人民公安大学出版社2013年版，第176页。

② 《中华人民共和国人民警察法》第6条第3款。

安派出所、居(村)委会与公安派出所、社区民警与居(村)委会、社区民警与街道综治委(科、办)、社区民警与街道司法科(所)以及公安派出所与街道综治委(科、办)、公安派出所与街道司法科(所)之间的关系,虽然各自均有自己的职责,但相互之间如何协调,哪个机构或组织是社区警务的领导者、哪些机构或组织是社区警务的协调者、哪些机构或组织是社区警务的指导者、哪些机构或组织是社区警务的参与者,如果不厘清他们之间的关系,社区警务在实施过程中就会"一团乱麻",或者相互之间推卸责任,并最终将社区警务即"共同开展的治安工作"的责任全部推给治安管理机关。

2. 实务操作问题

在社区警务的实务操作中,由于街道办事处是不设区的市或市辖区人民政府的派出机关,是城市的基层政权组织,处于我国行政体制的末端,依据已经废止的《城市街道办事处组织条例》的规定以及长期的实践,街道办事处的任务主要有三类:一是上级人民政府交办的事项;二是指导居民委员会的工作;三是反映居民的意见和要求。① 另根据《中华人民共和国城市居民委员会组织法》规定,"不设区的市、市辖区的人民政府或者它的派出机关对居民委员会的工作给予指导、支持和帮助。居民委员会协助不设区的市、市辖区的人民政府或者它的派出机关开展工作"。② 而公安派出所根据《公安派出所组织条例》规定,公安派出所作为"市、县公安局管理治安工作的派出机关","在市、县公安局或者公安分局的直接领导下进行工作"。③ 因此,根据法律规定,街道办事处与公安派出所之间、居(村)委会与社区民警之间没有任何隶属或从属关系。换句话说,虽然在基层政法机构体系中,公安派出所是基层政法组织机构之一,它与司法所、法庭共同构成我国乡镇(街道)一级的政法体系,成为我国基层司法运行机制中不可缺少的重要组成部

---

① 参见《城市街道办事处组织条例》第4条。

② 《中华人民共和国城市居民委员会组织法》第2条。

③ 《公安派出所组织条例》第1条、第4条。

分。但它与司法所不同，司法所实行县(市、区)司法局和乡镇人民政府(街道办事处)双重管理，以司法局为主的管理体制。而公安派出所不属于街道办事处或乡镇人民政府的职能部门，街道办事处对公安派出所没有领导关系，居(村)委会对社区民警也不存在领导关系。

在社区警务的实务操作中，如果街道(乡镇)综治办(委、科)作为协助党委和政府维护社会治安和社会稳定的职能部门，牵头组织协调不力，整合基层组织维护社会治安的功能不强，通力协作配合的工作平台或协作联动工作机制缺失，那么，社区警务的实施就只能由社区警务主体"共同开展的治安工作"变成由社区民警"唱独角戏"。正如我国有学者指出，虽然我国社会治安综合治理工作取得了很大的成绩，但存在"地位：配合有余指导不足"、"决策：集中有余民主不足"、"理念：权力有余权利不足"、"措施：治标有余治本不足"、"依据：政策性过强法制化不足"等问题，① 加之，我国的理论界几乎是"照搬"的西方社区警务，将社会治安综合治理与社区警务"割裂"开来，导致影响了我国决策层的决策——尽管明确将社区警务作为我国的治安战略，并将两者"相提并论"，致使基层综治组织的组织协调、整合功能以及工作机制更是差强人意，社区治安综合治理即"共同开展的治安工作"难以形成合力，社区民警"唱独角戏"成为较为普遍的现象。

(二)社区警务各主体的治安权不明晰

治安权是指治安主体通过占有的社会资源，运用各种手段，对危害治安秩序和公共安全的行为进行控制、防范、干预和处理的一种能力。② 从国家与社会分治的角度看，治安主体具有多元性，既有国家对社会提供的安全或治安物品，也有社会或个人通过自治、自律、自卫为自身提供的安全或治安物品。因此，治安权可分为国

---

① 辛科：《社会治安综合治理：问题与对策》，载《中国政法大学学报》2011 年第 3 期。

② 宫志刚、王彩元：《治安学导论》，中国人民公安大学出版社 2015 年版，第 62 页。

家治安权和社会治安权。其中,国家治安权是指各级负责治安事务的国家机关及其工作人员根据宪法、法律和法规的授权,利用掌握的治安资源,运用各种手段依法对危害治安秩序和公共安全的行为进行控制、防范、干预和处理的一种能力,它是国家权力的一种;而社会治安权是指社会直接治安责任主体根据宪法赋予的权利、法律授权、政府委托、组织契约等,利用自身所占有的治安资源,运用各种手段依法对危害治安秩序和公共安全的行为进行控制、防范、干预和处理的一种能力,它是社会权力的一种,其本质是一种自治权。国家治安权和社会治安权虽然同源、同值,但两者在主体、公共性、指向性和强制力、功能、责任等诸多方面存在不同。①

就社区警务而言,拥有国家治安权主体是街道办事处(含综治委科、司法科所等)、公安派出所及其社区民警,拥有社会治安权的主体即社会直接治安责任主体,包括各类治安社会组织(含居民委员会、单位的保卫组织、治安保卫委员会和社区辅警、物业管理组织、小区或物业保安员、治安志愿者组织等其他治安辅助力量)及公民家庭、个人。然而,社区警务各主体的治安权具体有哪些,实质上除公安派出所、社区民警、单位的保卫组织、保安员有明确的规定外,② 其他主体的治安权并无明确的规定。由于权力是本质,手段是表象,本质决定表象,正是这种具体治安权的不明晰,必然导致其他社区警务主体行使治安手段或措施的不确定性和非规范性,甚至造成社区警务各主体行使治安手段或措施的混乱。

(三)社区警务各主体职责缺乏规范

1. 部分主体地位与职责摇摆不定

我国的辅警(含社区辅警)或治安巡防组织,是由过去的治安

---

① 国家治安权和社会治安权的异同分析,详见宫志刚、王彩元:《治安学导论》,中国人民公安大学出版社 2015 年版,第 61~63 页。

② 参见《中华人民共和国人民警察法》、《公安派出所正规化建设规范》、《企业事业单位治安保卫工作条例》、《保安服务管理条例》、《保安服务操作规程与质量控制》等。

联防队、治安巡逻队、护街队、护村队、护校队、工人纠察队、交通协管员、协警、治安巡防队等组织渐进演化而来，并经历了起伏波动的四个发展阶段：第一阶段即初始萌芽阶段(中华人民共和国成立初期至20世纪70年代)，以我国企事业单位的内保机构和村(居)委会下设治保会的设立为标志，经过20世纪60年代后治安联防队的建立和发展——逐步完成从企事业专项辅助到社会治安辅助的转变，公安辅警队伍的雏形得以初见。第二阶段即发展迷茫阶段(改革开放十多年后至20世纪80年代末)，以各地公安机关为应对日益繁重工作任务开始尝试自行招募社会力量为标志，不断扩充诸如治安员、协管员、巡防员、协警、护村队、护校队等名义的公安辅警力量，使辅警队伍快速发展。但因法律空白而普遍感觉前途不明的迷茫。第三阶段即整治清理阶段(20世纪90年代至21世纪初)。为解决发展迷茫期部分地方公安机关在辅警力量特别是包括协警员、协勤员、联防队员、辅警等各类身份在内的治安员队伍管理中存在的突出问题，公安部下发通知，部署开展专项清理工作，要求各地要以县级公安机关为单位，在调查摸底的基础上，对治安员队伍区别不同情况进行处理。这一期间的清理整治为进一步完善辅警制度建设，严格招录、管理及使用辅警力量打下了良好基础。第四阶段即新的发展阶段(本世纪初至今)。针对经过整治清理后，我国社会治安状况依然十分复杂，警力不足的老问题依旧存在等问题，各地公安机关再次步入探索辅警队伍建设之路。特别是为顺应潮流、统一指导，2009年，公安部作出对全国公安机关执法规范化建设的总体安排，关于执法辅助人员管理制度的完善是规范化建设的一项重点工作。而且针对以往辅警队伍管理不规范、职责不清晰等问题，各地通过地方行政立法、制定规范性文件等措施积极探索辅警制度的规范化建设路径，我国辅警制度进入新的发展阶段。

　　至目前为止，尽管我国警务辅助人员招聘热潮再次出现，辅警队伍不断发展壮大，但关于我国的辅警(含社区辅警)或治安巡防组织的地位和职责仍然处于争议之中。有学者认为，辅警是具有中国特色的安全治理力量，在社会治安综合治理中具有基础性的作用。对公安机关而言，辅警起到了重要的补充和替代作用。警察主要从事实质性和高权性的执法工作，而由辅警从事简单事务性和机械程序性的工作，实现有限警力资源的优化配置。然而，由于缺乏法律的明确规定，公众对辅警主体合法性的质疑一直在持续，辅警的法治化之路势在必行。该路径应该在遵循法律保留原则的前提下，应用行政辅助理论，建构辅警合法性基础。① 有学者认为，辅警在公安机关及其人民警察的指挥和监督下辅助履行职责的"权力"，应解读为代理权而不是执法权。辅警作为行政助手与国家形成责任共同体，政府及公安机关应承担对辅警履行职责公益性的担保责任。② 也有学者认为，我国辅警制度目前已逐步向法治化建设迈进，但仍然存在辅警法律地位不明、职责范围不清、待遇保障不够、监督管理不力等问题。应当从重新界定辅警的概念入手，坚持以法治化建设为出路，运用行政委托理论，确认辅警的法律地位，明晰辅警的职责范围，强化辅警的监督管理，全面构建具有中国特色的现代辅警制度。③ 也有学者指出，我国警务辅助力量在协助公安机关预防犯罪、打击犯罪及维护社会治安方面发挥了重大作用，但也存在巨大风险，应借鉴世界警务改革与辅警建设的有益经验，遵循社会化、市场化的原则，建立科学合理的警力编制增长模式，确定公安机关核心职能使部分边缘职能社会化，建设具有相应规模的文职人员队伍，建立新型辅警队伍，将现有大部分警务辅助力量社会化、市场化，与前三支队伍共同构成结构合理、功能互补、成本节约、运转高效的多元警务活动主体。④ 显然，我国的辅警(含社区辅警)或治安巡防组织的地位与职责仍然处于摇摆不定之中。

---

① 张洪波：《辅警的主体定位及规范》，载《法学》2011 年第 9 期。

② 邹焕聪：《辅警理论研究的悖论——从我国首部辅警地方政府规章切入》，载《中国人民公安大学学报(社会科学版)》2012 年第 6 期。

③ 金怡、丁勇：《我国现代辅警制度建设探析》，载《中国人民公安大学学报(社会科学版)》2015 年第 3 期。

④ 熊一新：《警务改革背景下我国警务辅助力量建设——以英国和我国香港特别行政区辅警制度及警务改革为视角》，载《中国人民公安大学学报(社会科学版)》2014 年第 4 期。

2. 部分主体职责粗略甚至缺失

（1）2009 年《城市街道办事处组织条例》由全国人大宣布废止，但此后并无专门的法律法规对街道办事处职能和性质定位进行规范。尽管在国家宣布成立街道办事处之后，很多城市为了方便管理，颁布了一些关于街道办事处的制度条例，例如 1997 年 1 月，上海市人民代表大会常务委员会审议并且通过了《上海市街道办事处条例》，对街道办事处的法律地位、人员机构设置以及职能职责等进行了明确规定；2013 年 2 月哈尔滨市人民政府下发《哈尔滨市人民政府关于加强和改进街道办事处工作的指导意见》，首先提出了指导思想、基本原则、目标任务，并对其性质、主要职责、主要职权进行详细说明，理顺街道办事处与其他有关方面的关系，鼓励创新街道办事处的管理模式与方法，对街道办事处的各项保障进行大力增强。但制定法律法规的城市毕竟作为少数，所以街道办事处的职责职能目前仍以《城市街道办事处组织条例》中的规定作为参考依据，概括为如下几大方面：一是政府政策的执行者。从始至终对中共中央和国家的相关政策予以执行，听从上级市辖区政府或者没有设区政府下发的有关街道工作的提示，并制定相对应的实施方法。二是居民思想文化的建设者。做好本地区的思想文化建设工作，进行普法宣传教育，开展该地区的文化教育活动，组织带领该辖区的群众、居民开展各项有益身心的文化体育活动。三是社区工作的指导者。做好当地社区居委会相关工作，及时向上级政府反映群众的要求和建议。四是民生问题的处理者。协助有关部门做好辖区内优抚安置、扶贫救济、残障救助、失业就业、计划生育等工作；做好本辖区的城区环境卫生工作。

（2）社区居委会职能的定位不明确。对于我国城市居委会的职能，国家和政府先后数次通过专门的法律及政策法规进行了比较明确的定位。在新中国成立之初，我国城市居民人口虽然不多，约占总人数的 10% 左右，但这有限的城市人口已能影响整个国家以后的基本走向，因而国家在法律上对城市居委会的定位十分清晰。1954 年 12 月 31 日全国人民代表大会常务委员会第四次会议通过了我国最早专门规定城市居民委员会的法律《中华人民共和国城市居民委员会组织条例》，其第一条规定为了加强城市中街道居民的组织和工作，增进居民的公共福利，可以按照居住地区成立居民委员会；第二条确定居民委员会的任务为办理有关居民的公共福利事项、反映居民的意见和要求、动员居民响应政府号召并遵守法律、领导群众性的治安保卫工作、调解居民间的纠纷五个方面，明确了居委会的职能，这是中华人民共和国最早以法律形式确定居委会的职能，反映出中华人民共和国成立初期的民主政治建设的愿望和追求，体现了中华人民共和国成立初期的时代特征。我国 1982 年宪法第 111 条规定城市和农村按居民居住地区设立的居民委员会或者村民委员会，是基层群众性自治组织，居民委员会、村民委员会设人民调解、治安保卫、公共卫生等委员会，办理本居住地区的公共事务和公益事业，调解民间纠纷，协助维护社会治安，并且向群众收集意见、要求和提出建议。宪法对居委会的性质由群众自治性的居民组织调整为基层群众性自治组织，进一步明确了居委会的自治性，对居委会设立专门委员会的规定，反映了强化居委会组织的趋势；对居委会办理的工作的规定中，明确将居委会的职责由城市居委会组织条例规定的有关居民的公共福利事项扩展到了本居住地区的公共事务和公益事业领域。这是我国国家根本大法对居委会性质和职能的明确规定。1989 年 12 月 26 日第七届全国人民代表大会常务委员会第十一次会议通过颁布了《城市居民委员会组织法》，1990 年 1 月 1 日起正式施行《中华人民共和国城市居民委员会组织条例》同时废止。城市居民委员会组织法第二条规定居民委员会是居民自我管理、自我教育、自我服务的基层群众性自治组织，进一步具体化了居委会的自治性，其中第三条关于居民委员会的任务在城市居民委员会组织条例规定的基础上增加了做好宣传、教育、开展多种形式活动和协助做好与居民利益有关的公共卫生、计划生育、优抚救济、青少年教育等项工作的内容。城市居委会组织法的实施，使我国居委会建设真正进入有法可依的阶段，对居委会的建设产生了积极的影响。2000 年 11 月，中共中央办公厅、国务院办公厅转发民政部《关于在全国推进城市社区建设的意见》，把居委会转化为经过社区体制改革后的 11.5 万个社区居委会辖区，社区居民自治被作为一项社区建设的原则确立，我国城市居委会向社区居委会转制。社区党组织是社区的领导核心，社区居委会是社区居民自治组织的主要形式，社区居民委员会的根本性质被确定为党领导下的社区居民实行自我管理、自我教育、自我服务、自我监督的群众性自治组织，增强了自我监督的内容。居委会职能的发挥进入城市基层社会治理结构走向多元化的阶段。2010年11月，中共中央办公厅、国务院办公厅发出《关于加强和改进城市社区居民委员会建设工作的意见》，提出把社区居民委员会建设成为功能完善、充满活力、作用明显、群众满意的基础群众性自治组织，规定社区居委会的主要职责是依法组织居民开展自制活动、依法协助城市基层人民政府或者它的派出机关开展工作、依法依规组织开展有关监督活动。这个意见又一次明确了居委会的自治性质，指明了开展自治活动的范围，包括开展宣传、教育活动，办理居民的公共事项和公益事业，举办了有关服务事业，组织居民参与综合治理、及时化解矛盾，管理居委会财产，反映居民意见和提出建议等；列举了协助做好与居民利益有关的社会治安、社区矫正、公共卫生、计划生育、优抚救济、社区教育、劳动就业、社会保障、社会救济、住房保障、文化体育、消费维权以及老年人、残疾人、未成年人、流动人口权益保障等工作的具体项目；明确了开展监督活动的具体对象，即对城市基层人民政府或者它的派出机关及其工作人员的工作、驻社区单位参与社区建设的情况进行民主评议，对供水、供电、供气、环境卫生、园林绿化等市政服务单位在社区的服务情况进行监督，还特别指出了居委会指导和监督社区内社会组织、业主委员会、业主大会、物业服务企业开展工作，维护社区居民的合法权益。对居委会与其他社区组织进行了十分明确的规定。

三、社区警务主体定位之完善

(一) 社区民警

社区警察和其他警察一样，都是综合运用武装的、行政的、刑事的手段维护国家安全与社会治安秩序的国家力量。但就其业务工作范围和内容而言，社区警察是以社区为工作面，以社区的厂矿、机关、企事业单位、所有居民为工作对象，以维护社会治安环境为目的，是公安机关与人民群众联系的纽带和桥梁。社区民警应当是通晓公安多方面业务，善于做群众工作，能为社会成员提供多方面服务的一警多能的多面手。根据公安部2006年9月19日下发的《关于实施社区和农村警务战略的决定》的规定，社区民警的主要职责与任务包括以下五个方面的内容：

1. 开展群众工作

群众工作是我党一切工作的根本路线。做好社区警务工作，必须走群众路线，一切为了群众，一切依靠群众。社区警务的核心问题是改善警民关系，充分发挥社区居民共同维护社会治安的积极性。在社区警务工作中充分发挥社区民众的力量是实现社区警务工作目标的根本途径。社区警务工作要实行警务公开，及时受理报警求助，在规定时限内办理群众申办事项，尽力为群众排忧解难；向居(村)民代表定期报告工作，主动听取群众意见，自觉接受监督。社区民警应当牢固树立全心全意为人民服务的宗旨意识，建立良好的警民关系，提高为群众服务的效率与质量。服务群众的主要形式有：在社区警务室定期接待群众；设立警民联系箱、联系簿，发放警民联系卡，公布联系电话；帮助联系解决群众求助的事宜；为群众代办户口、公民身份证等事宜；对孤寡老人、残疾人等有特殊困难的群众实行上门服务；参加社会公益活动等。

2. 掌握社情民意

掌握社情民意就是及时收集、上报涉及社会政治稳定和治安稳定的各类信息，定期排查、分析社情动态和突出治安问题，将收集、掌握的各类信息录入网络，进行积累、分析、比对，切实做到基础工作信息化、信息工作基础化。社区情报的收集分为公开收集与秘密收集两种方式。公开收集，是指社区民警结合日常治安管理工作，通过人口调查、阵地控制、场所管理等手段公开进行情报收集的活动；秘密收集，是指通过秘密手段进行的治安情报收集活动。

3. 管理实有人口

管理实有人口就是加强人口登记，了解、掌握辖区实有人口的基本情况，熟悉可能违法犯罪的高危人群，重点掌握列管的重点人口和监督改造、帮教对象的现实表现，重点掌握出租房屋和暂住人口的动态情况。对于依法判处管制、剥夺政治权利、缓刑、假释和监外执行的罪犯以及被取保候审、监视居住人员，社区民警要负责帮教、监督、管理和考察，工作情况要记录在卷。对于列管的重点人口，社区民警应了解他的交往人员、活动的场所、经济情况、现实表现等情况，并记录于重点人口档案。

4. 维护治安秩序

维护治安秩序就是要严格管辖区商贸、金融、市场、娱乐场所、特种行业的治安管理，开展经常性的安全检查，及时发现、打击违法犯罪活动；督促、指导辖区重点单位、要害部位建立健全安全防范制度，落实安全防范措施，预防、减少重大恶性案件和治安灾害事故的发生；积极参与排查调处民间矛盾纠纷，努力把不稳定因素化解在基层、化解在萌芽状态。维护治安秩序主要包括：(1)对辖区内的公共娱乐服务场所、重点行业、危险物品从业单位和从业人员建立治安管理档案；(2)督促建立健全场所与行业内部的治安保卫组织，实行责任制；(3)组织对从业人员进行安全教育；(4)开展经常性的安全检查，对治安秩序混乱和存在安全隐患的，应及时提出警告与整改意见，并记录在案，督促整改；(5)对社区内涉枪、涉爆等危险物品单位开展经常性的安全检查，并制作、保留检查记录。

5. 组织安全防范

实施社区警务战略的目的是预防犯罪，确保社区安全。社区民警的各方面工作都是在围绕"发案少、秩序好、社会稳定、群众满意"的目标进行。在工作中要想方设法、千方百计地控制各种案件事故的发生，把案件事故控制在发生之前或初始状态，最大限度地减少国家和人民生命财产的损失，降低社会危害程度。① 减少可防性案件与治安灾害性事故的发生，除了加强社区的治安管理外，还

---

① 参见杨瑞清、王淑荣：《社区警务》，中国人民公安大学出版社 2015 年版。

应当广泛开展群防群治工作，健全群防群治组织，落实安全防范措施，推进安全社区建设；完善人防、物防和技防措施，建立社区治安防控体系，消除各种安全隐患，确保一方平安。

(二) 社区辅警

对于社区辅警队伍的管理与建设，应从管理规范化、考核灵活化、技能专业化、工作透明化四个方面入手，大力推进辅警队伍的正规化、制度化建设。

1. 管理规范化，推进辅警队伍整体建设。

当前，辅警队伍已经成为维护社会治安稳定的重要力量。为加强队伍管理，更好地建设一支适应新形势的辅警队伍，应当以强化辅警队伍正规化、规范化和职业化为契机，增强辅警的职业认同感和归属感，提升队伍的整体素质。加大辅警队伍管理力度，形成录用、管理、监督、保障、激励相结合的工作机制。公安机关应当建立健全辅警录用解聘制度，专门制定招聘和督察制度，从政治素质、文化程度、身体素质、年龄等方面综合考察考评及培训录用，对新招录的辅警逐一进行对比核查以确保录用人员质量，同时应当健全解聘机制，规定辅警解聘的各项规定，不断提高辅警的政治思想和业务技能。树立辅警的良好形象，将辅警的行为规范、值班执勤等纳入管理范围。

2. 技能专业化，强化辅警业务培训工作

定期组织辅警进行有关法律法规的学习考试，交流巡防工作经验和体会，从而达到全方位融入治安巡防工作、全方位胜任辅警本职工作的目标。同时应有针对性的强化辅警培训工作，以业务流程和实战技能为主要内容。安排业务熟练的民警将辖区内的多发案件和违法犯罪的规律面向辅警讲解分析，开展全面系统的业务培训。民警教员结合地域特点，通过播放视频培训资料和现场演示盘查动作，详细讲解巡逻盘查中站位布控、言语控制、盘查动作以及怎样识别可疑人员和可疑车辆等内容，提高辅警队伍整体素质和战斗力。探索研究高效、务实、常态化的培训方法，研究利用实战提升岗位技能，培养岗位专业能手协助警察开展警务活动。

3. 考核灵活化，健全辅警表彰奖励制度

公安机关应当激发和调动辅警防控和打击违法犯罪行为积极性，从而更好地配合民警完成各项工作。针对社区岗位制定奖励方案和考核细则。完善辅警的奖惩考核机制，优化奖惩措施。开展巡防竞赛，提高街面见警率，加强不同岗位的辅警考勤考核。对于辅警付出的劳动和贡献应当与辅警职务及工资等挂钩，既增强广大辅警的公平竞争意识，又可以促进队伍良性发展。马斯洛把人的需求分为五个层次，最高层次便是自我实现的需要。要对表现突出的辅警给予奖励，使辅警的自我价值得以实现从而达到了满足社会情感需求的效果。从心理学角度看，这样的自我实现加固关系型契约，使其对组织的忠诚度上升，激发工作热情，同时降低辅警离职率。心理契约在辅警入职时就已经确立，但能否持续良性发展是辅警管理的关键，组织应当本着以人为本的原则不断强化关系型契约，避免心理契约违背现象的发生，一方面提升辅警管理的效果，另一方面也可以最大程度提高辅警的工作激情。

4. 工作精细化，严格辅警队伍监督管理[1]

以监督约束与激励保障相结合的管理原则，建立和完善辅警队伍的日常管理、教育培训、考核考评、表彰奖励机制，真正管好用好辅警队伍这支重要辅助力量。针对辅警队伍发展和建设，不断探索辅警队伍精细化管理模式，实现辅警工资由粗放型管理转向精细化管理、由经验型管理向科学化管理的理念转变，要使辅警自觉围绕精细化管理体系开展工作，要由原来的"被动式"工作转变为"竞赛式"工作，大大地提升辅警工作效能。一是健全监督检查制度、实时开展现场督察、专项督察和预警防范工作。全程对辅警工作进行监督和管理，并征求广大辅警的意见和建议，要求辅警遵守各项规章制度，在职责范围内依法开展各项辅助工作。二是健全日常管理制度。对辅警日常工作进行严格检查和监督，不断提高辅警业务素质，特别是工作在社区、治安巡逻等岗位的基层一线辅警，经常同广大群众打交道，要求他们切实做到热情服务群众、忠实履行职

---

① 刘显峰：《新时期辅警制度的现实困局与探索路径》，载《北京警察学院学报》2015 年第 3 期。

责，维护公安机关良好形象。三是营造栓心留人，凝心聚力氛围。社会良好的治安环境也与广大辅警恪守岗位、甘于奉献、尽职尽责密切相关。建议公安机关成立辅警党支部和工会，这将是加强基层党组织建设的一项重要创新举措，为辅警营造出家的氛围，也为基层党组织建设增强新的活动。从人文关怀的角度，将警营文化建设延伸浸润至辅警队伍，增强警营文化在队伍管理方面的感染力和实效性。虽然辅警没有执法权限，但与民警有着一样的目标，那就是保卫社会的和谐稳定。每逢群众遇到危难和突发事件时，辅警一样挺身而出。从这个意义上讲，民警是公安机关的"兵"，辅警也同样是公安机关的"兵"。

(三)治保会

1994年11月12日中央社会治安综合治理委员会、公安部、民政部、农业部印发《关于加强农村治保会工作的意见》指出，公安机关要从实际出发，因地制宜，积极探索新形势下开展治保工作的新方法、新路子。加强治保会建设，公安机关既要发挥管理指导作用，又要积极建言献策，争得党委政府支持，确保有关政策和要求的落实，使治保会成为公安基层基础工作的有益补充和维护社会治安的辅助力量，确保治保会在新形势下发挥应有作用。

1. 加强治保会建设，必须争得党委政府支持

治保会是群众性的治安保卫组织，只有始终建立在党委政府的统一领导下，综治、组织、公安、财政、民政、司法行政等部门各司其职，不断解决建设过程中面临的新问题和困难，才能真正实现其作用，发挥其最大效能。为此，加强治保会建设，公安机关应充当主力，但更应争得党委政府支持，力争做到"五有"：即政治上有位子、办公有房子、奖励有票子、工作有簿子(规章制度、工作记载等)和下边有"帮手"(巡防队、调解队、帮教队等)，为治保会正常工作开展创造良好的环境。

2. 加强治保会建设，必须界定治保会职责任务

履行职责首先必须明确职责。《治安保卫委员会组织条例》指出，省、市公安厅、局可根据本条例精神，拟定具体执行办法。公安机关应当根据社会治安和维护稳定实际，按照《宪法》明确的"办

理居住地区的公共事务和公益事业，调解民间纠纷，协助维护社会治安，并且向人民政府反映群众的意见、要求和提出建议"等职能要求，以抓好基层平安创建工作、排查调处各类矛盾纠纷、加强重点人群教育管理、开展法制宣传教育活动等工作为主，科学制定符合本地实际的治保会职责任务，为治保会开展工作明确导向。

3. 加强治保会建设，必须积极作为主动担当

当前，治保建设中出现了一些亟需解决的问题：有相当一部分农村治保会处于瘫痪半瘫痪状态；现有治保人员量少质弱，年龄老化，后继无人；治保经费得不到保障，治保人员补贴难以解决。作为治保会的业务指导部门，公安机关应当树牢大局意识，充分利用平安建设的有利契机，主动作为，主动争取，力争担当起治保会建设的主力军，把治保会的组建、考核等工作归口到公安机关，真正使治保成为公安基层工作的有益补充和维护治安秩序的辅助力量。

4. 加强治保会建设，必须适应市场经济环境

在市场经济条件下，政治待遇不明确、工作经费不到位、人员补贴难落实，是造成治保会工作无动力、缺活力的主要原因。公安机关加强治保会建设，应积极协调综治、组织、公安、财政、民政、司法等部门共同努力，积极探索市场化的运行方式，建立与当前社会相适应的治保会活动经费和治保干部待遇标准，提高治保会的软硬件办公条件，关心治保干部的政治生活，为治保会建立栓心留人的良好环境，激发治保干部工作积极性、主动性。

第二节　我国社区警务考核与考评改革思考

一、我国社区警务考核与考评之现状

（一）社区警务考核与考评之弊病

科学合理的考核考评体系建设是衡量社区警务工作效能的标尺，同时也是提高社区民警工作积极性和主动性的有效手段。社区警务作为基层公安机关的基本工作方法，工作内容涉及面广，工作

方法多种多样，工作效能体现周期长，而目前对于考核考评理论研究不够深入，在进行考核考评时与其他社会性工作一样，面临着许多难题，目前仍然没有一套较全面、科学的考核考评体系。因此，在考核考评目的、考核考评指标设置、考核考评方法及考核考评结果运用等多方面仍然有较多问题亟需解决，在具体操作上也存在诸多困难。

1. 考核目的不明确

考核目的就是明确考核的定位问题，明确社区警务考核考评工作的管理目标及通过考核考评需要解决怎样的问题。考核的定位直接影响到考核的实施，由于定位的不同带来实施办法上的差异，必然将影响到考核的实施效果。但当前社区警务考核考评中，为了考核而考核，使考核流于形式，缺乏科学性和严密性，为了图方便，常常是走过场，流于形式等现象较为严重。一些上级领导对社区警务的考核无法做到真正深入社区查实清、听真言，基本上都是以书面考核为主。比如，通过看档案与文书是否齐全以及检查社区警务工作是否有文字记录等来评价社区警务的绩效水平。这直接导致社区民警花费大量的时间和精力填写各种文档资料，重形式，轻实效。群众测评也往往是指定居民在考核表格上画圈而已，没有真正听取社区民众的意见。如有学者指出，"一些公安机关将群众考核评议表直接交由社区民警，让被考核民警自己组织居民进行评议与打分"。这种为了应付考核而考核的做法显然无法真实反映社区民警的工作成绩，也无法做到客观公正的评价，既不利于激发社区民警的工作热情，也难以反映社区警务的推进情况和成效。

2. 指标设置不合理

在开展社区警务考核考评的工作中，关键的一环就是合理设置考核指标。通过确立考核指标，社区民警可以更清楚地了解组织对自己的要求，也更明白自己该如何开展工作并加以改进。但在指标设置中，仍与许多问题亟待解决。第一，考核指标缺乏战略导向性。考核指标的拟定对开展社区警务工作具有导向作用，科学合理的指标必然引导社区民警的正确行为；反之，则导致民警产生错误的行为结果。设置考核考评指标必须以社区警务的战略目标为导向，即以实现"发案少、秩序好、社会稳定、群众满意"为目标，体现考核的可持续性与战略导向性。因此，社区警务考核考评指标应该既能体现社区民警的公共服务水平，也能引导社区民警向提高群众满意率、改进社区警务绩效的方向发展。第二，考核指标系统性不强。社区警务考核考评指标体系必须遵循一定的逻辑框架和原则，考核考评指标体系不应是若干指标的简答罗列，而应是能够综合反映社区警务工作效率与效果的所有指标的集合，不能片面的强调考核指标的数字特征，过于依赖定量考核，比如社区民警每日的入户调查次数，警民联系簿中记录的事件数、社区民众拥有警民联系卡的比率等，导致社区民警每日为了数字而工作，无法发挥其个人的主观能动性。事实上，由于社区警务工作既复杂又繁琐，因此，不能仅仅单纯地使用定量考核或者定性考核，必须将两者有机结合，才能保证考核结果的准确与公平，过于重视过程指标而忽略了结果指标。比如社区民警每月接待报案来访的次数、调解处理社区群众纠纷的件数、组织社区治安防范教育讲座的时数等。实际上，这些过程指标仅仅能说明社区民警做了哪些工作，付出了多少努力，却不能说明其工作取得了怎样的效果。没有科学整合社区民警的个人绩效指标和组织团队绩效指标。当前社区警务考核考评的指标设定还停留在以社区民警的个人绩效指标为主的层面，还没有足够重视组织绩效指标的价值。然而，个人绩效的提升并不能完全导致组织绩效的提高，必须将两者有机结合才能真正改善整个组织的绩效，因此，构建科学合理的社区警务考核考评指标体系，应该关注团体指标的设置。未能合理区分关键绩效指标和一般绩效指标。指标体系杂乱无序，各项指标权重值得设置也不够科学，无法突出社区警务工作的重点。过于强调正面指标而忽视了负面指标。正面指标反映社区民警在社区警务工作中表现出的主动性和积极性，而负面指标则能够反映社区民警工作的被动性和消极性，有利于规范和指导社区民警的行为。

3. 考核方法不科学

制定科学合理的考核方法是优化社区警务考核考评的基础。"衡量考核方法是否科学的标准主要看考核方法能否实现考核的目的，能否控制考核的执行成本，能否让被考核者所接受等。"首先，在考核方法上过于追求完美，导致出现考核成本过高的现象。但是，由于任何考核方法也难以做到面面俱到，最终只能造成考核重点不突出，考核方案一改再改，无法令人满意，使得考核工作者疲于应付，无形中耗费了大量的人力、物力和财力。其次，社区民警在整个考核考评过程中的参与意识不强，普遍存在抵触心理。或认为考核方法过于繁琐，不利于社区警务中心工作的开展，或认为考核结果无用，不过是形式而已，能否被提拔、能否被评优评先，最终还是要看个人与领导和同事的关系。如果社区民警认为考核是一种负担，是给他们的工作施压，那么就很难让他们与考核考评工作者合作，无形中造成了一种对立的局面，这样只会导致考核考评事倍功半，难以实现考核的目的。因此，需要进一步提高社区民警的参与意识，努力营造一种全警参与考核的氛围，实现由被动考核到主动考核的转变。最后，外部考核尚未得到足够的重视。总体而言，仍然存在着"重上级考核，轻外部考核"的现象，从而造成了"社区民警忙得焦头烂额，社会对社区警务工作的评价却不高"的局面。因此，开展社区警务考核考评应当积极引入外部考核主体，比如可以让社区民众和社会民意调查中心等参与考核，运用360度全方位考核考评方法，从提高群众的安全感和满意度、促进警民关系和谐等方面入手推动社区警务考核考评工作的开展。

4. 结果运用不恰当①

社区警务考核考评奖励包括两种形式，一种是精神奖励，即对社区民警进行评先评优和立功授奖等表彰活动。另一种是物质奖励，即给社区民警发放绩效奖金。但是，从实际情况看，这两种绩效奖励方式都没能真正发挥其有效的激励作用。比如，优秀社区民警通过民主投票方式产生，由于没有具体而清晰的相关规定，且受人为主观因素影响较大，优秀名额十分有限，于是便给一些老好人提供了机会，同时也易产生"轮流坐庄"的现象。绩效奖金的奖励

---

① 彭珊娜：《城市社区警务绩效考核存在的问题及对策研究》，中国政法大学 2010 年硕士学位论文。

对象是那些取得了优秀绩效成绩的社区民警，与精神奖励一样，目前社区警务绩效奖金制度也易受人为因素的干扰，没能起到应有的激励作用。根据美国心理学家斯金纳的强化理论，"在管理中，既应该通过正强化的手段奖励那些组织需要的行为，也需要对那些与组织不相容的行为予以惩罚，从而起到削弱这种不良行为的效果"。为了进一步规范社区警务考核考评工作，也应该运用告诫、责令整改、扣除绩效奖金、末位淘汰、离岗培训、辞退等惩罚措施，只有做到奖罚分明，才能更有效地激发社区民警的责任感。社区警务考核考评在考核结果公布之后，多数领导难以做到及时有效地兑现奖惩，尤其在执行惩罚方面，一些领导缺乏真正实施处罚的魄力，既得利益与人情因素的影响使得大多数惩罚约束制度只能被"束之高阁"。未能将考核结果与职务升迁、干部任免、表彰奖励等工作进行有效的匹配。考核考评结果应该作为更具价值的人力资源信息加以利用，通过科学的研究与分析，可以为公安系统人力资源管理和人力资源开发提供有价值的参考。此外，考核结果的分析还应当与职务升迁、干部任免、表彰奖励等联系起来，通过对考核考评结果的进一步分析，结合优秀社区民警的内在特征，总结出社区民警的共同特征要求，并根据职位分析塑造社区民警的素质模型，从而为职务升迁、干部任免、表彰奖励等工作提供参考依据。目前，考核考评结果的反馈主要是通过公安内部信息网公布考核成绩，缺乏与社区民警的绩效面谈与沟通，致使社区民警无法正确认识自身的不足，一些民警甚至认为自己已经做得很好，是考核结果不公平、不公正，因此对考核考评产生了抵触心理。此外，对考核结果的运用还缺乏必要的分析，针对如何帮助社区民警提高开展群众工作的素质能力、如何促进社区警务工作赢得更高的群众满意度等问题，还没有依据每项考核结果而制定的相应绩效改进策略。

(二)社区警务考核与考评改革之必要

整体而言，社区警务考核考评推动了公安工作的改革和发展，但是其存在的问题与不足也严重阻碍了考核考评作用的发挥，影响了公平竞争的环境，挫伤了社区民警的工作热情，影响了公安战略目标的实现，推动社区警务考核考评改革，是公安工作发展的必要措施。

1. 完善社区警务考核考评，是发挥考核考评制度评价功能的必然方向

评价功能是考核考评制度的基本功能之一，唯有准确、公平、及时的评价功能发挥，才能实现考核考评奖优罚劣的激励效应。目前，我国社区警务考核考评制度的评价功能难以有效发挥。其根本原因在于社区警务考核考评制度的考核指标设定不合理，考核方法不科学，以及由此导致的考核考评不规范，考核结果不准确、不公平，自然不能正常地发挥其科学评价功能。考核考评制度评价功能的弱化必然导致一系列后继问题的产生。首先社区民警无法准确地进行工作定位。社区警务工作本身繁琐而具体，其基础性积极作用的发挥往往很难短期见效，如果缺乏有效的考核考评制度，社区民警往往难以定位自身工作的性质，甚至会怀疑自身工作的价值和意义，这对于社区警务工作肯定是非常不利的。其次产生弱化社区警务工作重要性和迫切性的消极社会舆论；社区警务工作每天和社区民众息息相关，该工作发挥着维护社会治安、将社会矛盾排查解决在萌芽状态等一系列非常重要的积极作用，而社区警务工作积极作用要有效发挥，社区民众的理解支持是非常关键的，形成有利于社区警务工作的积极社会舆论非常必要；社区警务考核考评制度评价功能的弱化，很容易形成一种轻视、误解社区警务工作的消极社会舆论。此外，还会产生社区民警难以体会到工作成就感，进而影响社区警务工作积极性的发挥。

2. 完善社区警务考核考评，是树立社区民警的科学政绩观的必然途径

科学的政绩观是社区民警积极投身于社区警务工作的根本性思想观念。可以说，有什么样的政绩观，就有什么样的社区民警。当前，中央提倡科学发展、以人为本，这种执政理念的转变具有极大的示范效应。社区民警当然必须以人为本，将社区民众最直接、最现实、最根本的利益问题作为自身工作的重点，以依法行政、捍卫人权、服务基层作为社区警务工作的定位。因此，社区民警科学的政绩观，必然是从公安队伍全心全意为人民服务的宗旨出发、按照

立警为公和执法为民的思想确定考核方向。从考核考评制度的视角看，科学的政绩观，关键在于要设计科学的考核考评指标体系。然而，目前社区警务考核考评指标体系的设计往往只是罗列照搬指示、文件、命令等条文，这种只唯上、不唯下、不唯实的考核考评方向，不利于社区民警树立科学的政绩观，在一定程度上助长了公安机关和个人热衷形象工程而轻视民生工程的不良倾向，对社区民警转变工作作风、端正执法思想产生了消极影响。社区民警科学的政绩观是社区警务工作的方向标、指挥棒和引导器，其根本性作用绝不能忽视。但是，当前社区警务考核考评指标体系设计存在的诸多问题，一定程度上影响了社区民警树立科学的政绩观。

3. 完善社区警务考核考评，是提高社区民警工作积极性的必要措施

社区警务考核考评中现存的问题，在一定程度上影响了社区民警工作主动积极性的发挥。首先，考核考评指标设置不合理，容易导致"多做不加分、少做不减分"的问题，使被考核的社区民警产生不公平感，尤其是因此而得出的不公平的考核结论，很难让被考核的社区民警接受，直接影响了社区民警对考核考评的信心，挫伤了社区民警的工作热情。其次，考核考评方法不科学，也同样极大地挫伤了社区民警的工作积极性。如果同样的努力工作得到不一样的考核结果，或者不一样的工作绩效受到同样的待遇，这种反差会直接使被考核社区民警失去改进工作绩效的信心。最后，奖惩激励措施不及时不得当也降低了社区民警的工作热情。及时有效地兑现奖惩是开展社区警务考核考评的有力保障，如果无法有效的兑现奖惩，就难以发挥出考核应有的作用。考核考评容易流于形式的主要原因之一就是缺乏有效的奖惩激励制度，考核与奖惩分离，考核考评成绩好却没有得到及时有效的奖励，成绩差也不一定被惩罚，考核考评自然就失去了其应有的作用与吸引力，难以保证社区民警的工作积极性。如果社区警务工作形成了一种"干多干少一个样、干好干坏一个样"的吃大锅饭的局面，就容易使社区民警形成一种无所谓的心态，缺乏有效激励机制之下的社区警务工作必然流于形式，不能发挥其服务人民的积极作用。

4. 完善社区警务考核考评，是实现公安战略目标的必要保障

公安战略和公安策略是公安工作的生命线，尤其是公安战略目标的确立和实现，从根本上决定了公安工作的成败与否。从根本上讲，公安战略目标的定位就是要发挥稳定社会、服务人民、保障发展的功能，进一步说，要实现公安战略目标，关键在于要实现科学有效的警务考核考评制度，尤其是考核考评的内容，标准和方法等要准确反映公安战略目标。就当前的社区警务而言，由于社区警务考核考评制度存在的诸多弊端，如考核目的不明确，考核指标设置不合理、考核方法不科学、考核结果运用不当等，由此导致社区警务考核不能准确的反映公安机关的战略目标，社区民警在这种考核考评体系下的工作绩效往往会偏离了公安战略目标，这不仅阻碍了社区民警的个人发展，也不利于公安工作的全面推进。社区警务考核考评存在的问题与不足，影响了公安工作整体工作效能的提高，尤其是沿用过去那种内部考核而忽略了外部考核，究其原因，在于公安机关的方式方法，没能适应社会的形式，没能满足社会民众的需要，考核成果经不起社会民众的检验，也就无法促进公安战略目标的实现。

二、我国社区警务考核与考评之改革

(一)社区警务考核与考评之原则

1. 公开与公正考评相结合的原则

考核考评体系是评价社区民警工作的标杆，只有在考核考评过程中做到公平公正，才能最大限度地发挥考核考评的激励作用，充分调动社区民警及社区警务个主体的积极性。

2. 主观与客观相结合的原则。

社区警务工作包含的内容十分纷繁复杂，工作对象、工作方法差异性很大，工作中既有主观因素，又包含着许多客观条件。考核考评中既要对主观方面主动性、能动性进行评价，也要根据客观条件进行综合分析，科学评价社区警务的工作成效。

3. 公安业务考评与队伍建设考评相结合的原则

公安工作的整体评价，既包括对公安业务工作的评价，还包括

对队伍建设的整体评价，队伍建设的好坏直接决定社区警务工作的效能，决定公安工作的成败，二者不可偏废。

4. 日常工作考评与年终考核考评相结合的原则

多角度、多层次考评是社区警务考核考评的基本要求，对日常工作采取抽样调查、暗访、督查、日常检查等多种日常考核考评方法，加强对社区警务工作的多方位检查与评估，同时对社区警务工作按年进行综合评估，力争对社区警务各主体进行科学评价。

（二）改革社区警务考核与考评之内容

1. 开展群众工作

开展群众工作是社区民警的基本职责，也是社区民警的基本工作内容。社区民警应当主动深入群众，听取群众意见，切实做好为民服务的相关工作，让群众满意。及时有效地处理群众报案与求助，在规定时间内完成群众申办的事项。参与调解社区的各种矛盾纠纷，将不稳定因素化解在基层和萌芽状态，自觉接受群众和社会的监督。

2. 收集信息情报

收集信息情报是社区民警日常工作职责，要求社区民警做好以下几项工作：积极利用社区人力资源，物色并组织好治安耳目和信息员，并加强管理和培训，以获取更多情报信息，共同维护社区治安。积极分析社情动态和社区治安问题，并做好排查与整治工作或报告上级公安部门。收集、掌握并及时上报涉及社会政治稳定的有关信息情况，做到无迟报、漏报、瞒报现象发生。积极采集社区内各类信息情报输入信息系统，切实做好社区警务信息化工作。

3. 实有人口管理

对城市社区所管辖范围内的实有人口进行管理，是城市社区民警重要的日常工作职责，要求社区民警履行好下面几项具体工作：准确掌握辖区内常住人口的基本情况，做好居民身份证和户口管理。准确掌握辖区内流动人口的基本情况，做好暂住人口的登记工作。全面落实好重点人口的管理工作，全面准确地掌握重点人口的基本情况与现实表现。积极开展对监管对象的监督、帮教和管理工作，全面了解和掌握监管对象的基本情况与现实表现。全面落实境外人员的管理，熟悉并掌握境外人员基本情况。

4. 社区安全防范

社区警务是保证社区治安良好的全新警务战略，为实现社区民警与社区民众的有效互动，实现社区治安的良性循环，要求社区民警完成下面的具体工作：积极组织与发动群众，并对群众进行安全防范的教育与宣传，帮助群众树立自我防范意识，增强防范能力。加强对治保会、保安队、义务巡逻队等群众性治安联防组织的管理与协作，构筑起社区群防群治网络。动员社区民众利用技术防范等设施，提高社区防范水平。充分依靠社区安全防范组织的力量，切实做好预防与减少违法犯罪活动的发生。

5. 社区治安管理

社区民警的社区治安管理职责要求具体如下：对辖区内的重点行业与场所实行严格的治安管理，定期对其开展安全检查。对辖区内的管制刀具、枪支弹药等危险物品进行查处收缴。加强对社区内房屋出租业主的管理，落实房主治安责任制。指导辖区内重点单位切实做好治安管理制度建设。与其他警种民警积极配合，为协助破案提供线索。

(三) 改革社区警务考核与考评之方法

评估方法是影响社区警务考核考评结果误差的一个重要因素。评估方法从性质上分为定性评估和定量评估两大类。定性评估是指对警务绩效进行质的鉴别和确定等级，比如评审法。定量评估是指对政府的工作绩效进行量的鉴别和确定等级，主要是在测量的基础上，运用统计和数学方法，对测量所得出的数据进行整理和分析，如统计、会计和审计等分析方法。

社区警务考核考评的实践证明了评估方法影响评估结果，不同的评估方法所得出的评估结果是不同的。过去在社区警务考核考评中多采用定性的方法，这种评估方法是建立在评估主体的主观印象和经验基础之上的，因而往往是凭学识、凭经验、凭印象、凭感情或者跟着感觉走，缺乏数据支持和科学的分析测评；它只注重宏观和总体上对社区警务绩效水平进行把握和审视，而忽视微观和具体的数据分析。其结果导致评估结果过于主观，甚至仅仅是几个人对警务工作的印象而已，难以体现民警的实际绩效水平。由于定性分析方法的上述缺陷，近年来国内外采用了定性与定量分析相结合的方法进行社区警务考核考评。定量分析方法，比如主成分分析方法、层次分析方法、数据包络分析、模糊数学分析、神经网络分析和遗传计算方法等分析方法具有规范和不受各种主观因素干扰等特征，比较客观公正地判断出绩效水平和存在的不足。

主成分分析方法①（principal component analysis）是多元统计分析的重要组成部分，是美国著名心理学家、统计学家斯皮尔曼（Chales spearman）于 1904 年发明的、它将多个变量通过线形交换以选出较少个数重要变量，又称为主分量分析。主成分分析使各个测量相同本质的变量归入一个因子，建立尽可能少的新变量，使得这些新变量是两两不相关的，而且这些新变量在反映课题研究的信息方面尽可能保持原有的信息。通过主成分分析，使分散而复杂的测量趋势整体和简单化，因而便于掌握各个测量要素背后隐含的内在因素；从而找出各个复杂因子的主要成分，实现评估指标的简化和降维。

层次分析方法（analytic hierarchy process）是美国统筹学家、匹兹堡大学教授 T. L. 萨迪提出的一种在处理复杂的评价（决策）问题中，进行方案比较排序的方法。其核心思想是把复杂的评价问题层次化，把评价问题按评价目标、评价领域、评价指标的顺序分解为不用层次的解构，上一层元素对相邻的下一层次的全部或部分元素起支配作用，然后通过求判断矩阵向量的办法，求得每一层各元素对上一层次某元素的权重，再利用加权的方法递阶归并，求出最低层（评价指标）相对于最高层（评价总目标）的相对重要性，从而对最低层的各元素进行优劣等级的排序。

数据包络分析方法（data envelopment analysis）是美国著名统筹学家 A. 查尼斯（A. Channes）于 1978 年提出对以相对有序有效概念为基础发展起来的效果评价方法。数据包络分析方法原型可以追溯

① 马焉军：《我国警务绩效评估实践的调查与评估机制的构建》，浙江大学 2006 年硕士学位论文。

到 1957 年，法内尔在英国农业生产力进行分析时提出的包络思想。此后，在运用和发展统筹学理论与实践的基础上，逐步形成了主要依赖线形规划技术并常常用于经济定量分析的非参数方法。经过美国统筹学家 A. 查尼斯和 W. W. 科珀（W. W. Copper）等人的努力，使得非参数方法以数据包络的形式在 20 世纪 80 年代初流行起来。因此，数据包络分析方法有时特称为非参数或者法内尔型有效分析方法。它以相对效率概念为基础，用语评价具有相同类型的多投入、多产出的决策单元，是否技术有效。其基本思路是把每一个被评价单位作为一个决策单元（decision making units），再由众多决策单元构成被评价集体，通过对投入和产出比率的综合分析，以决策单元的各个投入和产出指标的权重为变量进行评价运算，确定有效生产前沿面，并根据决策单元与有效生产前沿面的距离状况，确定各决策单元是否有效于数据包络方法，同时还可以投影方法使非数据包络方法有效或弱，以及数据包络方法有效于决策单元的原因及应改进的方向和程度。

由于社区警务目标多元化，很多产出难以测量。所以，单纯用定量方法来测量社区警务绩效也存在着缺陷，它可能导致很多反映了绩效的因素未被包括在结果中，造成评估结果不完善。因此，在评估中采取定性定量评估方法共用的方式。

目前，我国社区警务的评估方法较多采用了扣分法，即设定一个原始分，并按照评估指标权重系数设定扣分额度，有不当行为即按照额度扣分，最后计算得分并排序的方法。这类评估方法比较简单易行，但是精确度有所欠缺。可以尝试用上文中讲述的层次分析方法等定量分析方法，建立绩效评估的数学模型，取得最接近实际的评估效果。

主要参考文献

一、著作教材类

1. ［法］卢梭：《论人类不平等的起源和基础》，商务印书馆1962年版。

2. ［英］洛克：《政府论(下篇)》，商务印书馆1964年版。

3. ［美］丹尼斯·米都斯等：《增长的极限：罗马俱乐部关于人类困境的研究报告》，李宝恒译，四川人民出版社1983年版。

4. ［英］霍布斯：《利维坦》，商务印书馆1985年版。

5. ［法］托克维尔：《论美国的民主》(上卷)，董果良译，商务印书馆1988年版。

6. 公共安全研究所：《美国警察》，群众出版社1990年版。

7. 《毛泽东选集》第1卷，人民出版社1991年版。

8. 中国警察学会编：《二十一世纪世界警务发展战略》，中国人民公安大学出版社1994年版。

9. 王大伟：《英美警察科学》，中国人民公安大学出版社1995年版。

10. 陈宝良：《中国的社与会》，浙江人民版社1996年版。

11. 肖扬：《中国刑事政策和策略问题》，法律出版社1996年版。

12. 布迪厄：《布迪厄访谈录——文化资本与社会炼金术》，包亚明译，上海人民出版社1997年版。

13. ［德］滕尼斯：《共同体与社会》，商务印书馆1999年版。

14. 邱伟光、张耀灿：《思想政治教育学原理》，高等教育出版社1999年版。

15. 徐乃刚：《警务工作的新战略——社区警务》，载《国外警学研究集粹》，中国人民公安大学出版社 1999 年版。

16. 王大伟：《龙的盾牌——中国警察在英国》，农村读物出版社 1999 年版。

17. 李忠信：《中国社区警务研究》，群众出版社 1999 年版。

18. 俞可平：《治理与善治》，社会科学文献出版社 2000 年版。

19. 李慧斌、杨雪冬：《社会资本与社会发展》，社会科学文献出版社 2000 年版。

20. 王青山：《社区建设与发展读本》，中共中央党校出版社 2001 年版。

21. 罗伯特·普特南：《使民主运转起来——现代意大利的公民传统》，王列等译，江西人民出版社 2001 年版。

22. ［美］詹姆斯·N. 罗西瑙：《没有政府的治理》，江西人民出版社 2001 年版。

23. 《邓小平文选》第 2 卷，人民出版社 2002 年版。

24. 戴维·奥斯本、彼得·普拉斯特里克：《摒弃官僚制：政府再造的五项战略》，谭功荣、刘霞译，中国人民大学出版社 2002 年版。

25. 俞可平：《中国公民社会的兴起及其对治理的变迁》，社会科学文献出版社 2002 年版。

26. 张兆端：《社区警务论：社会治安综合治理的社会化理论与实践》，中国人民公安大学出版社 2003 年版。

27. ［法］卢梭：《社会契约论》，商务印书馆 2003 年版。

28. 俞可平：《全球化：全球治理》，社会科学文献出版社 2003 年版。

29. 熊一新、王太元：《最新社区警务工作指南》，群众出版社 2003 年版。

30. 孙桂华：《国外及港澳台社区概述》，当代中国出版社 2003 年版。

31. 张兆端：《社区警务论：社会治安综合治理的社区化理论与实践》，中国人民公安大学出版社 2003 年版。

32. 冯文光、张菠：《社区警务实用教程》，中国检察出版社2003年版。

33. 夏国忠：《社区简论》，上海人民出版社2004年版。

34. 岳光辉：《社区警务实用教程》，中南大学出版社2004年版。

35. 许章润：《犯罪学》，法律出版社2004年版。

36. 陈伟东：《社区自治》，中国社会科学出版社2004年版。

37. 王彩元：《治安学基础理论专论》，中国人民公安大学出版社2005年版。

38. 任红杰：《社会稳定问题前沿探索》，中国人民公安大学出版社2005年版。

39. 侯宏林：《刑事政策的价值分析》，中国政法大学出版社2005年版。

40. 王牧：《新犯罪学》，高等教育出版社2005年版。

41. 林南：《社会资本——关于社会结构与行动理论》，张磊译，上海人民出版社2005年版。

42. 成武、孙萍：《社区管理学》，高等教育出版社2006年版。

43. 唐忠新：《构建和谐社区》，中国社会出版社2006年版。

44. 展万程：《新编社区警务教程》，群众出版社2006年版。

45. 燕继荣：《投资社会资本》，北京大学出版社2006年版。

46. 尹伟中、张满生：《和谐社会理论视野下的社区警务》，中国人民公安大学出版社2007年版。

47. 卢建平：《刑事政策学》，中国人民大学出版社2007年版。

48. 李培林、李强、马戎：《社会学与中国社会》，社会科学文献出版社2008年版。

49. 邓伟志：《创新社会管理体制》，上海社会科学院出版社2008年版。

50. 吴志华、翟桂萍、汪丹：《大都市社区治理研究》，复旦大学出版社2008年版。

51. 刘兴华：《社区警务教程》，中国人民公安大学出版社2009年版。

52. 丁茂战：《我国城市社区管理体制改革研究》，中国经济出版社 2009 年版。

53. 何霜梅：《正义与社群——社群主义对以罗尔斯为首的新自由主义的批判》，人民出版社 2009 年版。

54. [美]S. E. 斯通普夫、J. 菲泽：《西方哲学史：从苏格拉底到萨特及其后》，匡宏、邓晓芒等译，世界图书出版公司 2009 年版。

55. [美]Kenneth J. Peak Ronald W. Glensor 著，刘宏斌等译：《社区警务战略与实践(第 5 版)》，中国人民公安大学出版社 2011 年版。

56. 魏礼群：《新形势下加强和创新社会管理研究》，国家行政学院出版社 2011 年版。

57. [德]哈贝马斯：《在事实与规范之间——关于法律和民主法治国的商谈理论》，童世骏译，生活·读书·新知三联书店 2011 年版。

58. 皮艺军、翟英范：《大融合：和谐共生的社会生态——以永城市社会治安管控为样本(2008—2012)》，中国人民公安大学出版社 2012 年版。

59. 燕继荣：《中国的社会自治》，载俞可平：《中国治理评论(第 1 辑)》，中央编译出版社 2012 年版。

60. 徐顽强：《社会管理创新——理论与实践》，科学出版社 2012 年版。

61. [美]达尔：《论民主》，李风华译，中国人民大学出版社 2012 年版。

62. 刘宏斌、黄凌娟：《国外社区警务》，中国人民公安大学出版社 2013 年版。

63.《中共中央关于全面深化改革若干重大问题的决定辅导读本》，人民出版社 2013 年版。

64. 任剑涛：《社会的兴起——社会管理创新的核心问题》，新华出版社 2013 年版。

65. 邱梦华等：《城市社区治理》，清华大学出版社 2013 年版。

66. ［美］熊彼特：《资本主义、社会主义和民主》，杨中秋译，电子工业出版社 2013 年版。

67. 李健和：《治安学原理》，中国人民公安大学出版社 2013 年版。

68. 郭春甫：《社区治安网络：结构、过程与绩效》，中国社会科学出版社 2013 年版。

69. 陈君武、张奋成等：《社区警务专题研究》，中国人民公安大学出版社 2014 年版。

70. 江必新等：《国家治理现代化——十八届三中全会〈决定〉重大问题研究》，中国法律出版社 2014 年版。

71. 杨瑞清、王淑荣：《社区警务》，中国人民公安大学出版社 2015 年版。

72. 宫志刚、王彩元：《治安学导论》，中国人民公安大学出版社 2015 年版。

73. 王均平：《治安学》，武汉大学出版社 2016 年版。

74. 王彩元、刘力轵：《治安社会防范教程》，武汉大学出版社 2016 年版。

二、期（报）刊类

1. ［澳］安德鲁·希勒：《澳大利亚社区警务的新发展》，载《世界警察参考资料》1992 年第 12 期。

2. 缴济东译：《社区警察——英国内政部研究规划司课题研究报告》，载《世界警察参考资料》1995 年第 3 期。

3. ［美］塞缪尔·沃克：《美国的社区警务》，载《世界警察参考资料》1995 年第 4 期。

4. 朱启禄、王大伟：《西方社区警务与中国的社会治安综合治理之比较》，载《中国人民公安大学学报（社会科学版）》1995 年第 5 期。

5. 山川：《安德逊谈"社区警务树"》，载《现代世界警察》1996 年第 1 期。

6. 生安：《"警民合作"在美国》，载《现代世界警察》1996 年第 2 期。

7. 边燕杰：《找回强关系：中国的间接关系，网络桥梁和求职》，载《国外社会学》1998 年第 2 期。

8. 熊一新：《中外社区警务之比较》，载《中国人民公安大学学报(社会科学版)》1999 年第 1 期。

9. ［英］格里·斯托克：《作为理论的治理：五个论点》，载《国际社会科学杂志》1999 年第 1 期。

10. 桑玉成、杨建荣、顾铮铮：《从五里堡街道看社区管理的体制建设》，载《政治学研究》1999 年第 2 期。

11. 姜芃：《社区在西方：历史、理论与现状》，载《史学理论研究》2000 年第 1 期。

12. 苗艳梅：《关于社区及社区类型的研究述评》，载《湖北广播电视大学学报》2000 年第 2 期。

13. 丁超：《全能主义架构中的城市社区与单位》，载《中国方域》2001 年第 3 期。

14. 李健和：《关于社区警务几个问题的思考》，载《中国人民公安大学学报(社会科学版)》2002 年第 1 期。

15. 张昭端：《中外社区警务的思想基础、历史渊源和现实背景》，载《江苏公安专科学校学报》2002 年第 4 期。

16. 葛志山：《关于当前社区警务运作模式几个问题的思考》，载《江西公安专科学校学报》2002 年第 6 期。

17. 王庆利：《我国社区警务模式的渐进性多样性建构》，载《上海公安高等专科学校学报》2003 年第 1 期。

18. 张文宏：《社会资本理论争辩与经验研究》，载《社会学研究》2003 年第 4 期。

19. 陈祥松：《也论社区警务》，载《中国人民公安大学学报(社会科学版)》2003 年第 4 期。

20. 孔令驹：《中外社区理论与社区警务》，载《江苏警官学院学报》2004 年第 2 期。

21. 曹春艳、岳光辉：《中西社区警务之比较研究》，载《株洲工学院学报》2004 年第 3 期。

22. 刘宏斌：《中国社区警务发展的新趋势》，载《中国人民公安大学学报（社会科学版）》2004 年第 4 期。

23. 熊一新：《论社会治安防控体系建设》，载《中国人民公安大学学报（社会科学版）》2004 年第 4 期。

24. 李健和：《新时期社会稳定的思考》，载《中国人民公安大学学报（社会科学版）》2004 年第 5 期。

25. 韩庆祥、雷鸣：《能力建设与当代中国发展》，载《中国社会科学》2005 年第 1 期。

26. 魏允祥：《客观公正地看待"公意"学说——解读卢梭的〈社会契约论〉》，载《哈尔滨学院学报》2005 年第 2 期。

27. 王雪梅：《社区公共物品与社区治理：论城市社区"四轮驱动、一辕协调"的治理结构》，载《北京行政学院学报》2005 年第 4 期。

28. 王彩元：《21 世纪初期影响我国社会稳定的因素分析》，载《求索》2005 年第 6 期。

29. 胡位钧：《20 世纪 90 年代后期以来城市基层自治制度的变革与反思》，载《公共行政》2005 年第 9 期。

30. 费孝通：《当前城市社区建设的一些思考》，载《社区》2005 年第 13 期。

31. 郑杭生：《社会学视野中的社会建设与社会管理》，载《中国人民大学学报（社会科学版）》2006 年第 2 期。

32. 曹春艳：《"无增长改善论"对我国警力拓展的启示》，载《湖北警官学院学报》2006 年第 3 期。

33. 刘亚猛：《什么是"理论"》，载《外国语言文学》2006 年第 4 期。

34. 徐勇、刘义强：《我国基层民主政治建设的历史进程与基本特点探讨》，载《政治学研究》2006 年第 4 期。

35. 宫志刚：《治安价值论》，载《中国人民公安大学学报（社会科学版）》2006 年第 5 期。

36. 陈天本：《治安秩序的内涵与构成要素研究》，载《中国人民公安大学学报（社会科学版）》2006 年第 6 期。

37. 刘方玲：《基层民主：从政治形态到生活方式》，载《燕山大学学报(哲学社会科学版)》2006 年第 8 期。

38. 吴海琳：《社会资本理论的局限与超越》，载《广西社会科学》2006 年第 12 期。

39. 陈伟东：《武汉市江汉区社区建设目标模式、制度创新及可行性研究》，载《理论月刊》2006 年第 12 期。

40. 肖飞：《社区自治与社区警务拓展》，载《北京人民警察学院学报》2007 年第 1 期。

41. 袁振龙：《社会资本与社会安全——关于北京城乡结合部地区增进社会资本促进社会安全的研究》，载《中国人民公安大学学报(社会科学版)》2007 年第 3 期。

42. 董少平：《关于社会治安资本的几个理论问题探讨》，载《北京行政学院学报》2007 年第 3 期。

43. 李培刚、杨用引：《关于社区警务模式的四个构想》，载《人民公安报》2007 年 6 月 6 日第 8 版。

44. 王瑞华：《社区自组织能力建设面临的难题及其成因》，载《城市问题》2007 年第 4 期。

45. 王瑞华：《政府在社区自组织能力建设中的作用》，载《中国行政管理》2008 年第 1 期。

46. 徐志林：《中国的社区与社区警务——兼论中国社区警务建设中的若干问题》，载《上海公安高等专科学校学报》2008 年第 5 期。

47. 朱旭东、孔繁燕：《社区警务建设新进展及其理论解读》，载《中国人民公安大学学报(社会科学版)》2008 年第 6 期。

48. 王晶晶：《警务理事会、民警博客、QQ 群等均首开全国先河——"荷坳模式"创新社区警务》，载《人民公安报》2008 年 1 月 17 日第 7 版。

49. 罗建平：《"社区"探源》，载《华东理工大学学报(社会科学版)》2009 年第 2 期。

50. 华乃强：《社会治安综合治理概念源头考》，载《公安学刊》2009 年第 3 期。

51. 伍先江：《城市社区安全评估指标体系的构建——以北京市为例》，载《中国人民公安大学学报（社会科学版）》2009 年第 4 期。

52. 王庆锋、肖佳：《城市静动态社区警务模式演进关系探析》，载《中国人民公安大学学报（社会科学版）》2009 年第 6 期。

53. 鞠连和：《论新公共管理理论的价值与局限》，载《社会科学战线》2009 年第 10 期。

54. 辛向前：《深圳又出了个"桃源居模式"》，载《学习时报》2009 年 12 月 14 日。

55. 严振书：《转型期中国社区建设的历程、成就与趋向》，载《成都行政学院学报》2010 年第 2 期。

56. 李璐：《制度与价值：解读社区组织管理创新的两个视角》，载《云南行政学院学报》2010 年第 2 期。

57. 霍连明：《多元管理：我国社区管理模式的必然选择》，载《河南师范大学学报（哲学社会科学版）》2010 年第 2 期。

58. 杨嵘均：《论治理理论在新农村建设中的境遇及其出路》，载《江苏社会科学》2010 年第 6 期。

59. 袁振龙：《社区信任与社区治安——从社会资本理论视角出发的一种实证研究》，载《江西公安专科学校学报》2010 年第 5 期。

60. 李东旭：《社会资本理论研究综述》，载《世纪桥》2010 年第 11 期。

61. 中共浙江省委宣传部、中共舟山市委宣传部：《网格化管理组团式服务：舟山市基层社会管理模式的新探索》，载《求是杂志》2010 年第 24 期。

62. 袁振龙：《社区网络与社区治安——关于北京社区治安状况的一个实证研究》，载《甘肃行政学院学报》2011 年第 1 期。

63. 袁振龙：《社区社会规范与社区治安研究——从社会资本理论视角出发的一种实证研究》，载《北京人民警察学院学报》2011 年第 2 期。

64. 杜兴旭：《遵义党建融入社会管理新内容》，载《贵州日报》2011 年 4 月 6 日。

65. 刘建华：《社区警务模式的中国特色思考》，载《公安研究》2011 年第 3 期。

66. 辛科：《社会治安综合治理：问题与对策》，载《中国政法大学学报》2011 年第 3 期。

67. 麻宝斌、任晓春：《从社会管理到社会治理》，载《学习与探索》2011 年第 3 期。

68. 张洪波：《辅警的主体定位及规范》，载《法学》2011 年第 9 期。

69. 王菁：《社区治理模式改革探索——基于新公共管理理论》，载《南京审计学院学报》2011 年第 4 期。

70. 张洪波：《辅警的主体定位及规范》，载《法学》2011 年第 9 期。

71. 邓念国：《城市基层社会管理模式的演变与比较：从"上海模式"到"杭州模式"》，载《中共宁波市委党校学报》2012 年第 2 期。

72. 袁振龙：《社会资本与社区治安的相关研究综述》，载《新视野》2012 年第 2 期。

73. 覃进标：《社区警务本土化的理性反思与实现途径》，载《广西警官高等专科学校学报》2012 年第 2 期。

74. 王辉：《试析当前社区社会治安综合治理存在的问题及对策》，载《法制与社会》2012 年第 4 期。

75. 左冰：《社区参与：内涵、本质与研究路向》，载《旅游论坛》2012 年第 5 期。

76. 王彩元：《新世纪我国治安学理论研究的回顾与思考》，载《中国人民公安大学学报(社会科学版)》2012 年第 6 期。

77. 邹焕聪：《辅警理论研究的悖论——从我国首部辅警地方政府规章切入》，载《中国人民公安大学学报(社会科学版)》2012 年第 6 期。

78. 董少军、王赟、刘倩、李蕙君：《基于社会资本理论的我国和谐社区建设的对策研究》，载《科协论坛》2012 年第 6 期(下)。

79. 王大伟：《新警察专业化论——第五次警务革命向何处去》，载《中国人民公安大学学报（社会科学版）》2012 年第 6 期。

80. 吴军、夏建中：《国外社会资本理论：历史脉络与前沿动态》，载《学术界》2012 年第 8 期。

81. 刘良军、云柞华：《"1+N"模式：社区警务社会化的创新之举》，载《公安教育》2012 年第 10 期。

82. 陈家刚：《从社会管理到社会治理》，载《学习时报》2012 年第 10 期。

83. 广东省江门市公安局课题组：《社区警务运行的制度问题研究》，载《公安研究》2013 年第 4 期。

84. 王彩元、刘力鞭：《深化社区警务改革与建设思考》，载《中国人民公安大学学报（社会科学版）》2013 年第 5 期。

84. 江必新：《推进国家治理体系和治理能力现代化》，载《光明日报》2013 年 11 月 15 日第 1 版。

86. 赵罗英、夏建中：《社会资本与社区社会组织培育——以北京市 D 区为例》，载《学习与实践》2014 年第 3 期。

87. 张鹏：《永川区创新村（社区）警务副书记模式》，载《决策导刊》2014 年第 4 期。

88. 江畅：《在借鉴与更新中完善中国民主理念——西方民主理论的启示和警示》，载《中国政法大学学报》2014 年第 5 期。

89. 熊一新：《警务改革背景下我国警务辅助力量建设——以英国和我国香港特别行政区辅警制度及警务改革为视角》，载《中国人民公安大学学报（社会科学版）》2014 年第 4 期。

90. 黄观林：《南京市栖霞区仙林街道网格化服务离不开社区社会组织这个细胞》，载《中国社会组织》2014 年第 8 期。

91. 李维国、郭太生：《农村社区警务模式的探索与实践——以大连庄河市局"村屯警务"为例》，载《辽宁警察学院学报》2015 年第 1 期。

92. 刘涛：《着眼"两最"目标，创新警务模式，推动社区警务工作发展》，载《北京警察学院学报》2015 年第 2 期。

93. 董大全、王淑华：《反恐维稳社区警务新模式研究》，载

《沈阳工程学院学报(社会科学版)》2015 年第 2 期。

94. 司仲鹏：《"一村一警"警务模式解读》，载《河南警察学院学报》2015 年第 3 期。

95. 朱天义：《社会资本：理论边界、局限及适用性》，载《青海社会科学》2015 年第 3 期。

96. 薛向君：《社区警务研究的文献解读》，载《中国人民公安大学学报(社会科学版)》2015 年第 5 期。

97. 金怡、丁勇：《我国现代辅警制度建设探析》，载《中国人民公安大学学报(社会科学版)》2015 年第 3 期。

98. 刘显峰：《新时期辅警制度的现实困局与探索路径》，载《北京警察学院学报》2015 年第 3 期。

99. 唐静：《社会资本与社区安全治理研究——以南京市 Q 区 ×街道为例》，载《云南警官学院学报》2016 年第 2 期。

三、工具书类

1. 陆谷孙：《英汉大词典》，上海译文出版社 1989 年版。

2. 夏征农：《辞海》(缩印本)，上海辞书出版社 1989 年版。

3. 罗竹风：《汉语大词典》. 第七卷，汉语大词典出版社 1991 年版。

4. 本书编写组：《大百科全书·社会学卷》，中国大百科全书出版社 1991 年版。

5. 周宏等：《现代汉语辞海》，光明日报出版社 2003 年版。